Rudolf Lill
Die Macht der Päpste

Rudolf Lill

Die Macht der Päpste

Butzon & Bercker

„Orientierung durch Diskurs"

Die Sachbuchsparte bei Butzon & Bercker, in der dieser Band erscheint, wird beratend begleitet von Tobias Licht, Susanne Sandherr, Johannes Bernhard Uphus und Marc Witzenbacher.

Bibliografische Information der Deutschen Nationalbibliothek

Die Deutsche Nationalbibliothek verzeichnet diese Publikation in der Deutschen Nationalbibliografie; detaillierte bibliografische Daten sind im Internet über http://dnb.d-nb.de abrufbar.

Das Gesamtprogramm
von Butzon & Bercker
finden Sie im Internet
unter www.bube.de

ISBN 978-3-7666-1544-2
E-BOOK ISBN 978-3-7666-4147-2
EPUB ISBN 978-3-7666-4148-9

© 2011 Butzon & Bercker GmbH, 47623 Kevelaer, Deutschland,
www.bube.de
www.religioeses-sachbuch.de
Alle Rechte vorbehalten.
Umschlagbild: © Pierre Bonnel@Fotolia.com
Umschlaggestaltung: Christoph Kemkes, Geldern
Satz: Schröder Media GbR, Dernbach
Druck und Bindung: Bercker Graphischer Betrieb, Kevelaer

Inhalt

Vorwort

Dieses Buch ist einerseits Ergebnis jahrzehntelanger Beschäftigung mit italienischer, römischer und vatikanischer Geschichte, andererseits Reaktion auf die anlässlich des Todes Johannes Pauls II. und der Wahl Benedikts XVI. im Jahr 2005 verbreitete „Papst-Euphorie", welche der Vatikan und die ihm besonders verbundenen Bischöfe z. B. anlässlich aufwändiger päpstlicher Reisen zu repetieren versuchen. Nicht selten wurde und wird dabei der Eindruck erweckt, dass die Macht der Päpste in ihrem derzeitigen, einer Universalmonarchie nahekommenden Umfang prinzipiell stets bestanden hätte und darum zum Wesen der katholischen, ja dem Anspruch nach der ganzen christlichen Kirche gehöre. Und nicht selten wird aus der Beteiligung vieler Menschen an päpstlichen Großveranstaltungen auf eine neuartig positive Bewertung des päpstlichen Amtes geschlossen, was dem Historiker in Anbetracht des rapide fortschreitenden Säkularisierungsprozesses voreilig erscheint.

Dagegen soll hier aufgewiesen werden, dass zur historischen Kirchlichkeit, welche eine der Grundlagen europäischer Kultur ist, Pluralismus und konziliare Prozesse gehören, dass es lange bei der Auswahl der Amtsträger auch in der katholischen Kirche ortskirchliche Mitsprache gegeben hat und dass der päpstliche Zentralismus erst unter konkreten, inzwischen überholten historischen Bedingungen der beiden letzten Jahrhunderte durchgesetzt worden ist. Auch die Entscheidungskompetenz der Päpste in Fragen der Moral, der Familienplanung und überhaupt der Bioethik hat erst in dieser bislang letzten Epoche der Kirchengeschichte den heutigen Umfang beansprucht, welcher einen Kern alter Lehren mit unnötigen Zuspitzungen und Verboten umgeben hat.

Der Rekurs auf die lange Dauer kann dazu anregen, im Sinne des letzten Konzils Wesentliches von Unwesentlichem zu unterscheiden und damit auch die Ökumene zu befördern, die wohl allein in der postchristlichen Epoche unserer Geschichte eine christliche Mitgestaltung unserer Gesellschaften erbringen kann.

Dieses Buch ist eine überarbeitete Weiterführung meines gleichnamigen Buches von 2006* und wurde angeregt durch die seitherige Zuspitzung der durch den vatikanischen Neozentralismus verursachten Kirchenkrise.

Ich danke den Kollegen Victor Conzemius, Klaus Ganzer, Josef Gelmi und Norbert Trippen sowie Massimo Faggioli und Alberto Melloni für wichtige Hinweise.

Rudolf Lill

---

* Davon sind zwei italienische Ausgaben erschienen: *Il potere dei papi. Dall'età moderna ad oggi*, Roma/Bari 2008, 2010.

I. Die Macht der Päpste

Von der Spätantike zum Mittelalter: Der römische Primat

Das Papsttum ist die einzige europäische Institution, die von der Spätantike bis zur Gegenwart besteht. Als solche hat sie erheblich zur Ausformung jener Synthesen aus Antike, Christentum und Humanismus beigetragen, auf denen Europas Kultur beruht; mit Recht erinnert Benedikt XVI. daran. Aber wenn er schon in ersten Predigten im Mai/Juni 2005 sagte, dass seit dem Martyrium der Apostel Petrus und Paulus Rom zentraler Bezugspunkt „für die Einheit der Lehre und der Seelsorge" gewesen sei, dann ist das ebenso unhistorisch wie die Aussage des „Päpstlichen Jahrbuchs" (Annuario Pontificio, zuletzt Città del Vaticano 2011, p. 7. *) am Beginn seiner Papstliste über Petrus: „Fürst der Apostel, welcher von Jesus Christus die höchste päpstliche Gewalt zur Weitergabe an seine Nachfolger erhielt; er residierte zunächst in Antiochia und danach ... 25 Jahre in Rom ..." Nur der folgende Hinweis auf das Martyrium im Jahre 64 oder 67 dürfte stimmen.

Denn der Weg zum monarchischen Episkopat war lang. Einen „Bischof" hat es in Rom wohl erst um die Mitte des zweiten Jahrhunderts gegeben; bis dahin ist die vatikanische Papstliste legendär. Und Apostolizität mit dem Anspruch authentischer Traditionsauslegung beanspruchten auch andere Gemeinden, welche ihre Geschichte auf Apostel zurückführten.[1] Die Macht der Päpste wuchs langsam, sie ist ein Werk von Menschen!

Der Aufstieg der römischen Bischöfe zu Oberbischöfen/Patriarchen hat erst in der Reichskirche des Kaisers Konstantin I. (306–337) begonnen, in der sie als Bischöfe der alten Hauptstadt die ersten waren.[2] Unter Konstantin begann auch der Bau großer Kirchen, den die römischen Bischöfe/Päpste fortgesetzt haben; bis zum fünften Jahrhundert in imperialen Dimensionen, dann in kleinerem Ausmaß. Inmitten der imposanten Reste der Kaiserzeit entstand, wesentlich kleiner, das päpstliche Rom mit dem Lateran als Zentrum.

Das politische, nicht apostolische Fundament beginnender päpstlicher Macht zeigt sich auch darin, dass die stärksten Konkurrenten der Bischöfe von Alt-Rom die von Neu-Rom/Konstantinopel wurden, seit dem 6. Jahrhundert mit dem Anspruch des „Ökumenischen Patriarchen", der in Rom von Gregor I. sogleich verworfen und mit der larmoyanten Selbstbezeichnung „Servus servorum Dei" beantwortet wurde.

Denn inzwischen waren die römischen Bischöfe schon sehr mächtig: auf Grund weiterer Vollmachten seitens mehrerer Nachfolger Konstantins wie durch umsichtige Nutzung des durch deren Weggang entstandenen Vakuums in Italien. Sie gewannen immensen Landbesitz, geistliche und weltliche Regierungsrechte. Die Bindung an Italien und der Wille, dort mitzubestimmen, sind bis heute geblieben. Noch lange wirkte freilich das Papsttum nur als subsidiäre Instanz, als „Päpste" wurden auch andere „Ober-Bischöfe" bezeichnet. Die wegweisenden Entscheidungen fällten die Konzilien der Bischöfe, denen der Kaiser präsidierte.[3]

Prägend gewirkt haben Leo I. (440–461), der als „Vicarius Petri" auftrat und einen Führungsanspruch über die ganze lateinische Kirche anmeldete (zugleich aber das von seinen späteren Nachfolgern unterdrückte Recht der Gemeinden zur Wahl ihrer Bischöfe betonte[4]). Des Weiteren Gelasius I. (492–496), der gegenüber Kaiser Anastasios I. zum ersten

Mal den Vorrang der geistlich-päpstlichen vor der weltlich-kaiserlichen Macht postulierte, und sodann der aus römischer Senatorenfamilie stammende Gregor I. (590–604). Er ordnete den Landbesitz und vermittelte zwischen Byzantinern und Langobarden. Als erster Papst engagierte er sich in der Mission an den Germanen, welche im frühen Mittelalter in die lateinische Kirche integriert wurden; und ebenso der West-Slawen, während die Ost-Slawen in die byzantinisch-russische Kultur hineinwuchsen.

Nach langen Konflikten mit Byzanz und mit den Langobarden wandte sich dann im achten Jahrhundert das Papsttum (so durch Gregor II., 715–731, und Stephan II., 752–757) den Franken zu.[5] Deren König Pippin (nun Patricius Romanorum) eroberte die von den Langobarden entrissenen Gebiete zurück, aus denen definitiv der Staat des Papstes wurde, mit Rom als Hauptstadt.[6] Im Bündnis mit den fränkisch/deutschen Königen konnten die Päpste ihre geistliche Macht über den größeren Teil Europas ausdehnen. Mit der Kaiserkrönung Karls d. Gr. (durch Leo III. 800) verlieh der Papst das höchste politische Amt, doch dessen Inhaber, zugleich König von (Nord- und Mittel-)Italien, regierte seitdem auch in die Kirche hinein, wie zuvor der oströmische Kaiser. Durch Salbung und Krönung waren die Monarchen prominente Mitglieder der Hierarchie!

Um 900 ist das Papsttum für eineinhalb Jahrhunderte unter die Herrschaft des römischen Adels geraten. Die Befreiung davon und eine umfassende, von Mönchen aus Cluny angestoßene Reform führte erst der römisch-deutsche König Heinrich III. herauf.[7] Seit 1046 setzte er vier deutsche Bischöfe nacheinander zu Päpsten ein, deren bedeutendster der aus elsässischen Adel gekommene Leo IX. (1048–1054) war; ein Lothringer aus dessen Schule folgte (Stephan IX.). Der intransigenteste Verfechter jener Reform ist Gregor VII. (1073–1085) geworden, von ihm hat sie den Namen erhalten.

Der Streit zwischen Rom und Konstantinopel um die Jurisdiktion über das noch weithin gräzisierte Unteritalien hatte unter Leo IX. 1054 die Trennung der griechischen von der lateinischen Kirche provoziert. Auch später, besonders im 16., aber auch im 19. Jahrhundert, hat die Steigerung der päpstlichen Macht Spaltungen verursacht oder mitverursacht. Und zur Reform Gregors VII. und seiner Freunde gehörten ebenso die Absonderung der Geistlichen zu einem eigenen Stand und damit die Klerikalisierung der Kirche, welche durch den ebenfalls damals verordneten, aber nur langsam durchgesetzten Zölibat garantiert werden sollte. Vieles von dem, was z. B. der heutige Papst Benedikt XVI. als wesentlich für sein Amt und für die Struktur seiner Kirche bezeichnet[8], stammt von Mönchen und Päpsten des 11./12. Jahrhunderts und nicht von Jesus oder den Aposteln.

Gregor VII. hat die Kirchenreform radikal vom Königtum emanzipiert, gegen dieses vielmehr den die damalige Gesellschaft spaltenden „Investiturstreit" geführt. Aus seinem Konzept einer geistlich zu bestimmenden irdischen Ordnung leitete er eine generelle Suprematie der Päpste ab, welche sich nur partiell und zeitweise verwirklichen ließ. Dennoch haben Gregors Ideen im päpstlichen Rom weitergewirkt. 1606 ist er von Paul V. (1605–1621) heiliggesprochen worden: als Vorkämpfer der Freiheit der Kirche, die man in Rom damals wie heute vor allem als die Freiheit der päpstlichen Kirchenregierung versteht.

Im 12./13. Jahrhundert waren die Päpste am mächtigsten, auch dank eines äußerst effizienten Behördensystems. Aber mit unchristlicher Härte bekämpften sie häretische Bewegungen, die sich auf die Urkirche beriefen. Innozenz III. (1198–1216), welcher den Titel „Vicarius Christi" durchsetzte, konnte auch die Kreuzzugsbewegung an sich binden[9], welche seine Vorgänger schon ein Jahrhundert lang inspiriert hatten (seit Urban II., 1095). Zwischen 1123 und 1274 initiierten und leiteten die Päpste sechs Konzilien, davon vier im Lateran.[10] Aber aufgrund seiner Konflikte mit den staufischen Kaisern, in denen es vor allem um die Herrschaft in Italien, also wiederum um Macht ging, geriet das Papsttum in die Abhängigkeit vom französischen Königtum, welches 1309 die Verlegung der Papstresidenz von Rom nach Avignon erzwang. Direkt ausgelöst hatte diesen tiefen Bruch die erneute Zuspitzung aller päpstlichen Machtansprüche durch Bonifaz VIII. (1294–1303, Bulle „Unam Sanctam" 1302).

Infolge des Exils in Avignon und des sich seit 1378 anschließenden Schismas und infolge von dessen Überwindung erst auf dem Konzil in Konstanz (1414–1418, s. hier Kap. II), hat das Papsttum erhebliche Einbußen an Macht hinnehmen müssen. Das Konzil handelte wieder, wie im ersten Jahrtausend, als oberste kirchliche Autorität.[11] Zu den Nebenfolgen der damaligen Brüche gehörten die Verwüstung Roms und die weitgehende Auflösung des päpstlichen Staates.

Ein Jahrhundert später hat dann bekanntlich die Reformation den tiefsten Einbruch der päpstlichen Macht erbracht, aber die dadurch erforderlich gewordenen Reformen wurden von den Päpsten seit Paul III. (1534–1549) auch zu weiterer Zentralisierung der Kirchenregierung benutzt (Kap. II).

Neuzeit: Vom Primat zum Absolutismus

Das neuzeitliche Papsttum (seit 1420 wieder in Rom, s. Kap. II) war und ist darum konsequent bemüht, den verbliebenen großen Rest enger an sich zu binden und seine zunächst noch geschwächte Macht über die Kirche wiederherzustellen und dann zu jener Fülle auszubauen, welche die Gegenwart charakterisiert. Dazu kam bis 1870 (über den im 15./16. Jh. ebenfalls mühsam wiederhergestellten Kirchenstaat) auch politische Macht, welche seit 1929 (Lateranverträge, s. Kap. IV 4)) neu definiert und mit einer neuen und sehr soliden finanziellen Ausstattung verbunden werden konnte.[12] Und ein vielleicht singuläres kollektives Gedächtnis ermöglicht es dem Hl. Stuhl, Ansprüche wie den auf Ernennungsrechte, der 1448 (Wiener Konkordat, s. Kap. II) an der Habsburger Monarchie gescheitert war, nach deren Sturz (1918/19) erneut anzumelden und nun durchzusetzen.

Das neuzeitliche Papsttum hat jedoch wesentlich dazu beigetragen, dass die katholische Kirche ihre prinzipielle Unabhängigkeit von politischen Gewalten und auch in der Epoche der Nationalismen ihre Internationalität und darüber ihre Weltgeltung bewahrt, letztere sogar seit Pius XII. (1939–1958, Kap. V) politisch, seit Johannes XXIII. (1958–1963, Kap. VI) auch moralisch erheblich verstärkt hat. Es hat auch dazu beigetragen, dass die katholische Kirche gegenüber den Totalitarismen des 20. Jahrhunderts klarer Stellung bezogen hat, als ihr in heutigen Diskussionen nachgesagt wird. Sie hat dabei Irrwege vermieden, welche andere Kirchen zumindest teilweise gegangen sind. „Deutsche Christen" z. B. hat es bei ihr nicht gegeben.

Aber die Konzentration kirchlicher Macht bei den Päpsten, welche erst im 19. und 20. Jahrhundert im Zuge autoritärer Defensive gegen Revolution und Moderne voll gelungen ist, hat auch zu einer Uniformierung geführt, die in Anbetracht der ganzen Kirchengeschichte nicht unumstritten ist noch sein kann.[13] Denn je größer die Macht der Päpste (und das heißt auch die der nach dem Zweiten Vatikanischen Konzil vergrößerten römischen Kurie) wurde, desto geringer die Freiheit in der Kirche. Aber erst 140 Jahre lang gilt das von Pius IX. (1846–1878) auf dem Ersten Vatikanischen Konzil (1869/70) gegen eine sehr qualifizierte Minderheit (ca. 20% der teilnehmenden Bischöfe) durchgesetzte Dogma von der Unfehlbarkeit und vom Universalepiskopat der römischen Päpste. Nach dem Vorbild Pius' IX. haben Pius X. (1903–1914) und der von ihm stark geprägte Pius XII. absolutistisch regiert.

Das Papsttum hatte inmitten des mittelalterlichen Feuda-
lismus moderne territoriale Verwaltungsstrukturen (Kirchenprovinzen, Bistümer, Pfarren) begründet und, auch mit Hilfe
des Zölibats, die Unvererblichkeit von Ämtern durchgesetzt.
Um 1500 hatte es infolge der Verbindung mit Humanismus
und Renaissance die erste kulturelle Moderne mit begründet, dabei Kunstwerke von höchstem Rang angeregt und
auch historische Reflexionen rezipiert. Infolge der Säkularisierung der europäischen Politik im 17./18. Jahrhundert hat
es an Macht verloren. In Reaktion darauf hat das Papsttum
im 19. Jahrhundert anti-aufklärerische und anti-revolutio-
näre Positionen[14] bezogen und daran unbedingt festgehalten. Es wurde antimodern und antiliberal. Der Papst, der dafür vor allem verantwortlich war, ist im „Heiligen Jahr"
2000 von Johannes Paul II. seliggesprochen worden: Pius
IX.! Und inzwischen (2011) erhielt diese Ehrung schon sechs
Jahre nach seinem Tode, d. h. ganz ungewöhnlich schnell,
auch Johannes Paul II., der nach den Reformansätzen des
2. Vatikanischen Konzils den antimodernen Absolutismus
wiederhergestellt hatte. Aber wer dem Zentralismus Roms
widerspricht, sollte wissen, dass er damit nicht nur zeitge-
mäß handelt, sondern dass er sich auf die längere Geschichte der Kirche berufen kann.

Die Päpste seit Pius IX. hatten jedoch diesen Zentralismus
nur durchsetzen können, weil eine innerkirchliche Partei
aus Laien, Priestern und Prälaten sie dazu anregte und dabei
unterstützte: Wer sich kritisch mit dem Papsttum auseinan-
dersetzt, muss nicht nur auf den Vatikan schauen, sondern
ebenso auf dessen willige Vollstrecker, in Deutschland z. B.
Männer wie Johannes Geissel (Erzbischof von Köln 1845–
1864) oder Karl August Graf Reisach (Erzbischof von München 1846–1855) resp. Joachim Meisner (Erzbischof von
Köln seit 1989) oder Gerhard Ludwig Müller (Bischof von
Regensburg seit 2002). Sie wirkten und wirken effizienter für
Abschottung und Zentralismus als römische Prälaten. Die ei-

nen wie die anderen glauben, dass nur eine monolithische Kirche dem neuzeitlichen Säkularismus widerstehen kann. Die Erfahrung hat diese Annahme längst widerlegt! Die extreme Steigerung der geistlichen Macht der Päpste unter Pius IX. war auch eine Kompensation für den Verlust ihrer weltlichen Macht, welche seit der italienischen Wende zum Nationalstaat 1859/61 absehbar war: Ebenfalls 1870 fiel Rom an den neuen italienischen Nationalstaat (Kap III). Die internationale Rolle des Papsttums schien ausgespielt. Aber die Behauptung seiner Rechtsposition, seit Leo XIII. (1878–1903) die kluge Beschränkung der daraus resultierenden Forderungen, sodann Benedikts XV. (1914–1922) Einsatz für den Frieden haben zu den Lateranverträgen mit Italien (1929) geführt (Kap. IV 4).

Den Verlust des Kirchenstaates hatte man im Vatikan aber lange nicht hinnehmen wollen, sondern alle verfügbaren Mittel für die Erhaltung, dann für die Wiederherstellung des eigenen Staates eingesetzt (Kap. III, IV 1). Katholiken, die schon vor 1870 dessen Problematik aufgewiesen hatten, so in Deutschland Ignaz von Döllinger oder in Italien Antonio Rosmini, waren dafür heftigst getadelt und marginalisiert worden. Erst 1970 hat Paul VI. den Verlust des Kirchenstaates eindeutig positiv bewertet!

Die alte Vorstellung von der Unfehlbarkeit der Gesamtkirche und des auf Konzilien versammelten Gesamtepiskopats trat seit 1870 ganz in den Hintergrund; es begann ein Jahrhundert päpstlicher Autokratie, welche im *Codex Juris Canonici* (1917) ausformuliert worden ist. Auch für ihr nun in vielen Enzykliken ausgeübtes „ordentliches" Lehramt haben die Päpste Gehorsam gefordert, am konsequentesten Pius XII. in der Enzyklika *Humani Generis* (1950) und dann wieder Johannes Paul II. im neuen *Codex Juris Canonici* (1983), der so zentralistisch formuliert wurde, wie nach dem Zweiten Vatikanischen Konzil nur möglich war und dem Papst, d. h. seiner Kurie, sogar das Recht der Verfügung über alle finanziellen

Kirchengüter verschafft hat (Kap. VII, VIII). Diese päpstliche Autokratie bedeutet auch unnötige Entfernung von der Demokratie als gesellschaftlichem Grundprinzip, obwohl es Ansätze dazu in der Alten Kirche durchaus gegeben hatte. Und sie hat auch den Abstand zu den anderen christlichen Konfessionen unnötig vergrößert, bezüglich des Protestantismus bewirkte das zusätzlich die ebenfalls aus dem Ultramontanismus neu erstarkte und wiederum von Johannes Paul II. besonders betonte Mariologie. Zudem erheben die Päpste seit Leo XIII. aufgrund der von ihnen behaupteten Kompetenz für die Interpretation der „unveränderlichen Grundsätze des Naturgesetzes" einen weitgehenden gesellschaftlichen Machtanspruch. Pius XI. resp. Paul VI. haben aufgrund dieser nur behaupteten Kompetenz 1930 resp. 1968 jene Eheenzykliken mit prohibitiver Reglementierung sexuellen Verhaltens erlassen, an denen ihre Nachfolger bis heute festhalten, obwohl sie sich nach Ansicht vieler (unter Johannes Paul II. zum Schweigen gebrachter) Moraltheologen nicht aus der biblischen Sittenlehre herleiten lassen. Benedikt XVI. hat diese autoritäre, letztlich unhistorische Defensive inzwischen oft bekräftigt.[15] Eine Überprüfung anhand der wenigen biblischen Quellen und der neuen anthropologischen Einsichten findet nicht statt (Kap. VIII).

Gegner des Zentralismus

Die innerkirchlichen Gegner des Zentralismus waren jahrhundertelang weitaus zahlreicher und historisch wie theologisch fundierter, als die selektive Behandlung von Geschichte in heutigen kirchlichen Medien vermuten lässt. Sie werden im II. Kapitel als „episkopalistisch und synodal" näher vorgestellt. Aber schon vorweg ist zu sagen, dass auch in und aus Deutschland drei von ihnen sehr große Wirkungen erzielt haben.

„Olim non erat sic", hat der Trierer Kanonist, Weihbischof und Universitätskanzler Johann Nikolaus von Hontheim (1701–1790, nach dem Pseudonym seines Hauptwerkes „Febronius" genannt), den Kurialisten seiner Zeit entgegengehalten: „Einst war es nicht so" (wie heute); von der Rückkehr zu bischöflich-synodalen Strukturen erhoffte er auch eine Wiederannäherung der Konfessionen. Ähnlich argumentierte der Konstanzer Generalvikar, Historiker und Pädagoge Ignaz Heinrich von Wessenberg (1774–1860), der für die deutsche Sprache in der Liturgie, für aktivere Beteiligung der Laien und gegen den Zentralismus plädierte, sodann in Italien Antonio Rosmini (1797–1855). Auch 1870 haben gerade Kirchenhistoriker gewarnt; selbst der angesehenste von ihnen, der auch um die politische Partizipation der Katholiken seit 1848 hochverdiente Münchener Professor und Stiftspropst Ignaz von Döllinger (1799–1890) (s. S. 18), ist wegen seines Widerstandes gegen das Unfehlbarkeitsdogma exkommuniziert worden.[16]

Hontheim hatte den Gallikanismus rezipiert.[17] Davon und vom Reformkatholizismus des 18. Jahrhunderts wird ebenfalls im II. Kapitel die Rede sein. Hier ist nur vorweg zu sagen, dass erst nach der Zerstörung tausendjähriger pluralistischer Strukturen durch Revolution und Säkularisation die Päpste mit Hilfe zentralistisch gesinnter Regierungen den Aufbau einer neuen, ganz auf Rom zentrierten Kirchenorganisation beginnen konnten. Das Konkordat von 1801 mit Napoleon Bonaparte bildete den Ausgangspunkt (Kap. III). Aber gallikanisches Denken hat noch auf die Opposition der Hälfte der französischen Bischöfe gegen das Dogma von 1870 gewirkt.

Johannes XXIII. und das
Zweite Vatikanische Konzil (1962–1965):
Selbstbeschränkung päpstlicher Macht

Johannes XXIII. (1958–1963), welcher die ganze Geschichte der Kirche und nicht nur deren letzte pianische Epoche zu reflektieren wusste, hat jene konziliare Wende heraufgeführt, welche die Kirche insgesamt erneuern sollte. Im Inneren wollte er eine biblische Konzentration bewirken und alte plurale Gleichgewichte wiederherstellen, d.h. auf absolutistische Machtausübung verzichten. Auf dem Konzil sollten die Bischöfe wieder mit dem Papst entscheiden!

Nach außen sollte die Abgrenzung durch den Dialog ersetzt werden und insgesamt die katholische Kirche einen freieren Charakter erhalten (Kap. VI). Die Eigenständigkeit politischen und sozialen Handelns wurde erstmals voll anerkannt, der Anspruch auf Interpretation des Naturrechts zurückgestellt. Kollegiale Organe wie die Bischofskonferenzen wurden aufgewertet; ebenso die Laien, denn in seiner dogmatischen Konstitution über die Kirche hat das Konzil deren eigenständigen Auftrag und die elementare Gleichheit aller Getauften anerkannt wie auch in seiner Erklärung über die Religionen die Religionsfreiheit. Die Reform der Liturgie machte aus dem Opfer einer Priesterkaste den biblisch fundierten Gottesdienst der gesamten Gemeinde.[18] Reformistische Programme, die nie ganz unterdrückt worden waren und die seit den „Modernisten" (um 1900) wieder erstarkt waren, wurden zum ersten Mal nach den Reformkonzilien des 15. Jahrhunderts gesamtkirchlich rezipiert! Hinzu kamen mutiger Einsatz für Frieden und Entwicklung, Ökumenismus und ein ganz neuartiger Dialog mit den Juden. Dadurch erwarb sich die katholische Kirche volles Bürgerrecht in der modernen Welt. – Paul VI. (1963–1978) bemühte sich um tragfähige Kompromisse zwischen Reformern und Traditionalisten, letztere wurden von Kardinal Alfredo Ottaviani, dem Chef des „Hl. Offiziums", angeführt.

Restauration des Zentralismus durch Johannes Paul II. (1978–2005)

Doch davon ist im Inneren der katholischen Kirche unter Johannes Paul II. und Benedikt XVI. nicht viel übrig geblieben (s. Kap. VII–IX). Zwar war Johannes Paul II. (1978–2005) ein politischer Akteur ersten Ranges. Er hat erheblich zur Überwindung des Kommunismus beigetragen und zunächst auch die Weltgeltung der katholischen Kirche noch verstärkt, an den konziliaren Initiativen nach außen kraftvoll festhaltend. Aber unter Berufung auf eine angeblich von Gott gestiftete hierarchische Kirchenverfassung hat er im Bunde mit konservativen Prälaten, die ihn gewählt hatten, den konziliaren Reformprozess abgeblockt und von den Menschenrechten, die er nach außen verteidigte, im Inneren seiner Kirche wenig gelten lassen. Vielmehr wurde die Kirche re-klerikalisiert, und Dissidenten wurden wieder marginalisiert oder unterdrückt, woran sich besonders energisch Kardinal Ratzinger als Präfekt der Glaubenskongregation (seit Ende 1981) beteiligte.

Mit dem *CJC* von 1983 war, wie gesagt, der Zentralismus neu und effizient definiert worden. Im Oktober 2005, also ein halbes Jahr nach dem Pontifikatswechsel zu Benedikt XVI. und fast genau 40 Jahre nach dem Ende des Zweiten Vatikanischen Konzils, hat im Vatikan die elfte jener Bischofssynoden stattgefunden, mit denen die römische Kurie inzwischen ein zentrales Anliegen des Konzils erheblich abgeschwächt hatte. Denn die Mehrheit der Bischöfe hatte von solchen Synoden erwartet, dass sie ihre erst auf dem Konzil wieder ins Bewusstsein der Kirche zurückgerufene Kollegialität voll realisieren würden: durch eine frei gewählte Repräsentation des Episkopats, frei in der Auswahl der zu behandelnden Themen und, wie das Konzil selbst, mit Entscheidungskompetenzen ausgestattet. Dabei sollte dem Papst das Bestätigungsrecht verbleiben, sodass Kollegia-

lität und Primat in ein ausgewogenes Verhältnis gekommen
wären und diese Synoden einen wahrhaft katholischen Charakter erhalten hätten.

Aber der römischen Kurie, die schon nach den Konzilien
in Trient (1563) und im Vatikan (1870) deren Interpretation
ganz an sich gezogen hatte, ist dasselbe ein weiteres Mal gelungen (vgl. Kap. VI, VII). Zu den Konzessionen, die schon
Paul VI. ihr gemacht hat, gehörte, dass er im Herbst 1965
die Bischofssynode als bloßes Beratungsorgan des Papstes errichtete, welcher ihre Mitglieder, ihre Themen und ihre
Dauer bestimmt und ihre Vorschläge zu approbieren hat.
Auch diese antikonziliaren Beschränkungen waren 1983 kodifiziert worden.[19]

Für die Synode des Jahres 2005 hatte noch Johannes Paul
II. das Thema „Eucharistie" vorgegeben, über das wohl seit
Langem alles gesagt ist, was gesagt werden kann: Von der
Diskussion drängender Zeitfragen wurde also abgelenkt.
Aber die Eucharistie bot die Gelegenheit, deren Gewährung
oder Verweigerung zu diskutieren. Die Mehrheit der Teilnehmer akzeptierte den seit den 1980er-Jahren im Vatikan
wieder bekräftigten juridischen Rigorismus, konkret den
Ausschluss wiederverheirateter Geschiedener und unter bestimmten Umständen auch derjenigen Politiker, die vom
Papst für unerlaubt erklärte Gesetze (so über Abtreibung,
Euthanasie, eheähnliche Partnerschaften, Embryonenforschung) mittragen. Doch sollen immerhin ca. zehn prominente Mitglieder der Synode einen verständnisvolleren
Umgang mit Geschiedenen empfohlen haben.[20] Solche Einwände wurden auch möglich, weil Benedikt XVI. wenigstens
den Führungsstil seines Vorgängers gemildert hat: Jeweils
eine Stunde des Tages lang konnten die Synodalen frei diskutieren, und nach Ende der Synode wurden ihre Propositionen veröffentlicht (d. h. nicht nur, wie zuvor, die päpstlichen Folgerungen). Die kirchennahe Presse hat diese
Neuerungen hoch gelobt, aber nicht hinzugefügt, dass da-

mit die Synode nur Rechte erhielt, welche die Parlamente der fortschrittlicheren Staaten Europas vor ca. 150 Jahren durchgesetzt hatten.

Das Hauptthema der Synode hatte auch zur Diskussion darüber geführt, ob Priestern als „Verwaltern" der Eucharistie die Heirat gestattet werden kann oder ob Verheiratete Priester werden dürfen. Aber erneut wurde die Zölibatspflicht (s. Kap. VIII 4) bekräftigt, ja deren theologische Fundierung behauptet. Anscheinend wiesen nur Bischöfe aus den Ostkirchen letztere zurück und berichteten, so der maronitische Kardinal Pierre Sfeir Nasrallah aus dem Libanon, über das ungestörte Nebeneinander unverheirateter und verheirateter Priester in ihren Kirchen. Dass der Pflichtzölibat auf das hier schon erwähnte mönchisch geprägte „Reformpapsttum" des 11./12. Jahrhunderts zurückgeht, welches auch die Klerikalisierung der Kirche insgesamt bewirkt hatte, wurde wie in allen einschlägigen vatikanischen Dokumenten verschwiegen.

Ein prominenter Synodaler, der ukrainische Groß-Erzbischof Lubomyr Husar, hat nachträglich bemerkt, dass zu wenig diskutiert worden sei, weil man an freie Diskussion nicht gewöhnt gewesen sei. Und ein kompetenter Beobachter, der Bologneser Kirchenhistoriker Alberto Melloni, kam zu dem Ergebnis, dass die Synode keine „Intuitionen", also keine Visionen für eine Kirche der Zukunft erbracht hätte. Und wegen der vielen Regeln und Verbote um Sexualität und Familie verglich derselbe Melloni die katholische Kirche mit einer Stiefmutter, die nicht verzeihen kann.[21]

Seit den 1980er-Jahren wurden im Vatikan mit Hilfe seiner Nuntien fast nur noch Bischöfe ausgewählt, welche den restaurativen Kurs strikt befolgten.[22] Nur noch wenige alt gewordene, aber reformistisch gebliebene Bischöfe wie Carlo M. Martini, der als Exeget dem Dogmatiker Ratzinger theologisch nicht nachsteht, plädieren gelegentlich für ein drittes Vatikanisches Konzil.[23] Aber Benedikt XVI. hat, als er vor

24

Kurzem auf ein solches angesprochen wurde, erklärt, „dass im Moment das richtige Instrument die Bischofssynoden sind, in denen (nach seinem Verständnis) der ganze Episkopat vertreten und sozusagen auf Suchbewegung ist"[24]. So will man es im Vatikan wieder: ausgewählte Bischöfe auf „Suchbewegung", nicht alle und mitentscheidend – wie auf dem Konzil.

Partielle Rück-Entwicklung der konziliaren Kirche Johannes' XXIII. zur Papstkirche hatte schon mit den Kompromissen seines Nachfolgers Paul VI. (1963–1978) begonnen, noch während des Konzils 1964/65 durch Retuschen an Konzilsbeschlüssen über Kollegialität und Ehe, 1967 durch die Bekräftigung der Zölibatspflicht, 1968 durch die Enzyklika *Humanae Vitae*. Aber Paul hatte das unter seinem großen Vorgänger eher improvisatorisch verlaufene Konzil strukturiert, dabei dessen Grundanliegen respektiert und Dissidenten angehört, zudem vielen Priestern, welche die Zölibatspflichten für zu schwer hielten, Dispens davon erteilt. Nach dem Konzil hatte er den Index abgeschafft und die Kurie reformiert. Diese Leistungen sind in Deutschland, wo Paul VI. meist an der unglücklichen Enzyklika *Humanae Vitae* (1968, s. Kap. VI) gemessen wurde, zu wenig gewürdigt worden.[25] Doch wichtige Personalentscheidungen stärkten den retardierenden Flügel, so in Deutschland die Auswahl der Nachfolger für die Konzilskardinäle Joseph Frings und Julius Döpfner: Joseph Höffner (1969) und Joseph Ratzinger (1977). Und der Rigorismus von *Humane Vitae* wurde seit 1974 mehrmals bekräftigt. Paul VI. hatte aber den Mut gehabt zuzugeben, dass die Macht des Papstes auch auf einer konkreten Tradition beruhe und dass „der Papst ... das größte Hindernis auf dem Weg zur Ökumene" sei.[26] Zugleich sagte er freilich in Anbetracht der postkonziliaren Auseinandersetzungen: „Die Einheit des Papsttums schafft die Einheit der Kirche, und darum wird man von ihm fordern, in letzter Instanz zu entscheiden" (zitiert bei Riccardi,

Il potere del Papa, 319). Aber durch seine Worte und seine Begegnungen mit führenden Repräsentanten der anderen Konfessionen hat Paul VI. den Ökumenismus ebenso nachhaltig gefördert wie Johannes XXIII. Die beiden Konzilspäpste waren die Ersten, die diesen Weg in Rom gegangen sind. Johannes Paul II. dagegen, der die Dispenspraxis seines Vorgängers suspendiert und dadurch viele Menschen unter Druck gesetzt hatte, hat in der Enzyklika *Ut unum sint* 1995 eine päpstliche Führungsrolle im ökumenischen Prozess behauptet; da auch er historisch gebildet war, muss man hinzufügen: wider besseres Wissen! In seinem langen Pontifikat (1978–2005) hat er, seit 1982 zusammen mit Kardinal Ratzinger, die päpstliche Kirchenregierung und Allein-Kompetenz zur Interpretation von Glaubens- und Sittenlehren wieder unbedingt durchgesetzt und zudem, wie gesagt, die Ambivalenz von Absolutismus in der Kirche und Dialogfähigkeit nach außen bewiesen. Symptomatisch dafür war z. B., dass kurz nach der Promulgation des *Codex Juris Canonici* der Heilige Stuhl im neuen Vertrag mit Italien auf gesellschaftliche Privilegien verzichtete, die er 1929 noch durchgesetzt hatte. Die robuste Personalpolitik[27] bewirkte aber, dass mit der Zeit auch auf Bischofssynoden kaum noch Einsatz für bischöfliches Mitregieren der Kirche zu erwarten war. Die seitherige Krise der Kirche in Österreich z. B. beruhte nur auf personalpolitischen Machtsprüchen des Papstes. Er ließ sich dabei offenbar von antikonziliaren Denunzianten beeinflussen und berief z. B. zum Nachfolger des großen Konziliaristen Franz König (welcher 1978 energisch für seine Wahl gewirkt hatte) 1986 jenen Pater Hans H. Groër von der LEGIO MARIAE, dessen Rücktritt (1995) samt dessen Gründen hinreichend bekannt ist.

Die LEGIO MARIAE verweist auf neue und sich elitär gebende, dabei theologisch wie gesellschaftspolitisch restaurative Bewegungen wie das OPUS DEI (1982 Erhebung zur Personalprälatur, 1992 Seligsprechung, 2002 Heiligsprechung seines 1975 verstorbenen Gründers Josémaria Escrivà de Balaguer y Albas), COMUNIONE E LIBERAZIONE (seit 1969, zunächst nur in Italien, politisch und wirtschaftlich fest verankert), ebenfalls die inzwischen in schwere Skandale verwickelten LEGIONÄRE CHRISTI u. a, welche vom Vatikan massiv gefördert wurden.[28] Ihnen angehörende oder nahestehende Geistliche wurden zu Bischöfen und Kardinälen befördert, sodass sie im April 2005 einen vielleicht maßgeblich gewordenen Einfluss auf das Konklave nehmen konnten. Die Befreiungstheologen Lateinamerikas dagegen sind nicht nur wegen Anleihen bei der marxistischen Gesellschaftsanalyse, sondern ebenso wegen ihrer Kritik an autoritären kirchlichen Strukturen gemaßregelt worden (1984 und 1991 Publikationsverbote für Leonardo Boff); die mit ihnen sympathisierenden Bischöfe wurden durch Männer des OPUS DEI ersetzt. Dem seit seiner Gründung (1539/40) dem Papsttum besonders eng verbundenen Jesuitenorden (Kap. II), der aber seit dem Zweiten Vatikanischen Konzil dialogisch sprach und handelte, hat Johannes Paul II. dagegen einen päpstlichen Kommissar aufgezwungen.[29] Wie hart die Grenzen gerade in den Fragen der Sexual- und Familienmoral wieder gezogen wurden, hat man in Deutschland am Verbot der Teilnahme an der hier 1995 gesetzlich eingeführten Konfliktberatung für Schwangere (1999) erlebt. Dieses Verbot war von der Mehrzahl der deutschen Bischöfe nicht gewollt und hat wegen eines von niemandem bestrittenen Prinzips die Möglichkeiten kirchlicher Beratung schwangerer Frauen und darüber der Vermeidung von Abtreibungen erheblich eingeschränkt. Der verstorbene Papst Johannes Paul II. und noch mehr Kardinal Ratzinger waren für diese Härte verantwortlich.[30] Durch Benedikt XVI. sind die päpstlichen Positionen zur Sexualmoral öfter und schärfer herausgestellt worden als zuvor. Und als der Kardinalstaatssekretär Angelo Sodano (welcher wegen *Donum Vitae* zu einem Kompromiss geraten hatte) wegen seines Alters 2006 sein Amt aufgeben musste, berief Benedikt als Nachfolger seinen früheren engen Mitarbeiter in der Glaubenskongregation, Tarcisio Bertone, der dort an allen repressiven Entscheidungen mitgewirkt hatte.

Zur heutigen Situation

Nur der Stil des päpstlichen Auftretens wurde 2005 gemildert, so durch den Verzicht auf die längst anachronistische Tiara (dreifache Krone, welche schon Paul VI. 1964 abgelegt hatte) im päpstlichen Wappen. Der Verzicht auf den Titel „Patriarch des Abendlandes" war allerdings nicht, wie man in der Jubelpresse meinte, eine Höflichkeitsgeste gegenüber den östlichen Patriarchen, sondern die Ablegung des einzigen Titels, den der Papst noch mit anderen Bischöfen gemeinsam hatte, d.h. eine subtile Bekräftigung seines universalen Anspruchs. Aufsehen erregten die Gespräche mit dem Papst- und Zentralismus-Kritiker Hans Küng, Ratzingers früherem Kollegen, dem 1979 die kirchliche Lehrbefugnis entzogen worden war, und mit dem seit 1988 exkommunizierten leitenden Bischof der traditionalistischen Pius-Bruderschaft, Bernard Fellay. Der Vorgänger hatte solche Gespräche verweigert! Aber sachliche Konzessionen ergingen dann (so schon im Juli 2007 zugunsten der vorkonziliaren Liturgie) nur an die rechte Adresse (s. Kap. IX ab S. 246). Und schon in seiner ersten Weihnachtsansprache an die römische Kurie hatte Benedikt das päpstliche Monopol zur Interpretation des letzten Konzils betont. Diejenigen, die daraus ihm als radikal erscheinende ökumenische und reformistische Konsequenzen ziehen wollten, hat er in die Nähe von Revolutionären gerückt. Inhaltlich ist Benedikt, wie in Kap. IX detaillierter gezeigt werden soll, ganz auf der Linie Johannes Pauls II. geblieben. Durch dessen ungewöhnlich schnelle Seligsprechung und in seinen Reden dazu hat er das im April 2011 bekräftigt.

28

Aber das heißt eben nicht, dass das Zweite Vatikanische Konzil insgesamt aufgegeben worden wäre. So hat die Bischofssynode 2005 das Eucharistie-Thema benutzen können, um dessen große Liturgiereform zu bekräftigen und nur vor Übertreibungen zu warnen, die tatsächlich vorgekommen waren. Und nach außen ist die katholische Kirche, wie gesagt, unter der Führung der Päpste bei den epochalen Öffnungen des Konzils geblieben. Die generelle Zuwendung zu sozialen Problemen wie der Einsatz für Frieden und Gerechtigkeit (z. B. kontinuierlich und unparteilich, trotz Druck aus Israel, im Nahen Osten) sind an erster Stelle zu nennen.

Ebenso wichtig ist, dass trotz traditionalistischer Kritik an der Religionsfreiheit Johannes Paul II. einen neuartigen interreligiösen Dialog geführt und die Versöhnung mit den Juden intensiviert hat. Benedikt XVI. folgt ihm auch auf diesem Weg. Aber der die letzten Jahre durchziehende leidige Streit um gemeinsame Eucharistiefeiern weist auf Grenzen, welche Rom gerade durch Benedikt XVI. der Ökumene und damit der historischen Zukunftsgestaltung des Christentums setzt. Man will immer noch nicht wahrhaben, dass unterschiedliche biblische Aussagen über geistliche Ämter oder über Gnade, Willensfreiheit und „gute Werke" unterschiedliche Interpretationen und letztlich Konfessionen zur Folge haben konnten und dass darum die entsprechenden Positionen aller christlichen Konfessionen als legitim zu betrachten sind.

Stattdessen beharrt man auf dem päpstlichen Interpretationsmonopol im Stil der Gegenreformation. In der viel diskutierten Deklaration der Glaubenskongregation *Dominus Jesus*[31] hatte Kardinal Ratzinger als deren Präfekt im Jahre 2000 erneut betont, dass die von allen Christen geglaubte „una sancta catholica et apostolica ecclesia" nur in der römisch-katholischen Kirche „subsistiere". 2007 hat Benedikt XVI. diese Position, welche Ökumenismus im vollen Sinne ausschließt, bekräftigen lassen. Er explizierte damit freilich nur eine Aussage des Codex von 1983 (Can. 204 § 2, s. Kap. VIII 2).

Und durch die vielen Enzykliken, von denen gerade die neueren oft redundant geschrieben sind und sehr oft frühere zitieren, haben die Päpste seit 1870 immer wieder die theologische Ausrichtung der Kirche wie das moralische und soziale Verhalten ihrer Mitglieder zu bestimmen und abweichende Meinungen zu unterdrücken gesucht. Gerade neuere Enzykliken erwecken den Eindruck, als gehörten die Lehräußerungen der Päpste zu den wichtigsten Quellen des christlichen Glaubens. Und soeben (Juli 2011) suchte der Benedikt XVI. offenbar nahestehende Kardinal Reinhard Marx (seit 2008 Erzbischof von München-Freising) die Frage nach der Frauenordination durch Hinweis auf eine abschlägige Aussage Johannes Pauls II. (s. hier Kap. VIII 4) abzuschneiden. Johannes Paul II. allein hat 14 Enzykliken veröffentlicht[32], Benedikt XVI. in den ersten sechs Jahren nur drei.

Benedikt XVI. hat auch die päpstlichen Reisen auf ein vernünftiges Maß reduziert und absolviert sie sachlich und würdig; aber über die Kosten müsste er die informieren, welche sie tragen. Er arbeitet lieber am Schreibtisch, besonders gern an seinen Büchern, die dann mit größtem publizistischem Aufwand verbreitet werden. Kritiker meinen allerdings, dass sie mehr seinen zweifellos wissenschaftlich vertieften Glauben als den neuesten Stand der Forschung dokumentieren; oder dass über dem Schreiben Zeit verloren gehe, die eigentlich zum Regieren nötig sei. Ein großer Skandal wäre z.B. 2009 vermieden worden, wenn der Papst und Staatssekretär Bertone über die vier Bischöfe der St.-Pius-Bruderschaft von den Nuntien in den betreffenden Ländern Berichte eingefordert und gelesen hätten, bevor deren Exkommunikation aufgehoben wurde. Benedikt vertritt seine Positionen zu Theologie, Moral und Politik mit doktrinärem Rigorismus, der viele Menschen abschreckt und/oder resignieren lässt. Die wiederholte Mahnung des Mailänder Kardinals Carlo M. Martini (wohl des Antipoden Ratzingers im Konklave 2005), dass die Kirche nicht nur ihre Prinzipien festhalten dürfe, sondern auch auf die Probleme der Menschen mit diesen Prinzipien eingehen müsse, wird im Vatikan heute noch weniger gehört als früher.

Auch bei der rigiden Personalpolitik ist es geblieben. Je näher ein Geistlicher dem OPUS DEI o.Ä. steht, umso größer sind seine Chancen, Bischof zu werden. Aber die so ausgewählten Bischöfe verstehen oft das Denken ihrer Umwelt genauso wenig wie ihr päpstliches Oberhaupt. Wenn einer von ihnen zu einer Fernsehdiskussion über Homosexualität geht und darin vorwiegend mit dem römischen Katechismus (s. Kap. VIII) und dem Begriff der Sünde argumentiert, so haben die Zuschauer den Eindruck, dass er das Thema nicht beherrscht. Wenn er dabei auch noch in einer violett verzierten Bischofskleidung mit vergoldetem Brustkreuz auftritt (auf welche die Bischöfe der Konzilszeit weitgehend verzichtet hatten), dann wirkt das zudem eher peinlich.[33] Aber es entspricht dem unhistorischen Traditionalismus Joseph Ratzingers (vgl. seine Kritik an der Liturgiereform: Exkurs zu Kap. VIII), dass der Papst und die ihm nahestehenden Bischöfe sich wieder mit barockem oder pseudobarockem Pomp (incl. Spitzenrochetts) umgeben. Doch dieser Pomp stammt nicht aus der apostolischen Zeit, auf die man sich so gern beruft. Die höheren katholischen Geistlichen (Mitglieder der „Päpstlichen Familie") kleiden sich vielmehr bei amtlichen Auftritten wieder wie hohe Beamte an den Höfen der italienischen Renaissance.

In der heutigen katholischen Kirche und in ihrer offiziellen Publizistik ist aber von der „langen Dauer" der Geschichte, von Prozessen und Umbrüchen kaum oder nicht die Rede. Zwar wird die Tradition beschworen, aber in Wirklichkeit auf die Epoche der Pius-Päpste und Johannes Pauls II. reduziert. So wird auch von Benedikt XVI. in *Licht der Welt* der Eindruck erweckt, dass die absolutistische Kirchenverfassung der Gegenwart richtig und selbstverständlich sei. Da die Kenntnisse von Geschichte in den letzten 50 Jahren generell erheblich abgenommen haben, widersprachen zunächst nur wenige. Aber kontinuierlich wächst die Zahl derer, die sich nicht mehr angesprochen fühlen und weggehen.

Das große Ansehen, welches sich Johannes Paul II. erworben hatte, und dessen geschickte Präsentation durch das unter ihm 1983 entstandene Vatikanische Fernsehzentrum haben anlässlich seines Todes und der Wahl des Nachfolgers (April 2005) dazu geführt, dass geradezu das ganze Christentum im Papst wahrgenommen wurde, und das hat sich zuletzt bei der Seligsprechung im Mai 2011 wiederholt.

Die in unseren Medien den Ton bestimmenden, oberflächlichen Journalisten reden bei solchen Anlässen unbekümmert vom „Heiligen Vater", obwohl dies eine der Bibel (Matthäus 23,9) widersprechende mittelalterliche Devotionsformel ist; oder vom „Apostolischen Palast", obwohl in der im 16. Jahrhundert erbauten Papstresidenz nie ein Apostel gewohnt hat und obwohl dessen Hauptbewohner keineswegs der einzige Hierarch ist, für dessen Amt apostolische Herkunft behauptet wird.

Auch wurde fast nie thematisiert, dass der Glanz der Gebäude und der Räume, in denen auch die heutigen Päpste ihr Amt ausüben, eine Epoche bezeugt, in der ihre Vorgänger verweltlicht, ihre Wahlen politisiert und von Bestechungsgeldern mitbestimmt waren. Mussten resp. müssen Johannes Paul II. und Benedikt XVI. in ähnlichen Formen auftreten wie die Renaissance-Fürsten und Mäzene Julius II. oder Leo X., Clemens VII. oder Paul III., welche für Glauben, Frieden und Gerechtigkeit weitaus weniger getan haben als für die fürstliche Etablierung ihrer Familien (Della Rovere, Medici, Farnese, Kap. II)? Ebenso wenig wurde 2005 gefragt, was von einer Wahl zu halten ist, bei der alle Wähler von dem oder den Vorgängern des zu Wählenden ernannt wurden oder warum ausgerechnet die (so kanalisierte) Wahl des Papstes erhalten geblieben ist, während die Päpste alle anderen in der Kirche üblich gewesenen Wahlen im Laufe der letzten 200 Jahre konsequent unterdrückt haben?[34] Kaum jemand hat gefragt, wie es bei früheren Konklaven, über die man sich in den Werken von Ludwig von Pastor und Josef Schmidlin, Georg Schwaiger und Georg Denzler, von Andrea Riccardi und Alberto Melloni informieren kann, zugegangen ist, oder ob es zu einer fairen Wahl gehört, dass der vom Vorgänger offenbar als Nachfolger gewünschte Kardinal Ratzinger als Dekan des Kardinalskollegiums die Möglichkeit hatte, sich durch die Predigt unmittelbar vor dem Konklave programmatisch zu präsentieren? Sind nicht auch Papstwahlen des 20. Jahrhunderts, so jedenfalls 1958, 1963 und 1978 (Kap. VI und VII) Machtkämpfe unter Kardinälen vorausgegangen, die ebenso persönlich oder politisch wie ekklesiologisch motiviert waren?

Die meisten der zahlreichen Papstbücher, welche seit 2004/05 von Journalisten auf den Markt geworfen worden sind, tun alles, um solche Fragen gar nicht erst aufkommen zu lassen; man nehme als Beispiel das des KNA-Redakteurs Ludwig Ring-Eifel, *Weltmacht Vatikan. Päpste machen Politik* (2004), in dem die Geschichte der Päpste seit 1870 als eine einzige, von Leiden und Opfern geprägte Erfolgsgeschichte (nach dem Klappentext „die atemberaubende Geschichte dieses Aufstiegs") präsentiert wird.[35]

Der Vatikan, die ihm besonders ergebenen Bischöfe und die ihnen zuarbeitenden Publizisten glauben offenbar weiterhin, dass die teils bewegenden, teils zumindest sehr schönen Bilder aus dem Vatikan und von den Reisen des Papstes die gesellschaftliche Präsenz der Kirche langfristig stärken werden. Doch lehrt die Erfahrung, dass Kirche weniger durch solche „Events" wirkt als durch den mühsamen Dienst in den Gemeinden, in Caritas und Schule, dazu im theologischen, ökumenischen und kulturellen Dialog, welchen Kardinal Ratzinger u. a. in den Parallel-Vorträgen mit den Philosophen Jürgen Habermas und Marcello Pera immerhin aufgenommen hatte[36]. Die Vertiefung und die praktische Anwendung eines solchen Dialogs forderte 2005 im weiteren Umkreis der römischen Kurie aber anscheinend nur Kardinal Martini. Aber als er gegenüber der pauschalen Relativismus-Kritik des neuen Papstes daran erinnerte, dass es auch einen christlichen Relativismus gebe und geben müsse, hat ihm niemand aus dem Vatikan oder von dessen Lobrednern adäquat geantwortet! Aber die Kritik am Papst ist in den beiden letzten Jahren härter geworden.[37] Schon 2007 hatte die Mehrheit der Professoren der 1. Römischen Universität (SAPIENZA) seinen Besuch verweigert, da er sie nur belehren wolle!

Es bedarf einer Versöhnung des hierarchischen mit dem demokratischen Prinzip, wie in den langen Zeiten, in denen die Gemeinden oder deren Repräsentanten ihre Vorsteher wählten.[38] Aber Bischöfe, die ihre enge Bindung an den Papst betonen, tun das Gegenteil und werden darin vom Vatikan bestärkt, so 2005 Gerhard Ludwig Müller (Regensburg), als er die synodal beschlossenen Rechte von Laiengremien radikal beschnitt. Die vatikanische Kleruskongregation hat ihm im März 2006 ausdrücklich Recht gegeben: unter Berufung auf den Codex von 1983. Und alle Diözesen Mitteleuropas durchzieht eine von der Hierarchie auferlegte Umstrukturierung, die auf einer Mischung von Geschichtsfremde, Ideologie und Realitätsverlust beruht. Wegen des zunehmenden Priestermangels (den man gleichzeitig mit dem Hinweis auf die geringer gewordene Zahl der Kirchenmitglieder herunterspielt) werden zahlreiche Pfarren zu Groß-Pfarren vereinigt. Die Pfarrer werden dadurch überlastet und können nicht mehr Gesprächspartner wie früher sein, die Menschen verlieren ihre religiösen Bezugspunkte, ein tausendjähriges Pfarrsystem verfällt. Und das alles nur, weil eine menschenferne Hierarchie keine verheirateten Männer oder gar Frauen mit Leitungsfunktionen betrauen will!

Exkurs: Kardinäle, Konklave, Papstwahl

Als Kardinäle bezeichnete man lange die einer Hauptkirche zugeordneten (inkardinierten) Geistlichen, in Rom (wo der Titel im 11. Jh. seine kirchenpolitische Bedeutung erhielt) die den Papst öfter vertretenden Bischöfe der sechs/sieben benachbarten (suburbikarischen) Diözesen, die Vorsteher der ca. 30 Titelkirchen (benannt nach dem „titulus" ihres frühchristlichen Stifters oder Patrons), welche an Festtagen die Liturgie in den vier Hauptbasiliken zelebrierten, sowie die ursprünglich sieben, später bis 14 für Finanzen und Caritas zuständigen Diakone, welche bei diesen Liturgien zu assistieren hatten. Die formale Einteilung des Kardinalkollegiums in die drei Ordines der K.-bischöfe, K.-priester und K.-diakone besteht bis heute; erst im 20. Jh. wurden auch alle K.-diakone zu Priestern, erst auf Anordnung Johannes' XXIII. (1962) zu Bischöfen geweiht.

Im Zusammenhang der klerikalisierenden Kirchenreform des 11./12. Jhs. und der seitherigen Durchsetzung der päpstlichen Monarchie haben die Päpste Nikolaus II. und Alexander III. 1059 resp. 1179 (auf dem dritten Laterankonzil) den römischen Kardinälen das ausschließliche Recht zur Papstwahl verliehen. Damit wurde das seit Otto d. Großen und besonders unter Heinrich III. entscheidend gewesene Mitspracherecht des römisch/deutschen Königs/Kaisers zurückgedrängt.

Alexander III. hatte auch die Zweidrittelmehrheit bestimmt und damit das Papstwahlrecht im Wesentlichen festgelegt. Verschleppungen von Wahlen hatten zur Folge, dass Gregor X. auf dem zweiten Konzil in Lyon 1274 das Konklave bestimmte, d. h. den von außen verschlossenen Ort, an dem die Kardinäle wählen mussten; bei Verzögerungen wurden sie mit drastischer Beschränkung von Speisen und Getränken bedroht. Der Beschleunigung diente auch die Bestimmung, dass die Wahl dort erfolgen sollte, wo der Vorgänger gestorben war; die damaligen Päpste residierten nicht immer in Rom, sondern auch in anderen Städten des Kirchenstaates wie Orvieto, Perugia, Viterbo.

Schon seit dem 11. Jh. ernannten die Päpste auch einige auswärtige Prälaten zu Kardinälen. Während des Exils der Päpste in Avignon (1305–1376) wurde dort resp. in Lyon gewählt; während des darauf folgenden Schismas (1378–1417 resp. 1449) konkurrierend in Rom und Avignon, in Pisa und Bologna resp. in Basel.

Die Einheit der abendländischen Kirche ist vom Konzil in Konstanz (1414–1418) wiederhergestellt worden, welches sich als Repräsentation der Gesamtkirche begriff und dementsprechend 1417 ein Konklave organisierte, an dem je 30 Kardinäle und Vertreter der Konzilsnationen teilnahmen.

Aber der von ihnen gewählte Martin V. (seit 1420 in Rom) und dessen direkte Nachfolger Eugen IV. und Nikolaus V. erreichten bereits die Ausschließung jedweder konziliaren Beteiligung an der Papstwahl, und darauf besteht das päpstliche Rom bis heute.

Seit 1431 haben alle Konklaven mit einer Ausnahme (Venedig, 1800, wegen der französischen Okkupation des Kirchenstaates) in Rom stattgefunden.

Zusätzliche Bestimmungen ergingen durch Julius II. 1506 und 1513 (Ungültigkeitserklärung einer Wahl durch Simonie), durch Pius IV. 1562 (Bekräftigung der vier Wahlmodi: „Inspiration", d. h. Wahl durch Akklamation; „Kompromiss", d. h. Delegation der Wahl an einige Kardinäle; „Skrutinium", d. h. Abstimmung; „Akzess", d. h. nachträgliche Übertragung der Stimme auf einen anderen Kandidaten, welcher dadurch die Mehrheit erhält); sodann durch Sixtus

V. 1586 und 1590 (Begrenzung der Kardinäle auf 70 und Verbot von Verhandlungen vor der Wahl; beides mit dem Ziel, dem Machtstreben von Papst- und Kardinalsfamilien Grenzen zu setzen). Einen Abschluss des Papstwahlrechts, bei dem es bis zum 20. Jh. geblieben ist, bildeten zwei Bullen Gregors XV. von 1621 und 1622, in denen das „Skrutinium" zur normalen Form der Wahl und eine Abstimmung, bei der ein Kardinal sich selbst wählt, für ungültig erklärt wurden.

Alle diese Modifikationen und Verbote zeigen, dass die Papstwahlen von persönlichen Ambitionen und politischen Interessen mitbestimmt waren; im „Heiligen Kollegium" gab es vom 15. bis zum 18. Jahrhundert fast immer eine französische und eine habsburgisch-spanische Partei, angeführt von Kardinälen, die auf Wunsch der Monarchen ernannt worden waren (Kron-Kardinäle). Zudem haben seit dem 16. Jh. die katholischen Monarchen (d. h. die Spaniens, Frankreichs und Österreichs) das Recht zur Ausschließung (ius exclusivae) eines Kandidaten durchgesetzt; 1903 ist dieses Recht im Auftrag Franz Josephs I., Kaiser von Österreich und König von Ungarn, ein letztes Mal ausgeübt worden.

Die Wahl leitete und leitet der Dekan oder in seiner Vertretung der Kämmerer (Camerlengo) des Kardinalskollegiums, welch Letzterer auch den Tod des Papstes offiziell festzustellen hat. Als eines der ältesten Mitglieder des Kollegiums ist der Dekan vor 2005 nie ein Kandidat für die Nachfolge gewesen.

Die Päpste des 20. Jahrhunderts haben das ihnen 1870 zugesprochene legislatorische Monopol auch dadurch demonstriert, dass sie das Papstwahlrecht öfter modifiziert haben. Historisch notwendig war eigentlich nur die erste dieser „Apostolischen Konstitutionen". Denn Pius X. musste, obwohl er von dem österreichischen Veto gegen Kardinal Rampolla profitiert hatte, einen solchen politischen Eingriff verbieten und tat das schon 1904 (*Vacante sede apostolica*); auch bekräftigte er das ausschließliche Wahlrecht der Kardinäle und gebot absolute Geheimhaltung, welche die zuletzt 2005 erlebte Mystifizierung der Papstwahl fördert, andererseits die Unabhängigkeit der Wähler bekräftigt. Der Akzess wurde abgeschafft, stattdessen eine schnellere Folge der Abstimmungen (künftig nicht mehr eine, sondern zwei pro Halbtag) eingeführt. Auch wurde bestimmt, dass die Zeit zwischen dem Tod des Papstes und der Wahl mindestens 10 Tage dauern muss (am Rande der neuntätigen Trauerfeiern finden meist Vorbesprechungen statt!). Im *Codex Juris Canonici* von 1917 sind die Bestimmungen von 1904 bestätigt worden: Nur das Kardinalskollegium hat das Wahlrecht (Can. 229), die Höchstzahl der Kardinäle bleibt 70 (Can. 231), der Papst ist frei in der Auswahl der Kardinäle „ex toto orbe terrarum", sein Amtsverzicht ist möglich, er bedarf keiner Annahme durch die Kardinäle (Can. 221).

Wichtiger als einige Ergänzungen unter Pius XI. und Pius XII. (1945 Erhöhung der für die Wahl erforderlichen Mehrheit auf Zweidrittel plus eine Stimme) waren die Reformen Johannes' XXIII. und Pauls VI.; Johannes XXIII. erhöhte die Zahl der Kardinäle von 70 auf über 100, um eine angemessene weltweite Präsenz zu erreichen. 1962 (*Summi Pontificis Electio*) kehrte er zur Zweidrittelmehrheit zurück, ermöglichte Dispens vom Wahlgeheimnis durch den neuen Papst und vereinfachte Reglements und Zeremoniell.

Denn längst waren die Kardinäle mit außergewöhnlichen Privilegien ausgestattet worden; so hatten sie, auch wenn sie nicht Bischöfe waren, die Präzedenz vor allen Patriarchen und Bischöfen. Das Zweite Vatikanische Konzil erreichte eine Einebnung dieser Privilegien; aber seiner Anregung, künftig auch Bischöfe und besonders Repräsentanten der Bischofssynode an der Papstwahl zu beteiligen, hat die postkonziliare Kurie sich unter Paul VI. erfolgreich widersetzt. Dagegen ist die Internationalisierung des Kardinalskollegiums weit fortgeschritten. 1800 hatte es nur fünf nicht-italienische Kardinäle gegeben. 1878, beim Tode Pius'

IX., waren es 25; 1978, beim Tode Pauls VI., 90 (von insgesamt 115). 1990 gab es noch 31 italienische unter insgesamt 142 Kardinälen. Aus den sechs K.-bischöfen wird der Dekan gewählt, der dem Kollegium als „primus inter pares" vorsteht.

Paul VI. hatte bei Konzilsende die Patriarchen der mit Rom unierten orientalischen Kirchen in das Kardinalkollegium aufgenommen, was unter ökumenischen Aspekten nicht unproblematisch war, da das Amt der Patriarchen älter und im Grunde höher ist als das der Kardinäle. Einschneidender war die 1970 auch für die Kardinäle eingeführte Altersgrenze (analog zu der der Diözesanbischöfe seit 1968). Auch sie müssen seitdem mit 75 Jahren auf ihre kurialen Leitungsämter verzichten, können darin freilich für fünf weitere Jahre vom Papst erneut bestätigt werden; mit 80 Jahren verlieren sie ihr Wahlrecht. Die Zahl der zur Papstwahl berechtigten Kardinäle wurde auf höchstens 120 festgelegt.

1975 folgte die Konstitution *Romani pontifici eligendo*, welche das ausschließliche Papstwahlrecht der (unter 80-jährigen) Kardinäle bestätigt und damit begründet, dass sie die römische Kirche repräsentieren. Aber zugleich wurde verordnet, dass alle kurialen Leitungsämter (mit Ausnahme der drei für die Kirchenregierung weniger wichtigen des Pönitentiars, des Vikars für Rom und des Kämmerers) mit dem Tod des Papstes verfallen; der neue Papst wurde damit von der Kurie seines Vorgängers „befreit".

Die Bestimmungen Pauls VI. sind in den *Codex Juris Canonici* (1983) eingegangen (bes. Can. 349–359, 883, 1242, 1405, 1588). Hervorzuheben ist, dass der Papst die Kardinäle weiterhin frei ernennt und dass er weiterhin geheim bleibende Ernennungen („in pectore") vornehmen kann, bei denen Pflichten und Rechte bis zur Veröffentlichung suspendiert bleiben (Can. 351). Frühere Mitspracherechte sind also an den Papst zurückgefallen und keineswegs der Kirche insgesamt zugekommen. Ihre Freiheit wird mit seiner Freiheit gleichgesetzt, und dazu gehört auch weiterhin sein Recht zum Amtsverzicht (Can. 332).

Aber Johannes Paul II. hat es dabei nicht bewenden lassen, sondern 1996 eine weitere, in ihrer Ausführlichkeit gewiss nicht erforderliche Reglementierung von Sedisvakanz und Papstwahl erlassen (Konstitution *Universi dominici gregis*, AAS 88, 305–343). Inhaltlich gewichtig sind nur der erneute Hinweis auf die Möglichkeit des Amtsverzichts, welcher das Konklave ebenso erforderlich macht wie der Tod des Papstes; eine scheinbare Demokratisierung der Wahl, weil sie nur noch durch Abstimmung erfolgen darf; sodann Modifikationen des Wahlvorgangs: Nach 13 ergebnislosen Skrutinien soll ein Tag der Reflexion und „freier" Gespräche eingelegt werden, nach 34 ergebnislosen Skrutinien die einfache Mehrheit für die Wahl genügen. Die Sixtinische Kapelle wird auch offiziell zum Ort der Wahl bestimmt, damit die Kardinäle mit dem Blick auf Michelangelos Weltgericht wählen. Sie wohnen nun während des Konklaves samt ihren Begleitern im neu errichteten Hospiz S. Marta in der Vatikanstadt (nicht mehr in Nebenräumen der Sixtina, in denen die Unterbringung des vergrößerten Kollegiums immer schwieriger geworden war).

2005 hatte das Kardinalskollegium 183 Mitglieder. Davon waren 117 wahlberechtigt, ihr Durchschnittsalter beträgt 73 Jahre, sie kommen aus 52 Ländern, 17 Italiener bilden die größte nationale Gruppe. Kardinäle nehmen die meisten Leitungsfunktionen in der römischen Kurie wahr, aber das Kollegium als solches wird an der Kirchenregierung kaum beteiligt.

Das von Rom zäh festgehaltene freie Ernennungsrecht des Papstes hat zur Folge, dass die Kardinäle die römische Kirche nur formal und die Gesamtkirche überhaupt nicht repräsentieren. Das Kardinalskollegium ist ein von den Päpsten an der apostolisch-hierarchischen Tradition vorbei errichtetes Konstrukt; Hunderte seiner Mitglieder, an vielen Papstwahlen beteiligt, waren nur Priester oder Diakone und als solche keine „Nachfolger der Apostel". Ihr Amt beruht weder auf Wahl noch auf ständischem oder ortskirchlichem Recht, sie waren und sind „creaturae Papae".

Hans-Georg Krause, *Das Papstwahldekret von 1059* ... (*Studi Gregoriani* 7), Roma 1950. – Klaus Ganzer, *Die Entwicklung des auswärtigen Kardinalats im hohen Mittelalter* ..., 1963. – Ders., *Kardinäle als Kirchenfürsten?* ... (s. Anm. 7) – Giuseppe Alberigo, *Cardinalato e collegialità* ..., Firenze 1969. – Burkhard Roberg, *Das zweite Konzil von Lyon 1274*, 1990. – Alberto Melloni, *Il conclave. Storia dell'elezione del Papa*, Bologna 2005. – Werner Goez und Peter Krämer, in: *LThK*[3] 7 (1998), 1352 ff.

II. Anspruch auf die Regierung der gesamten Kirche (15.–18. Jahrhundert)

Papsttum und Konziliarismus

In Avignon hatten die Päpste, weil die römischen Geldquellen versiegt waren, ein geradezu modernes Stellenbesetzungs- und Finanzsystem geschaffen. Dieses hat vordergründig den kurialen Zentralismus gesteigert, jedoch innerkirchliche und politische Gegenkräfte geweckt, die in den Konziliarismus und in Deutschland wegen der dort besonders hohen Abgaben nach Rom darüber hinaus noch in das reformatorische Programm eingegangen sind.[39]

Aufgrund der Doppelwahl von 1378 folgte das abendländische Schisma, welches das Papsttum noch mehr diskreditiert hat als das vorangegangene Exil: Zwei Päpste (in Rom und in Avignon) standen seitdem einander gegenüber; seit dem Konzil in Pisa (1409), welches diesen Dualismus durch eine Neuwahl überwinden wollte, gab es einen dritten Papst (in Bologna).

Das vom römisch-deutschen König Sigismund (1433 Kaiser) veranlasste Konzil in Konstanz (1414–1418) hat die Einheit der lateinischen Kirche wiederhergestellt, indem es die drei konkurrierenden Päpste zum Rücktritt zwang und an ihrer Stelle 1417 den römischen Kardinal Oddone Colonna wählte: Martin V. (bis 1431). Bei der Wahl hatten außer den

Kardinälen auch je sechs Vertreter der fünf am Konzil beteiligten Nationen mitgewirkt: Italiener, Franzosen, Deutsche (diese auch die Skandinavier, Polen, Tschechen, Ungarn und Kroaten umfassend), Engländer und Spanier. Eine breite Repräsentation der gesamten Kirche wählte den Papst, und so sollte es bleiben.

Zuvor hatte das Konstanzer Konzil in zwei berühmt gewordenen, inzwischen aber weithin vergessenen Dekreten (*Haec sancta synodus* 1415, *Frequens* 1417) bestimmt, dass nicht dem Papst, sondern dem Konzil die höchste Autorität in der Kirche zukomme und dass daher alle zehn Jahre vom Papst ein Konzil einzuberufen sei.[40] Auf diese nie widerrufenen Konstanzer Dekrete haben sich alle späteren Reformer berufen[41]; und die Frage, inwieweit das Unfehlbarkeitsdogma von 1870 mit ihnen vereinbar sei, ist nie beantwortet worden.

Schon Martin V. hat jedoch die Appellation vom Papst an das Konzil verboten (was Pius II., der lange selbst Konziliarist gewesen war, 1460 bestätigte), aber immerhin gemäß *Frequens* 1423 ein Konzil nach Pavia und 1431 eines nach Basel einberufen, dessen Mehrheit den in Konstanz beschrittenen Weg fortsetzen wollte. Aber der nach Aufständen in Rom meist in Florenz unter dem Schutz des Cosimo dei Medici residierende Eugen IV. (1431–1447) verlegte das Konzil 1437/39 nach Ferrara resp. Florenz und brachte es unter seine Leitung. In Florenz erreichte Eugen IV. 1439 sogar die Unterwerfung der auf westliche Hilfe gegen die Konstantinopel bedrohenden Türken angewiesenen und darum momentan nachgiebigen Griechen unter Rom, welches darum kurze Zeit wieder als Hauptort der gesamten christlichen Kirche auftreten konnte.[42] Nikolaus V. (1447–1455) gewährte den Fürsten Einfluss auf ihre „Landeskirchen", um sie vom Konziliarismus abzubringen. So bestätigte er einerseits 1448 im Wiener Konkordat für die Reichskirche das Bischofswahlrecht der Domkapitel. Zugleich erreichte er aber von König

(1452 Kaiser) Friedrich III. die Absage an das Baseler Konzil und gewährte ihm dafür das „Privileg" der Nomination für die innerösterreichischen Bistümer. Auf dieselbe Weise wurde Kurfürst Friedrich II. von Brandenburg gewonnen.[43] Privilegien kann man zurücknehmen, wenn die Umstände es gestatten. Das war in Österreich und in dessen Nebenländern erst 1919, nach dem Sturz der Habsburger, der Fall, und der Hl. Stuhl, dessen historisches Gedächtnis in diesem Falle mehr als 450 Jahre überdauert hatte, hat sogleich entsprechend gehandelt (Kap. IV 3). In Frankreich blieben die 1407 und 1438 beschlossenen „gallikanischen" Freiheiten Staatsgrundgesetz. Die Bestätigung des königlichen Nominationsrechtes für alle Bischöfe im Konkordat Leos X. mit Franz I. 1516 blieb auf dieser Linie. Aber prinzipiell wurde nach dem Ende des Baseler Konzils-Schismas die päpstliche Kirchenleitung nicht mehr bezweifelt.

Die Wiederherstellung der politischen Macht

Nikolaus V. und Pius II. (1458–1464) begannen mit der Wiederherstellung des Kirchenstaates. Julius II. (1503–1513) hat, auch durch eigenen kriegerischen Einsatz, dieses Werk im Wesentlichen vollendet und damit dem Papsttum eine politische Dimension gesichert[44], welche dreieinhalb Jahrhunderte lang, bis 1870, bestanden und noch darüber hinaus gewirkt hat: Nur über den Rekurs auf den Kirchenstaat hat Pius XI. 1929 die Schaffung des neuen, kleinen Vatikanstaates erreicht.

1511 erzwang Julius II. auch die Versöhnung der beiden mächtigsten römischen Adelsfamilien, Colonna und Orsini, die im Machtvakuum seit 1305 miteinander konkurrierend in Latium bestimmt hatten; nun wurden sie Hofadel des Papstes, welcher seinen Staat fortan durch eigene Beamten und Behörden in Rom, d. h. auf durchaus moderne Weise, verwalten ließ. Der Nepotismus war dabei ein beständiges Instrument der päpstlichen Herrschaft geworden und blieb es im ganzen 16. und 17. Jahrhundert. Auch der ebenfalls unter Nikolaus V. begonnene Wiederaufbau Roms, welches seit dem „Heiligen Jahr" 1450 wieder das unbestrittene Zentrum der lateinischen Kirche war, erreichte nun seine entscheidende Phase. Die Adelsburgen wurden beseitigt, die Wohntürme größtenteils durch Paläste (vor allem der Kardinäle) ersetzt; Straßen, Brücken und Wasserleitungen repariert. Die finanziellen Mittel für Rom flossen wieder reichlich, nicht nur in den „Heiligen Jahren". Gerade diese (seit Bonifaz VIII., 1300, bald alle 50 und seit 1475 alle 25 Jahre) sind von den Päpsten kontinuierlich zur Selbstdarstellung benutzt worden, so vehement von Pius XII. 1950 und von Johannes Paul II. 2000.

Das ausschließliche Papstwahlrecht der Kardinäle ist nach dem Baseler Konzil nicht mehr bestritten worden. Um 1500 waren sie eine sehr begrenzte Oligarchie, ebenso verweltlicht wie die Päpste selbst. Die meisten der damals nur ca. 40 Kardinäle waren Italiener, nur wenige, so die aus den Orden, Theologen. Paul II. (1464–1471) hatte mit der Zurückdrängung ihrer Mitregierung begonnen und sie durch äußere Vorrechte zu entschädigen gesucht, von ihm erhielten sie deshalb das rote Birett (dass die rote Farbe die Bereitschaft zum Martyrium aussage, ist später hineininterpretiert worden und wird bei jeder Kardinalsernennung, so zuletzt im November 2010, repetiert). Leo X. (1513–1521) hat 1517 auf einmal 31 Kardinäle ernannt, um das Kollegium sich und seinen Nachfolgern gefügiger zu machen. Bei den Papstwahlen standen seit den politischen Kontrasten des 16. Jahrhunderts, wie bereits gesagt, lange eine kaiserlich/spanische und eine französische Partei gegeneinander. Entsprechend verliefen die Wahlen. Wer, wie zuletzt 2005 öfter geschehen, dabei eine Mitwirkung des Hl. Geistes annimmt, sollte in der Papstgeschichte des frommen Katholiken Ludwig Pastor die Beschreibungen der damaligen (und vieler weiterer) Papstwahlen nachlesen. Von 1417 bis 1978 sind die Päpste – mit den drei Ausnahmen der Spanier Calixt III. 1455–1458 und Alexander VI. 1492–1503 sowie des Niederländers Hadrian VI. 1522–1523 – sämtlich Italiener gewesen. Das hat der Kirche nicht geschadet, denn Italiener sind im Allgemeinen realitätsnäher und kompromissfähiger als Spanier, Polen oder Deutsche. Sie halten die Prinzipien hoch, sind aber wegen deren Anwendung eher flexibel. Die römische Kurie ist bis zum Zweiten Vatikanischen Konzil eine wesentlich italienische Institution gewesen, und sie ist es großenteils noch heute. Das hatte und hat freilich auch zur Folge, dass italienische Parteiungen in sie hineinwirken.

Das Rom der Renaissance

Seit Julius II. haben die Päpste ihre Hauptstadt zur künstlerischen Metropole Italiens, und das hieß damals Europas gemacht: zum weit ausstrahlenden Zentrum der Spätrenaissance und des Manierismus, seit ca. 1550 des Barock; zugleich des Studiums der Antike. Denn die päpstliche und die antikische Rom-Idee wurden seit Sixtus IV. (1471–1484), Erbauer der nach ihm benannten Palast-Kapelle in den Maßen des Salomonischen Tempels sowie der ersten nach-antiken Tiberbrücke (Ponte Sisto, zum „Heiligen Jahr" 1475), miteinander verbunden. Besonders Sixtus' Neffe Julius II. trat ebenso als Nachfolger der römischen Kaiser wie des hl. Petrus auf, bei dessen Kirche die Päpste erst seit ihrer Rückkehr nach Rom ständig residierten. Auch darin zeigt sich der seitdem geradezu ausschließliche Bezug auf die (behauptete) Petrusnachfolge, die Erinnerung an Paulus als angeblich zweiten Gründer der römischen Gemeinde trat zurück.[45] Die größten Werke Bramantes, Michelangelos und Raffaels u. v. a. sind im mitplanenden Auftrag der Päpste von

Julius II. bis Paul III. (1534–1549) im Vatikan entstanden.[46] Das Gesamtkunstwerk des „neuen Rom", welches bis heute die Besucher fasziniert, wurde von ihnen und von ihren Nachfolgern in der Barockzeit (von Sixtus V. 1585–1590 bis Urban VIII. 1623–1644) geschaffen; seine aussagestärkste, alle päpstlichen Ansprüche demonstrierende Konkretisierung hat es im Neubau und in der Ausstattung der Peterskirche gefunden.

Exkurs: Die neue Peterskirche

Nikolaus V. hatte mit Leone Battista Alberti die Wiederherstellung der konstantinischen Basilika im Stil der Renaissance geplant, aber Bramante und Julius II. wollten ein antikisches Groß-Monument (Zentralbau) nach dem Vorbild des Pantheon errichten. Schon dass sie dafür die alte Peterskirche (zunächst nur deren Chorpartie) zerstörten, belegt ihr neuartiges Selbstbewusstsein. Weitere leitende Baumeister waren Raffael, der auch das Langhaus neu erbauen wollte, Giuliano da Sangallo und Baldassare Peruzzi; nach dem Sacco di Roma trat eine längere Unterbrechung ein. Erst Paul III. und der inzwischen 70-jährige Michelangelo (seit 1546 Baumeister an St. Peter) griffen das große Projekt wieder auf. Sie kehrten zum Zentralbau zurück und wollten darin nun die äußersten Konsequenzen aus der ganzen Architektur-Entwicklung der Renaissance ziehen: vor allem mit der gigantischen, 136 m hohen Kuppel, die Vorbild für alle weiteren Bauten dieser Art geworden ist; Sixtus V. hat ihre Vollendung maßgeblich gefördert. Paul V. ließ durch Carlo Maderno das 1614 vollendete Langhaus hinzufügen und damit das Monument zur übergroßen Kirche erweitern. Bernini schuf für Urban VIII. die bis ins Letzte durchdachte Ausstattung, für Alexander VII. bis 1657 den elliptischen

Platz, dessen Arme die ganze Kirche zu umfassen scheinen, nachdem dort bereits Michelangelos Schüler Domenico Fontana 1586 im Auftrag Sixtus' V. den großen vatikanischen Obelisken als Zeichen päpstlichen Triumphes über das Heidentum wieder aufgerichtet hatte. Aus Berninis Ausstattung ist in unserem Zusammenhang hervorzuheben, dass der Papstaltar in der Vierung, das größte nachantike Bronze-Monument, über dem aufgrund einer Memoria des 2. Jahrhunderts angenommenen, aber (entgegen vatikanischer Behauptung) nie sicher bewiesenen Ort des Petrusgrabes steht. Seine geschraubten Säulen sollen an den Tempel Salomos erinnern, zudem ist er von vier Pfeilern mit den Emporen zur Zeigung der großen, auf Christus selbst und den Petrus-Bruder Andreas verweisenden Reliquien umstanden. Über dem Papstthron in der Hauptapsis befinden sich eine angebliche „Cathedra Petri" und ein Fenster mit dem Symbol des Hl. Geistes; er ist umstanden von den Kolossalfiguren der vier größten lateinischen und griechischen Kirchenlehrer (Ambrosius, Augustinus, Athanasius, Johann Chrysostomus). Die ganze Tradition des Christentums wird also für die Repräsentation von Papst und Papstthron in Anspruch genommen! Die Kathedrale Roms blieb trotzdem S. Giovanni in Laterano, insofern gibt es keinen „Petersdom".

Denzler/Jöckle, *Der Vatikan*, 2007. – Horst Bredekamp, *St. Peter in Rom und das Prinzip der produktiven Zerstörung. Bau und Abbau von Bramante bis Bernini*, 2000. – Zu den neueren Ausgrabungen unter St. Peter und deren Instrumentalisierung durch die Kurie Pius' XII.: Klauser, *Die römische Petrustradition* (Anm. 1) – Engelbert Kirschbaum SJ, *Die Gräber der Apostelfürsten*, 1957.

Aber für die Kirchengeschichte war die erste Hälfte des 16. Jahrhunderts durchaus keine Glanzperiode, eher das Gegenteil, und das durch die Verweltlichung und die familiär-politischen Machtambitionen der damaligen Päpste! Denn seit Sixtus IV. gingen sie ganz in der weltlichen Dimension der Renaissance auf und handelten fast ausschließlich als Fürsten und Mäzene, als Letztere waren sie auch an der Erschließung immer neuer Geldquellen interessiert. „Es geschah, dass das geistliche Oberhaupt vor allem und entschiedener als je zuvor die Zwecke seines weltlichen Fürstentums verfolgte und ihnen seine ganze Tätigkeit zuwendete" (Ranke). Sixtus IV., Alexander VI., Julius II. und Paul III. taten zudem alles ihnen Mögliche, um für ihre Familien erbliche Fürstentümer zu erringen; Leo X. und Clemens VII. (1523–1534), um die Herrschaft ihrer Familie Medici über Florenz zu festigen. Der in Grenzen verständliche Nepotismus nahm überhand und begünstigte Unwürdige, mindestens drei der genannten Päpste hatten für eigene Kinder und deren Mütter zu sorgen.[47] Es blieb freilich lange bei großzügiger Förderung des Humanismus und auch dessen biblischer Dimension, Leo X. approbierte die klassisch gewordene Bibelübersetzung des Erasmus von Rotterdam, der sich von ihm die Versöhnung von Kultur und Religion erhoffte.[48]

Aber um ihre kirchlichen Aufgaben, besonders um die seit dem Konstanzer Konzil immer lauter geforderte Reform der viel zu reich gewordenen Kirche und der veräußerlichten Religiosität, haben die Päpste sich ein Jahrhundert lang zu wenig gekümmert, schon weil der inzwischen weit verzweigte Reformismus seit Konstanz oft mit dem Konziliarismus verbunden war. Diesen abzudrängen und den eigenen Primat zu festigen, blieb das einzige kirchliche Anliegen, welches die Päpste seit ihrer Rückkehr nach Rom konsequent verfolgt haben. Die großen Konzessionen wegen der Bischofsernennung, welche Leo X. dafür z. B. den französischen Königen gewährte, wurden schon erwähnt. Der auf Drängen Kaiser Karls V. gewählte Niederländer Hadrian VI. (1522/23, bis 1978 der letzte nicht-italienische Papst), der auf Martin

Luthers Bewegung mit umfassender Kirchenreform reagieren wollte, blieb im damaligen Rom ein Fremder. Erst Paul III., obwohl persönlich auch ganz dem Renaissancestil verhaftet, hat ihn mit ebenso konsequentem Reformismus verbunden. Im Interesse der Kirche war auch die Abwehr der osmanisch-türkischen Expansion, für die sich seit Paul II. etliche Päpste sehr engagiert haben.

Exkurs: Der Sacco di Roma

Im Mai 1527 hat ein größtenteils aus deutschen und spanischen Söldnern bestehendes kaiserliches Heer Rom erobert und, durch den Tod des kommandierenden Herzogs Charles de Bourbon-Montpensier beim Angriff führerlos geworden, geplündert (daher „Sacco" – d. i. ein altes Wort für Plünderung – di Roma), heftige Zerstörungen angerichtet und viele Menschen getötet. Aber alles, was nach der Eroberung geschah, war gegen den Willen Karls V., der seine Reichs-, Kirchen- und Italien-Politik gemeinsam mit den Päpsten führen wollte. Für die Katastrophe in Rom, welche schon von Zeitgenossen als Strafgericht über die verweltlichte Stadt gedeutet wurde, war Papst Clemens VII. mitverantwortlich. Denn er hatte sich 1523 als Kandidat des Kaisers wählen lassen, verbündete sich aber alsbald mit Karls Hauptgegner König Franz I. von Frankreich und trat 1526 der antikaiserlichen „Liga von Cognac" bei (Frankreich, Venedig, Mailand, Florenz). Es ging ihm bei alledem nur um den Kirchenstaat, für den er habsburgische Umklammerung fürchtete, und, wie gesagt, um die Herrschaft seiner Familie Medici über Florenz und die Toskana. Um die Kirche und um deren dringende Reform kümmerte er sich ebenso wenig wie um die schnell erstarkende Reformation, welche der Kaiser einzudämmen suchte.

Vergeblich suchte dieser den Papst umzustimmen, erst danach schickte er Truppen nach Rom. 147 Soldaten der 1506 gegründeten Schweizer Garde sind am 6. Mai 1527 bei der Verteidigung des Vatikans gefallen, der Rest rettete sich mit dem Papst in die Engelsburg. 1528/29 hat Clemens VII. sich mit Karl V. versöhnt. Nun akzeptierte er auch dessen Vorschlag eines Konzils, tat aber weiterhin nichts zu seiner Realisierung. 1530 hat er in Bologna Karl zum römischen Kaiser gekrönt; aber erst sein Nachfolger Paul III. suchte aufrichtige Neutralität zwischen dem Kaiser und Frankreich.

Über die damaligen Kriege in Italien und die Beteiligung der Päpste s. a. Heinrich Lutz, in: *Handbuch der europäischen Geschichte* Bd. 3 (1971), 831–901. – Alessandro Pastore und Adriano Prosperi, in: *DBI* 57 (2001), 17–26 resp. 26 (1982), 237–259; – sowie Altgeld/Lill, *Kleine italienische Geschichte*, 2004, 126 f., 132 f., 145–157.

Die Päpste als Kirchenreformer – Reform und Zentralisation

Nicht nur die Radikalität der von Luther schon seit 1518/ 1520 erhobenen, die päpstliche Autorität verwerfenden Konzilsforderung, sondern eben auch Roms antikonziliare Tradition hatten zur Folge, dass dort auf das Drängen Karls V. auf ein Konzil zur Eindämmung der reformatorischen Bewegung ein ganzes Jahrzehnt lang hinhaltend reagiert wurde; der Reformismus Hadrians VI. blieb 1522/23 Episode. Erst Paul III., welcher die Notwendigkeit einer umfassenden Kirchenreform längst erkannt hatte, versprach Karl 1536 die Konzilsberufung. Dabei waren er und seine Nachfolger entschlossen, die Reform auch zur weiteren Bindung der Kirche an Rom zu benutzen; sie sollte eine päpstliche und nicht, wie es Karl und seinem damaligen Kanzler Mercurino Gattinara vorschwebte, eine kaiserliche sein.[49] Die Beziehungen zum Kaiser hat *Paul III.* auch zur fürstlichen Etablierung seiner Familie umsichtig genutzt (1545 Gründung des Herzogtums Parma für seinen Sohn Pier Luigi Farnese).

Sogleich hatte der Farnese-Papst ausgewiesene Reformer zu Kardinälen ernannt, darunter so unterschiedliche Männer wie den zelotischen Neapolitaner Gianpietro Carafa (Paul IV.) und den venezianischen Humanisten Gasparo Contarini, der den Dialog mit den Reformatoren auf biblischer Grundlage führen wollte. Eine von ihm geleitete Kommission erarbeitete 1536 das Programm einer Reform „an Haupt und Gliedern": ein Programm für das Konzil, welches nach einigen vergeblichen Anläufen 1545 begonnen hat.[50] Erst Verzögerungen, dann Unterbrechungen des Konzils waren auch Folgen der Kriege, welche Karl V. seit den Zwanzigerjahren mit den französischen Königen Franz I. und Heinrich II. um die Hegemonie in Italien und Europa führte und an denen sich die Päpste in unterschiedlicher Weise beteiligten; erst 1559 endeten sie mit dem definitiven Sieg des Kaisers, welcher die Epoche der spanischen Hegemonie und darüber der Gegenreformation in Italien heraufführte.

1542 gründete Paul III., darin von Carafa aktivst unterstützt, die römische Inquisition, welche vor allem das Eindringen protestantischer Ideen in Italien verhindern sollte, wo allerdings nur eine Minderheit ihnen zuneigte. Sie hat zwar nicht die vielen Exzesse der spanischen verübt, aber doch etliche Todesurteile verhängt, die auf dem Papsttum lasten; es genügt, an den pantheistischen Naturphilosophen Giordano Bruno, einen früheren Dominikaner, zu erinnern, der im „Hl. Jahr" 1600 in Rom öffentlich verbrannt worden ist. Das Denkmal für ihn, welches nach der Vereinigung Roms mit Italien (1870) geplant und 1888 fertig wurde, war von seinen Initiatoren aus dem linken Spektrum des Risorgimento als Demonstration gegen den gegenreformatorischen Geisteszwang des Papsttums gedacht. Insgesamt hat die Inquisition zu einer folgenschweren Verengung des religiösen Denkens und Lebens geführt und eine der freiheitlichen Renaissancekultur ganz entgegengesetzte gesellschaftliche Disziplinierung angestrebt.[51] Es hat jedoch im Kirchenstaat so gut wie keine Hexenprozesse gegeben, auch sind die Juden nie vertrieben worden.

Konsequent haben Paul III. und sein Nepot (Enkel) Alessandro Farnese d. J. die neuen reformistischen Orden gefördert, vor allem die Gesellschaft Jesu des Ignatius von Loyola (1540 bestätigt), welche „die Verteidigung und Verbreitung des (durch die Reformatoren in Frage gestellten) Glaubens" durch Predigt und Unterricht in engstem Anschluss an den römischen Papst zu ihrem Programm machte; und die schon 1524 von dem Protonotar Gaetano von Thiene und von Carafa mit dem Ziel der religiösen Erneuerung des Klerus gegründeten Theatiner, so genannt nach Carafas damaligem Bischofssitz (Chieti-Theatinensis). Die römischen Hauptkirchen dieser Orden, Il Gesù (seit 1568 von Jacopo Barozzi, gen. Vignola, und Giacomo Della Porta im Auftrag des Kardinals Farnese) und S. Andrea della Valle (seit 1591 von Giacomo Della Porta und Carlo Maderno) wurden ganz im Sinne des Konzils von Trient als monumentale, auf Messliturgie und Predigt ausgerichtete Saalbauten errichtet. Sie sind auf Altar und Kanzel konzentriert, von Kapellenreihen für die Heiligenverehrung begleitet und von Kuppeln bekrönt. Die bildnerisch ebenso fromme wie reiche Ausstattung zeigt sowohl die Abkehr von der Weltlichkeit der Renaissance wie die katholisch-barocke Antwort auf den Reduktionismus der protestantisch gewordenen Kirchen. Mit der Gegenreformation hat sich der neue römische Stil in den katholisch bleibenden Regionen Mitteleuropas verbreitet, in Deutschland zuerst in München (Michaelskirche der Jesuiten, später auch Theatinerkirche) und Salzburg (Dom).

Julius III. (1550–1555) setzte die Ambivalenz von weltlicher Lebensform (Bauten, Feste, skandalöser Nepotismus)

54

und reformistischer, die gesamtkirchliche Verantwortung des Papstes herausstellender Regierung fort. Auf Anregung Ignatius' von Loyola gründete er 1551 das hochschulartige, 1553 mit Lehrstühlen für Philosophie und Theologie ausgestattete Collegium Romanum zur Priesterausbildung und 1552 das Collegium Germanicum, mit dem 1580 das zwei Jahre zuvor gegründete Collegium Hungaricum verbunden worden ist; gerade Geistliche aus den von der Reformation betroffenen und weiterhin bedrohten Ländern sollten in Rom und unter der Leitung von Jesuiten ausgebildet werden. Die definitive Durchsetzung des Reformismus in Rom bedeutete die Wahl Marcellus' II. (1555), der aber nur ganz kurz regiert hat. Palestrina widmete ihm die berühmteste seiner Messen und komponierte zudem jenes „Tu es Petrus", welches die neuartige Identifikation des Papstes mit Petrus in die schönste künstlerische Form gegossen hat und bis zur Gegenwart beim Einzug des Papstes zum Pontifikalamt in St. Peter gesungen wurde.

Auf Marcellus II. ist Paul IV. (1555–1559) gefolgt. Im Konklave von Alessandro Farnese unterstützt, hat er den Reformismus fanatisch übertrieben, der Inquisition den Vorrang vor allen anderen kurialen Behörden eingeräumt und sie selbst gegen bloß gemäßigte Reformer unter den Kardinälen einschreiten lassen. Die Juden wurden ins Ghetto verwiesen; jeweils ein Teil ihrer römischen Gemeinde musste freitags die Predigt eines Dominikaners anhören. Aber sie sind, wie gesagt, aus dem Kirchenstaat nie vertrieben worden.[52] Der Bibel-Humanismus wurde abgedrängt, das ganze Werk des Erasmus von Rotterdam 1559 indiziert. Im Konzil, welches unter ihm nicht weiterging, sah der Papst mehr ein Abenteuer. Die Kirchenreform glaubte er, allein schneller, radikaler, d. h. auch noch zentralistischer, durchführen zu können; er führte den Index der verbotenen Bücher ein. Doch sein Nepotismus war hemmungslos. Dabei steigerte er sich aufgrund seiner Ausrichtung an mittelalterlichen Konzepten päpstlicher Weltherrschaft (Gregor VII., Bonifatius VIII.), allerdings verbunden mit einer eigenwilligen Interpretation italienischer, vom Papst zu garantierender Freiheit, in einen geradezu pathologischen Hass gegen Karl V. und die wachsende habsburgisch-spanische Hegemonie (vom Papst begonnener Krieg 1557!) und ist daran gescheitert. Bis 2005 ist nie mehr ein Kardinal aus der Inquisition/Glaubenskongregation zum Papst gewählt worden.

1559 wurde dann nach viermonatigem Konklave noch einmal ein persönlich mehr der Renaissance als der Reform verbundener Papst gewählt: der aus mailändischen Patriziat stammende und in Rom unter Paul III. aufgestiegene Pius IV. (1559–1565), der mit dem Rigorismus des Vorgängers brach (und zwei von dessen Nepoten, darunter einen Kardinal, wegen Mordes und anderer Verbrechen hinrichten ließ, vgl. die Viten in: DBI 19, 1976), den Frieden mit dem Reich und Spanien schnell wiederherstellte und die Inquisition mäßigte. Er hat die dritte Session des Trienter Konzils (1562/63) einberufen, welche u. a. die für den barocken Kirchenbau äußerst wichtigen Dekrete über die Messe und über die Heiligen-, Bilder- und Reliquienverehrung erlassen, alle früheren Dekrete wiederholt und ihre Betätigung durch den Papst erbeten hat. Pius IV. hat sie schon 1564 ausgesprochen, sein Neffe Carlo Borromeo ist als Erzbischof von Mailand der Prototyp des tridentinischen Reformbischofs geworden, als solcher hat er freilich auch die erwähnten Judenpredigten propagiert.

Das Konzil von Trient und die erste Verfestigung des päpstlichen Zentralismus

Am Trienter Konzil (Anm. 50) haben bis zu 113 Bischöfe teilgenommen, mehrheitlich Italiener, Spanier und Franzosen, dazu ca. 10 Deutsche. Nur sie und die Oberen der Orden

56

hatten Stimmrecht, welches nicht mehr nach Nationen ausgeübt wurde. Das Konzil, welches stets unter der Leitung
päpstlicher Legaten getagt hatte, hat erstens jene Reform-
dekrete erlassen, welche die Strukturen der katholischen Kirche mehr als zuvor auf Rom ausgerichtet und ca. drei Jahrhunderte lang bestimmt haben (so über die vom Papst zu
kontrollierende Residenzpflicht der Bischöfe und Pfarrer, religiöse Unterweisung und Einrichtung von Priestersemina-
ren, Ordensreform, Verpflichtung der Bischöfe zur Abhal-
tung von Synoden, deren Beschlüsse in Rom zu approbieren
waren) und zweitens gründliche dogmatische Antworten an
die Reformatoren formuliert.[53] Alles, was sie an Grundsätzen
und Praxis der Kirche verworfen hatten, wurde antithetisch
herausgestellt: der autoritative Charakter der Tradition als
(einer gleichsam selbstständigen) Glaubensquelle neben der
Bibel und des sie authentisch interpretierenden kirchlichen
Lehramtes mit dem Papst an dessen Spitze, die Realpräsenz
Christi in der Eucharistie und der Opfercharakter der Messe;
ebenso die Siebenzahl der Sakramente einschließlich neuer-
dings der Ehe, welche als Stiftungen Christi bezeichnet wurden. Auch wurde für die gesamte Kirche eine einheitliche,
auf römischer Tradition beruhende und im Auftrag des Papstes näher zu bestimmende Liturgie beschlossen (d. h. die
„alte" Liturgie, an der nicht nur die St.-Pius X.-Bruderschaft,
sondern auch andere traditionalistische Gruppen festhalten,
weil sie sie für die Liturgie der ganzen Kirchengeschichte
halten. Auch von Benedikt XVI. wird sie bekanntlich unhistorisch hoch geschätzt und entsprechend gefördert).

Das vom Konzil rezipierte Apostolische Glaubensbekenntnis wurde, obwohl es auch das der Evangelischen geblieben
war, als das „der hl. römischen Kirche" bezeichnet. Aber das
Verhältnis von päpstlicher zu bischöflicher Amtsgewalt ist in
Trient nicht grundsätzlich geklärt worden. Die Streitfrage
des von vielen Konzilsvätern noch behaupteten *Ius divinum*
der Bischöfe wurde zurückgestellt. Doch insgesamt verstärk-

te der Reformismus die Disziplinierung von Rom aus, deren Symbol der erst nach dem Tridentinum allgemein üblich gewordene Beichtstuhl wurde (Römisches Ritual von 1614). Zur Realisierung des Programms von Trient gründete Pius IV. noch 1564 die Konzilskongregation, welche auch die Akten von Provinzialkonzilien etc. zu prüfen und mit der Zeit die gesamte kirchliche Disziplin zu beaufsichtigen hatte; bei der Kurienreform Pauls VI. wurde 1967 daraus die Kongregation für den Klerus[54], welche inzwischen in alle Bistümer hineinregiert.

Während in Rom die päpstlichen Großbauten ihrer Vollendung entgegengingen, war in Trient das Lehrgebäude einer mehr päpstlichen Kirche errichtet worden, an dem erst das Zweite Vatikanische Konzil längst notwendige Reparaturen und Erweiterungen begonnen hat, aber nicht zu Ende führen konnte.

Doch längst nicht alle, denen das neue Gebäude um 1560 zugedacht war, konnten zum Einzug bewogen werden. Die volle Durchsetzung der ihm in Trient zuerkannten Macht ist dem Papsttum erst zweieinhalb Jahrhunderte später, um 1800, gelungen, und das mehr aufgrund politischer als ekklesiologischer Umbrüche (Kap. III).

Mit der Wahl des Kardinals Michele Ghislieri, des Kandidaten Carlo Borromeos, begann ein 25-jähriger Abschnitt der Papstgeschichte, welcher ganz im Zeichen des Tridentinum stand und sich kontrapunktisch von der Renaissance abhob. Pius V. (1566–1572, Dominikaner, wie sein zweiter Nachfolger, der Franziskaner Sixtus V., im Gegensatz zu den anderen Päpsten des 16. Jahrhunderts aus einfachsten Verhältnissen), der 1571 zum Mitsieger über die Europa bedrohenden Türken (bei Lepanto/Naupaktos) wurde, hat Missbräuche wie den Nepotismus vorübergehend abgeschafft, die Kongregationen für den Index, für die Bischöfe und für die Missionen gegründet und den *Catechismus Romanus,* das *Breviarium Romanum* und das *Missale Romanum* herausgegeben.

Gregor XIII. (1572–1585) sorgte für den großen Neubau des Collegium Romanum der Jesuiten und erweiterte dieses zur Università Gregoriana (als zweite, auf die Ausbildung der Geistlichen konzentrierte römische Universität neben der 1303 von Bonifaz VIII. gegründeten, unter Sixtus V. neu gebauten Staatsuniversität La Sapienza). Dazu errichtete er weitere Kollegien für auswärtige Kleriker, förderte die Missionen in Indien und Japan und wirkte mit der von seinen Astronomen errechneten Kalenderreform (1582) weit über seine Kirche hinaus. 1584 gestattete Gregor, auch im Zusammenhang der Konflikte des wieder erstarkten Papsttums mit den Monarchien, den Kult Gregors VII., der die päpstliche Suprematie über die Könige behauptet hatte; 1606 folgte dessen förmliche Heiligsprechung durch Paul V.

Sixtus V. (1585–1590) schuf mit harter Hand Ordnung im Kirchenstaat und sanierte dessen Finanzen, die Bischöfe suchte er erstmals zu regelmäßigen Besuchen in Rom zu verpflichten. Die römische Kurie hat er in einer für damalige Verhältnisse hochmodernen Form reorganisiert, die bis zu den Reformen Pius' X. resp. Pauls VI. bestanden hat: mit 15 Kardinalskongregationen (kollegiale Fachministerien, davon sechs für den Kirchenstaat). Die Qualifikation der Kardinäle wurde geregelt, ihre Zahl auf höchstens 70 erhöht, sie waren nun fester als zuvor ins päpstliche Kirchenregiment integriert, aber die Karrieren der meisten Papstwähler waren auch weiterhin oft nicht religiös motiviert. Der Zentralismus war nun durchorganisiert, die absolutistische Umgestaltung des Kirchenstaates eingeleitet. Die römische Kurie wurde „ein weithin geschlossenes System" (W. Reinhard). Zu ihren neuen Instrumenten gehörten neben den von den Jesuiten geleiteten römischen Kollegien die (aus der modernen Diplomatie in den italienischen Staaten der Renaissancezeit erwachsenen) Nuntiaturen (in Luzern seit 1578, Graz 1580, Wien 1581, Köln 1584, Brüssel 1597), die lange fast ausschließlich mit italienischen Prälaten besetzt worden sind.

Repräsentation und Ideologisierung

Unter dem Zentralisten Sixtus V. erreichte auch die Repräsentation neue, wegweisende Höhepunkte. Von Peterskuppel und Petersplatz war schon die Rede. Dazu ließ er die großen Straßenachsen anlegen, welche die alten Hauptkirchen miteinander verbanden und darüber den Straßen Roms päpstlich-kirchliche Ausgangs- und Zielpunkte gaben; längs dieser Achsen ist das barocke Rom gebaut worden. Die Wiederaufrichtung der von den Kaisern nach Rom verbrachten Obelisken und die Bekrönung der Trajan- und der Marc-Aurel-Säule mit Statuen der Apostel Petrus und Paulus bezeugen bis heute das neue, die Rom-Idee ganz auf das Papsttum beziehende Selbstbewusstsein. Und dieses hatte ein doppeltes Fundament: Der Kirchenstaat war seit Julius II. wiederhergestellt und von Paul *III.* weiter gefestigt worden; durch den von Rom forcierten Rückfall der Lehen (Herzogtümer) Ferrara (1598), Urbino (1630) und Castro (1649) erreichte er seine größte Ausdehnung. Und auf dem Konzil von Trient war die Macht der Päpste über die katholische Kirche verfestigt worden; diese war zuvor infolge der Reformation erheblich verkleinert, in der Reaktion darauf aber römischer geworden als je zuvor.

Der Kirchenstaat (Stato pontificio resp. Stato della Chiesa)
16.–19. Jahrhundert.
(Quelle: Verlagsarchiv)

Das trotz der großen Verluste aufgrund der Reformation immer noch sehr reiche Papsttum, welches mehr als die Hälfte seiner Einnahmen aus dem eigenen Staat erzielte, hatte die besten Künstler der Zeit an sich gezogen, und die Jesuiten hatten ihm eine neue intellektuelle Elite zugeführt. Daher fiel es ihm nicht schwer, seine neuen Ansprüche imposant zu repräsentieren und zugleich effizient, aber mit ganz systemimmanenter, eben römischer Argumentation zu verbreiten. Dem dienten exemplarisch die Katechismen des Kardinals Roberto Bellarmino SJ (1597, 1598), eines Neffen Marcellus' II., der um dieselbe Zeit auch eine umfassende Auseinandersetzung mit dem Protestantismus verfasst hat. Für Bellarmin (dem nach Juan de Torquemada OP, 1388–1468, zweiten Theoretiker päpstlicher Suprematie) ist die Kirche ... die „Vereinigung getaufter Menschen, die denselben Glauben und dasselbe Gesetz Christi unter Gehorsam gegenüber dem Summus Pontifex bekennen"; „sie wird eine (Kirche) genannt, weil sie nur ein Haupt hat, nämlich Christus, und an dessen Stelle auf Erden den Römischen Pontifex".[55]

Paul V., unter dem der Bau der Peterskirche abgeschlossen worden war, hatte, wie gesagt, 1606 Gregor VII. heiliggesprochen, und 1930 hat Pius XI. Bellarmin heiliggesprochen und zum Kirchenlehrer proklamiert. Auch das Lehramt Pius' XII., Johannes Pauls II. und Benedikts XVI. argumentierte oft, so 2000 (*Dominus Jesus*) und 2007, in seiner Denktradition. – Die die ganze Geschichte vereinnahmende Selbstdarstellung des Papsttums in St. Peter wurde schon erwähnt.

Episkopalistische und synodale Gegenkräfte

Aber noch war es weitaus schwerer als im 19./20. Jahrhundert, ja unmöglich, die päpstliche „plenitudo potestatis" auf allen Ebenen der Kirche durchzusetzen. Dagegen stand nicht nur das in diesem Zusammenhang von kirchlichen Autoren oft genannte, seit dem 14. Jahrhundert erstarkte Staatskirchentum, sondern ebenso das hier in Kap. I schon skizzierte traditionelle Selbstbewusstsein vieler Bischöfe und Episkopate. Diese haben sich freilich gegen den seit Trient offensiver auftretenden römischen Zentralismus nicht selten mit Monarchien und Regierungen verbündet; und dadurch wurde es Rom und seinen Anhängern auf Dauer leicht gemacht, den Episkopalismus als staatshörig zu diffamieren. Am lautesten hat das die ultramontane Polemik des 19. Jahrhunderts gegen „Febronianer" und „Josephiner" getan, die auf dem Ersten Vatikanischen Konzil ihren Höhepunkt erreicht hat. Aber auch die Reserven Johannes Pauls II. und Benedikts XVI. gegenüber den Konkordaten mit ihren nur noch minimalen staatlichen (und indirekt gesellschaftlichen) Mitspracherechten stehen offenbar in dieser, durch die Kirchenfeindlichkeit totalitärer Staaten noch bestärkten Tradition. Im Vatikan benutzt man sie auch, um die wenigen noch verbliebenen Bischofswahlrechte zu diffamieren.

Sixtus V. und dessen Nachfolger[56] konnten außerhalb des Kirchenstaates nur wenige Bischöfe frei ernennen (so die Apostolischen Vikare in den nicht dem spanischen oder portugiesischen Patronat unterstehenden Missionen, deren Nachfolger noch auf dem Ersten Vatikanischen Konzil die gehorsamste, weil auch finanziell abhängigste Klientel des Papstes gewesen sind) und auswärtige Bischöfe noch lange nicht zur Berichterstattung nach Rom zitieren. In Frankreich wurde vielmehr gegen Trient der Gallikanismus noch verstärkt. 1663 entschied die theologische Fakultät der Sorbonne, dass der Papst unter dem Konzil stehe. Nach heftigen Streit zwischen ihr und Innozenz XI. wegen der Regalienrechte proklamierte die aus sieben Erzbischöfen, 26 Bischöfen und 38 Theologen bestehende Repräsentation der französischen Kirche 1682 jene „Gallikanischen Artikel" (Anm. 17), welche bis zur Revolution befolgt worden sind und weit

über Frankreich hinaus gewirkt haben.[57] Die „plenitudo po-
testatis" des Papstes wurde darin nur in den Grenzen des
Konstanzer Konzils und des in der ganzen Kirche geltenden
Rechtes anerkannt. Seine Entscheidungen in Glaubens-
sachen beträfen zwar die ganze Kirche, bedürften aber deren
Zustimmung. Das war im Sinne der ganzen älteren Tradition, von der die heutigen „Traditionalisten", da nur an den
Pius-Päpsten orientiert, nichts mehr wissen wollen. Das
Papsttum, dessen politisches Gewicht aufgrund des Europa
durchziehenden Säkularisierungsprozesses inzwischen viel
schwächer war als ein Jahrhundert zuvor, wagte keine öffentliche Verurteilung. Immerhin war Innozenz XI. (1676–
1689) Ludwig XIV. mehrmals mutig entgegengetreten und
Innozenz XII. (1691–1700) erreichte wenigstens die formelle
Rücknahme der gallikanischen Artikel, die aber von den zuständigen Parlamenten nicht registriert und in der Praxis
nicht beachtet worden ist. Innozenz XI. (den Pius XII. 1956
als Vorkämpfer päpstlich interpretierter Kirchenfreiheit seliggesprochen hat) und Innozenz XII. waren es auch, die endlich den Nepotismus grundsätzlich zu unterbinden suchten
(Bulle *Romanum decet Pontificem* 1692).

Antikurialer Reformkatholizismus in der Reichskirche und in Österreich

Im römisch-deutschen Reich erbrachten die Trienter Dekrete
eine durchaus notwendige Verkirchlichung des Episkopats,
aber nur wenige seiner Mitglieder schlossen sich deshalb
eng an Rom an. Die Reichskirche behielt ihre Verfassung gemäß dem Wiener Konkordat von 1448; die Domkapitel
wählten die Bischöfe, welche Reichsfürsten blieben. Die
meisten von ihnen vertraten zunächst einen mehr praktischen Episkopalismus, dessen Prototyp der Mainzer Kurfürst-Erzbischof (als solcher auch Erzkanzler des Reiches!)

Johann Philipp von Schönborn war (1647–1673, seit 1642 resp. 1663 auch Bischof von Würzburg und Worms). Schönborn und seinen Beratern ging es um Abwehr römischer Ansprüche und um dialogischen Abbau der das Reich belastenden konfessionellen Gegensätze; sie handelten in der modern anmutenden, in Rom nie übernommenen Überzeugung, dass die katholische Kirche sich mit den anderen Konfessionen umso besser verständigen könne, je weniger sie monarchisch und je mehr sie kollegial auftrete.

Dieser Überzeugung, der in Mainz auch die Erzbischöfe Lothar Franz von Schönborn (1695–1729) und Emmerich Joseph von Breidbach-Bürresheim (1763–1774) anhingen, hat der im I. Kapitel schon erwähnte Johann Nikolaus von Hontheim (Febronius) die theoretische und historische Begründung geliefert;[58] sein größter Förderer war ein weiterer Prälat aus der Schönborn-Familie, Kurfürst-Erzbischof Franz Georg von Trier (1729–1756, seit 1732 auch Bischof von Worms). Hontheim, u.a. beeinflusst von den Kanonisten Zeger Bernhard van Espen (Löwen), Johann Casper Barthel (Würzburg) und Georg Christoph Neller (Trier), formte aus biblischen, konziliaren und gallikanischen Texten erneut die Doktrin, dass die Kirche keine Monarchie und dass nicht der Papst, sondern die Kirche als solche unfehlbar sei. Der päpstliche Primat ist nach Hontheim wegen der Einheit der Kirche legitim, gehe aber nicht auf Christus zurück. Es genüge so viel an Primat wie im ersten Jahrtausend, auf welches sich auch die Gallikaner nachdrücklich bezogen hatten. Aber seitdem, so Hontheim, seien die Rechte Roms aus bloß historischen Gründen gewachsen, auch aufgrund von Fälschungen und Kombinationen von Rechten eines Patriarchen und denen einer „sedes apostolica". Aber von Christus sei der Episkopat gestiftet; alle Apostel hätten die gleiche Amtsgewalt gehabt (Matthäus 18,18), und diese stehe grundsätzlich auch allen ihren Nachfolgern zu. Konzilien auf gesamtkirchlicher und auf nationaler Ebene, dazu Synoden, bezeichnete Hontheim als unerlässlich, als beste Instrumente gegen den Missbrauch kirchlicher Macht und außerdem für die richtige Belehrung des Volkes. An der Umformung dieser Konzeption in ein konkretes Programm war der Mainzer Weihbischof Johann Valentin Heimes führend beteiligt.

Ähnliche Ideen hatten sich am Wiener Hof verbreitet, dort auch von van Espen inspiriert, von Jansenisten aus den (damals österreichischen) Niederlanden eingeführt und schon von Kaiser Karl VI. (1711–1740) gefördert. Unter Karls Tochter Maria Theresia (1740–1780) und ihrem Ehemann Kaiser Franz I. Stephan von Lothringen, dann erst recht durch deren Söhne Joseph II. (1780–1790), Leopold II. (1790–1792, zuvor seit 1765 als Pietro Leopoldo reformistischer Großherzog der Toskana), schließlich Maximilian Franz (1784–1801 Kurfürst-Erzbischof von Köln und Bischof von Münster) hat dieser Reformkatholizismus seine geschichtsmächtigste Ausprägung erlebt. Seine bald zahlreichen Vertreter im Episkopat und im Klerus dachten über das Verhältnis von Papst zu Bischöfen wie die Gallikaner und Febronius; einig war man sich auch in der Ablehnung der (damals) romtreuen Jesuiten[59], denen man Religion und Politik vermischendes Machtstreben, außerdem (wohl zu Unrecht) eine zu laxe Moralpastoral sowie ihr bloß systematisches Denken vorhielt. Stattdessen wollte man eine mehr praktische und historische Theologie, wie sie die Benediktiner pflegten; an die Stelle des längst veräußerlichten Barock sollte die Konzentration auf Messe, Predigt und Unterricht treten; die Zahl der Klöster und der Bruderschaften sollte reduziert werden, ebenso die ausgeuferten Wallfahrten. Entsprechend gefördert wurden die eigentlich aus Rom stammenden, aber nunmehr in Österreich, Böhmen, Mähren, Polen und Ungarn wirkenden Piaristen (Schulbrüder). In die Liturgie sollten die Landessprachen einbezogen werden; die „Deutschen Messen" von Michael Haydn und Franz Schubert, auch deutsche Lieder aufgrund lateinischer Hymnen wie „Großer Gott ..." und „Deinem Heiland, deinem Lehrer ..." erinnern bis heute an diese Intention, die von Wessenberg weitergeführt worden ist.

Anders als ihr Sohn Joseph, der durch die Radikalisierung der Reformen deren Gegnern wirksame Munition geliefert hat[60], war Maria Theresia persönlich der Aufklärung nicht zugetan. Sie ließ sich aber in ihrer Kirchen- und Bildungspolitik von Männern beraten, die dieser nahestanden, so vom pädagogisch fortschrittlichen Augustinerchorherrn Johann Ignaz von Felbinger und dem Abt Franz Stephan Rautenstrauch OSB. Sie suchten den historisch notwendigen, aber von den Päpsten mit Ausnahme Benedikts XIV. (1740–1758)[61] verweigerten Dialog mit der Aufklärung[62] und wollten deren wissenschaftliche und pädagogische Methoden, soweit sie mit der Lehre der Kirche vereinbar waren, übernehmen. Darüber kam es in Wien, in Franken, Bayern und am Rhein, im (österreichischen) Belgien, in der Lombardei und in der Toskana zu einer gemäßigten katholischen Aufklärung. Ihre durchaus zahlreichen Vertreter haben Wege zu biblisch begründeter und pastoral ausgerichteter Kirchenreform und darüber hinaus zu gesellschaftlicher Modernisierung gewiesen, welche das päpstliche Rom und dessen Propagandisten noch lange nicht gehen wollten. Auch Joseph Ratzinger spricht in seiner Polemik gegen die Aufklärung nie von solchen Reformen, obwohl sie gerade auch in seiner bayerischen Heimat erheblich zur Bewahrung von Kirchlichkeit beigetragen hatten.

Entsprechend heftig war schon das kuriale Ressentiment gegen eine gemeinsame Aktion der vier deutschen Metropoliten (von Mainz, Köln, Trier und Salzburg) zur Abwehr neuer päpstlicher Eingriffe in die bischöfliche Jurisdiktion. Anlass war die Errichtung einer Nuntiatur in München (1785) mit weitgehenden Rechten zum Eingriff in die Jurisdiktion der Fürstbischöfe, eine gemeinsame Aktion der Kurie

Pius' VI. und des Kurfürsten Karl Theodor von Pfalz-Bayern. Denn im eigenen Interesse verbündete Rom sich auch weiterhin mit dem sonst so heftig bekämpften Landeskirchentum! Nachdem die drei rheinischen Kurfürsten schon 1769 unter Mitwirkung Hontheims und mit Berufung auf die Konzilien von Konstanz und Basel[63] ihre antikuriale Position bekräftigt hatten, ließen die vier Erzbischöfe 1786 in Bad Ems (daher *Emser Punktation*) u. a. durch den Weihbischof Heimes ein komplettes episkopalistisches Programm erarbeiten. Danach sollten Jurisdiktionsakte des Papstes im Reich ausgeschlossen sein und die Nuntien auf ihre diplomatischen Funktionen beschränkt werden.

Im selben Sinne sprach sich 1786 die von Großherzog Pietro Leopoldo und dem Bischof Scipione dei Ricci inspirierte toskanische Reformsynode in Pistoia aus, welche zudem wie Febronius die Superiorität des Konzils über den Papst lehrte. Die päpstliche Verurteilung (nicht Widerlegung!) erfolgte erst nach dem Tode des Großherzogs/Kaisers in der Bulle *Auctorem Fidei* (1794), welche Teil des antirevolutionären Programm Pius' VI. war.

Nur der zum Ausgleich neigende Trierer Erzbischof/Kurfürst Clemens Wenzeslaus von Sachsen (seit 1768, zugleich Bischof von Augsburg) hatte sich nach der ablehnenden Stellungnahme Pius' VI. (1789) vom Emser Programm losgesagt. Aber die Erzbischöfe von Mainz, Friedrich Karl Joseph von Erthal (seit 1774, zugleich Bischof von Worms)[64], von Köln, Maximilian Franz von Österreich (seit 1784, zugleich Bischof von Münster) und von Salzburg, Hieronymus Graf von Colloredo (seit 1772)[65], haben am Episkopalismus festgehalten, bis die Umwälzungen der französischen Epoche, konkret die Annexion des linken Rheinufers (1794 resp. 1801) und auf dem rechten Rheinufer die große Säkularisation (1803) dessen reichskirchliche Grundlage ebenso zerstörte[66] wie die Französische Revolution 1790 die Macht des dortigen Episkopats gebrochen hatte. Wie das Papsttum von diesen politischen Umwälzungen profitiert hat, wird im Kap. III zu zeigen sein.

Erzbischof von Mainz (praktisch nur noch für den rechtsrheinischen Anteil) wurde 1802 Carl Theodor von Dalberg, der als Reichserzkanzler die Säkularisation überstanden und den Reformismus in den 1806 gegründeten Rheinbund hinübergerettet hat. Seit 1800 auch Bischof von Konstanz, hat Dalberg dort Wessenberg zum Generalvikar und zum Koadjutor bestimmt; erst die Auflösung dieses Bistums im Zuge der päpstlichen Neuordnung der deutschen Kirchenverhältnisse hat 1827 die amtliche Tätigkeit des großen Reformers beendet, aber sein Programm aufgeklärter und menschennaher Seelsorge hat durch das ganze 19. Jahrhundert weitergewirkt und ist u. a. vom Altkatholizismus (nach 1870) rezipiert worden.

Die Französische Revolution und das Papsttum

Die Französische Revolution hat nicht nur den aufgeklärten Reformismus diskreditiert, die Konservativen machten seitdem diesen für jene verantwortlich. Sie hat dem Papsttum den schwersten Konflikt seit der Reformation aufgezwungen, seit 1790 um die Ausübung seiner Kirchenregierung in Frankreich, seit 1796/97 um den Kirchenstaat. Die *Constitution civile du Clergé* vom Juli 1790 radikalisierte den Gallikanismus und übertrug dessen Anspruch kirchlicher Mitregierung von den „allerchristlichsten" Königen und deren Bischöfen auf die laizistische Republik. Andererseits versuchte sie, beraten von antiautoritären Priestern, den früheren Synodalismus und die Wahl der Bischöfe und Pfarrer (wieder-)herzustellen; die Bischöfe sollten auch wieder Pfarrer ihrer Bischofsstädte werden. Solche Reformvorschläge widersprachen nicht der Kirchenverfassung als solcher, sondern nur deren zentralistischer Umformung durch die Päpste. Mehrere französische Prälaten versuchten daher zu vermitteln. Doch Pius VI. hat nach einigem Zögern im März 1791 die Zivilkonstitution insgesamt verworfen, weil sie „nichts enthalte, was man nicht tadeln müsse"; und damit waren ausdrücklich auch deren Bestimmungen „betreffs der unbeschränkten Freiheit des Glaubens und der Presse und der Gleichheit der Menschen" gemeint.[67] 1906 hat Pius X. mit gleicher Intransigenz auf die Trennungsgesetze der dritten französischen Republik reagiert und damit jede mildernde Einwirkung unmöglich gemacht (Kap. IV 2).

Die Konsequenzen für Frankreich, zunächst die faktische Spaltung der dortigen Kirche, sind hier nicht zu behandeln; sie fielen zeitlich zusammen mit der weiteren Radikalisierung der Revolution, deren Terror sich 1793/94 auch gegen Kirche, Klerus und Klöster gerichtet hat. Eine Beruhigung im Inneren erreichte die seit 1795 regierende bürgerliche Mehrheit, die jedoch an der seit 1789 eröffneten Expansionspolitik festgehalten, ja diese systematischer als zuvor fortgesetzt hat: Das westliche Deutschland sowie Nord- und Mittelitalien sollten Satellitenstaaten Frankreichs werden. Seit 1796 kämpfte und siegte der noch nicht 30-jährige General Bonaparte in Italien; dort wurde er der imperiale Politiker, welcher nicht nur große Teile des Landes, sondern auch römische Traditionen vereinnahmen wollte. Der alte und an sich den Frieden liebende Pius VI. trat der zweiten antifranzösischen Koalition bei, ließ also wegen seines Staates Krieg führen, doch Bonaparte zwang ihn im Frieden von Tolentino (1797) zur Abtretung der reichen Romagna und der französischen Enklaven Avignon und Venaissin, zur Zahlung hoher Kontributionen und zur Überlassung vieler Kunstwerke. Trotzdem besetzten die Franzosen 1798 den Rest des Kirchenstaates und riefen die „Römische Republik" aus. Da Pius VI. auf seinen Rechten bestand, musste er, obwohl 80-jährig, ins Exil gehen; im August 1799 ist er in Valence gestorben. Radikale Aufklärer und Revolutionäre freuten sich über das vermeintliche Ende des Papsttums. Doch unter den Katholiken kam es erstmals zu einer Identifikation mit dem „Dulder-Papst", wie sie ein halbes Jahrhundert später der Ultramontanismus zugunsten des von erneuter Revolution und vom Risorgimento bedrohten Pius IX. mobilisiert hat. Darüber hinaus zollte das ganze konservative Europa Pius VI. hohen Respekt, aus dem bei nächster Gelegenheit (1799/1800) konkrete Hilfe für den Heiligen Stuhl erwuchs.

Letztlich hat die Macht der Päpste wie von der Reformation auch von der Revolution profitiert, konkret zuerst 1801 durch das Konkordat mit Bonaparte (Kap. III), welches mit der Neugründung aller Bistümer und der Ernennung aller Bischöfe durch den Papst (zwar auf Vorschlag des Ersten Konsuls, welcher insofern die Privilegien der früheren Könige bestätigt bekam) zur weiteren Zentralisierung erheblich beigetragen hat; und ähnlich wirkte zwei Jahrzehnte später die Neuordnung der Kirchenverhältnisse in Deutschland infolge der Säkularisation.[68] Durch die große Revolution und deren Auswirkungen wurden in Frankreich und Deutschland mit Österreich die alten kirchlichen Zwischeninstanzen zerstört, welche dem päpstlichen Zentralismus Grenzen gesetzt hatten. Und in der Auseinandersetzung mit Aufklärung und Revolution entstand innerhalb der katholischen Kirche eine Konstellation, die gut einhalb Jahrhunderte lang bestehen geblieben ist. Nur noch Minderheiten suchten den Dialog und in dessen Konsequenz auch solche Korrekturen an den eigenen Positionen, welche in ihren Augen nicht den Kern der Kirchlichkeit schmälerten. Aber die Mehrheit zog sich in einen vermeintlich festen Turm des Antimodernismus zurück und ist darin von der römischen Kurie bestärkt, ja zu weiterer Defensive energisch angehalten worden. Während der Protestantismus sich gleichzeitig der Moderne wohl zu weit öffnete und darüber an Kirchlichkeit verlor, tat der Katholizismus das Gegenteil und verlor darüber langsam, aber kontinuierlich an gesellschaftlicher Akzeptanz. Auch insofern könnten also beide Konfessionen durch Reflexion ihrer Geschichte voneinander lernen![69]

III. Die Papstkirche des 19. Jahrhunderts

Erst im 19. Jahrhundert hat der Ultramontanismus[70] jene Ausrichtung der ganzen katholischen Kirche auf den Papst erbracht, welche die römische Kurie seit dem 15./16. Jahrhundert erstrebt hatte. Entscheidend dafür sind die Pontifikate Gregors XVI. (1831–1846)[71] und besonders Pius' IX. (1846–1878)[72] geworden, d. h. die Zeit, in der das Papsttum auf die dauerhaften Konsequenzen der großen Revolution zu reagieren hatte. Denn die Revolutionen von 1830/31 und von 1848/49 erwiesen die Kontinuität der Ideen von 1789; der Liberalismus wollte die gesellschaftliche Rolle von Kirche und Religion erheblich reduzieren; er verband sich, so besonders in Deutschland, mit der preußischen resp. hegelianischen Auffassung von der Staatsomnipotenz. Mit seiner nationalen Zielsetzung (Risorgimento) wollte er zudem den von den Päpsten immer noch für unerlässlich gehaltenen Kirchenstaat abschaffen, was ihm, wie eingangs gesagt, 1870 gelungen ist.

Das Papsttum reagierte mit generellem Antiliberalismus und Antimodernismus.

Exkurs: Das Risorgimento und Rom

Risorgimento – „Wiedererstehung" (so genannt nach der gleichnamigen Zeitschrift von Cesare Balbo und Camillo Cavour, 1847 bis 1852) bezeichnet die Periode der von der napoleonischen Epoche angeregten italienischen Nationalstaatsbildung zwischen 1815 und 1861 resp. 1870. Die wichtigsten Zäsuren waren die Revolutionen von 1830/31 und 1848/49 sowie die Nationalkriege von 1859 und 1866 (Verzicht Österreichs auf die Lombardei resp. auf Venetien), dazwischen Giuseppe Garibaldis Eroberung des Südens (1860/61). Den territorialen Abschluss bildete die Einnahme Roms (1870). Bedeutende Vertreter des Risorgimento wollten zugleich eine freiheitliche, letztlich an Humanismus und Renaissance orientierte kulturelle Wende heraufführen. Italiens Risorgimento wirkte vorbildlich auf andere Nationalbewegungen des 19. und frühen 20. Jahrhunderts, welche auch Absagen an universalistische Traditionen bedeuteten. Aber auch die an sich universale Rom-Idee hatte seit Cola di Rienzo (gest. 1354) und seit Renaissance-Päpsten wie Julius II. und Leo X. bereits eine spezifisch italienische Komponente und war eine der wenigen einheitsstiftenden Kräfte in der langen vornationalen Geschichte des Landes geworden. Darum konnte sie auch ins Risorgimento hineinwirken, eingebracht durch dessen originellste Denker: Giuseppe Mazzini und Vincenzo Gioberti. Mazzini vertrat sie seit 1831 unentwegt in einer neuartig säkularisierenden und zugleich die Nation pseudoreligiös überhöhenden Perspektive. An die Stelle des Roms der Kaiser und der Päpste sollte die „terza Roma" des italienischen Volkes treten: Italien sollte eine unitarische Republik werden. Gioberti hingegen propagierte seit 1841 eine „neoguelfische" Erneuerung Italiens in der Symbiose von Rom, Papsttum und traditionellem Regionalismus: ein Bund konstitutioneller Staaten unter päpstlichem Präsidium sollte entstehen. 1848/49 erwies sich, dass beide

Konzepte nicht realisierbar waren. Die Führung des Risorgimento ging an eine vorwiegend piemontesische Elite um Cavour, der eine realistischere, im Grunde liberale Einigungspolitik durchgesetzt hat. Den wegen des Kirchenstaats unvermeidlich gewordenen Konflikt mit dem Papsttum wollten Cavour und dessen Nachfolger entschärfen, soweit das mit ihrem Staatskonzept vereinbar war. Auch Mazzinis Utopie war 1848 gescheitert, aber ihre kurzfristige Realisierung in der „Römischen Republik" hat Mythen gebildet. Der „Kampf um Rom" wurde ein Hauptmotiv weiterer revolutionärer Aktionen (so 1860, 1862 und 1867), mit denen die Mazzinianer und ihr Heerführer Garibaldi die päpstliche Herrschaft stürzen und die moderate Politik Cavours unterlaufen wollten. Aber auch dieser und dessen Freunde haben dem Rom-Mythos Rechnung getragen: Das erste aus nahezu ganz Italien entsandte Parlament (Turin 1861) proklamierte Rom zur Hauptstadt des neuen Königreiches. Und in der Thronrede nach der schließlichen Realisierung dieses Postulats sagte König Viktor Emanuel II. am 5. Dezember 1870 (noch in Florenz), dass „Rom sich selbst, Italien und der modernen Welt zurückgegeben sei".

Friederike Hausmann, *Garibaldi ...*, ²1999. – Gustav Seibt, *„Rom oder Tod". Der Kampf um die italienische Hauptstadt*, 2001. – Altgeld/Lill, *Kleine italienische Geschichte*, 257–369. – Franz J. Bauer, *Rom im 19. und 20. Jahrhundert. Konstruktion eines Mythos*, 2009. – S. a. S. 102–105.

Die Restauration und die Anfänge des Ultramontanismus

Schon gegenüber der Französischen Revolution hatten konservative Autoren auf das päpstliche Rom als legitime Gegenkraft verwiesen. 1799 veröffentlichte der gelehrte Kamaldulenser-Mönch Bartolomeo Alberto Cappellari sein Werk *Il trionfo della Santa Sede e della Chiesa contro gli assalti dei novatori* (*Der Triumph des Heiligen Stuhls und der Kirche gegen die Angriffe der Neuerer*), in dem er die Ausrichtung der ganzen Kirche auf den Papst, dazu dessen Unfehlbarkeit und absolute Monarchie verfocht. Unter den „Neuerern" verstand er nicht nur die Revolutionäre in Frankreich, sondern ebenso Febronianer, Gallikaner und Josephiner. Gut 30 Jahre später ist Cappellari Papst Gregor XVI. geworden, sein Buch wurde eine der Programmschriften des Ultramontanismus.[73]

Cappellari hatte auf die tiefste Krise des Papsttums seit einem halben Jahrtausend reagiert. Und sehr bald ermöglichte ein weiterer Gegenschlag der konservativen Mächte gegen Frankreich (1799/1800), dann dessen schnelle Abwehr (1800) und die quasi-monarchische Konsolidierung Frankreichs durch Bonaparte als „Ersten Konsul" (1801) einen Wiederaufstieg. Unter österreichischem Schutz war im März 1800, d. h. nach mehr als halbjähriger Vakanz, in Venedig ein neuer Papst gewählt worden: Der in der wissenschaftlich hoch angesehenen Abtei S. Giustina in Padua ausgebildete Benediktiner Luigi Barnaba Graf Chiaramonti, seit 1785 Bischof von Imola und Kardinal, wurde Pius VII. (1800–1823); er konnte bald nach Rom zurückkehren. Pius VII. und sein Staatssekretär Ercole Marchese Consalvi[74] wollten die Ergebnisse der Revolution akzeptieren, soweit sie für die Kirche annehmbar und für den Hl. Stuhl und dessen Macht nützlich waren.

Im Konkordat mit Bonaparte (1801) nahm erstmals der Papst die Neuordnung einer großen nationalen Kirche vor. Aber mit Napoleons bald hervortretender Maßlosigkeit hat Pius VII. sich nicht abgefunden; nach der erneuten Besetzung Roms und der Vereinigung des restlichen Kirchenstaates mit Frankreich (1808/09) hat er „die Räuber des Patrimoniums Petri" exkommuniziert; nun mussten auch er, Consalvi und andere Kardinäle ins Exil. Aber noch mehr als ein Jahrzehnt zuvor beeindruckte der päpstliche Widerstand gegen den Usurpator das konservative Europa.

Im Zuge der Restauration nach Napoleons Sturz und der gleichzeitig erstarkenden politischen Romantik kam dann ein gesellschaftspolitisch argumentierender Ultramontanismus auf, den Schriftsteller wie Louis de Bonald, François de Chateaubriand und Joseph de Maistre verbreiteten. Des Letzteren Buch *Du Pape* (1819) sah in der Reformation den Ursprung der Revolution und postulierte zu deren Überwindung eine historisch und philosophisch begründete Autorität. Die absolute Monarchie wurde als natürliche Staatsform, die hierarchisch gegliederte katholische Kirche, konkret der Papst, als Garant jeder Autorität bezeichnet. Auch der französische Priester und Sozialreformer Hugo F. R. de Lamennais, der damals ähnlich argumentierte, dachte mehr politisch als theologisch; nach den Erschütterungen der revolutionären Zeit erblickte er im Papst auch den Hüter von Freiheit gegen staatliche Übermacht; seine 1830 gegründete Zeitung L'Avenir stellte er unter das Motto „Dieu et la liberté". Das war leider ein großes Missverständnis, wie sich dann unter Gregor XVI. herausgestellt hat.

Die katholischen Intellektuellen Frankreichs zerfielen bald und dann das ganze Jahrhundert hindurch in Gallikaner (Liberale) und in Ultramontane, Letztere wirkten über das Elsass auch nach Deutschland. Auch von den Freundeskreisen aus Priestern und Laien, welche sich hier bildeten, um das durch Säkularisation und Staatskirchentum so sehr geschädigte kirchliche Leben zu erneuern, suchten einige bereits den möglichst engen Anschluss an den Papst; vor allem die in Wien (um Clemens M. Hofbauer und Friedrich Schlegel), in Mainz (Zeitschrift *Der Katholik* seit 1821) und in München (Görres-Kreis, *Historisch-Politische Blätter* seit 1838).[75]

Recht schnell ist der Ultramontanismus eine internationale Bewegung geworden; mit weiteren Zentren in Belgien und in der katholischen Minorität Englands; überall um scharfe Abgrenzung von den „liberalen", d.h. allen zum Dialog bereiten Katholiken bemüht, aber ebenso um Integration der verarmenden Unterschichten. Die Bewegung wurde interklassistisch, auch sozialpolitisch sehr aktiv und darüber mehrheitsfähig. Sie ging mehr „von unten" als von Rom aus.

Auch die Restaurationspolitik des Wiener Kongresses (1814/15) war dem ultramontanen Aufbruch entgegengekommen, denn die meisten der dort entscheidenden Staatsmänner wollten ihre konservative Neuordnung durch die Autorität der Religion absichern. So erhielt Pius VII., der 1814 auch den Jesuitenorden wiederherstellte, den Kirchenstaat (allerdings ohne die Enklaven in Frankreich) zurück. Aber dieser und dessen vormodern bleibende Struktur haben das Papsttum schon knapp zwei Jahrzehnte später in fundamentalen Gegensatz zu den politischen Leitideen des 19. Jahrhunderts gebracht. Consalvi, der den Papst in Wien vertrat, konnte dort auch seine für die Steigerung der päpstlichen Macht sehr wichtig gewordene Konkordatspolitik beginnen, welche zweigleisig vorging: Bei protestantischen oder pluralistischen Staaten ging es um die Garantie kirchlicher Handlungsfreiheit unter römischer Leitung, bei katholischen oder für katholisch erachteten Staaten bis zum Zweiten Vatikanischen Konzil darüber hinaus um die Beibehaltung kirchlicher Privilegien und katholischer Gesellschaftsnormen, so wegen Ehe- und Schulgesetzen, z.B. noch in den Konkordaten mit Italien 1929 und Spanien 1953.

Für Deutschland verhandelte Consalvi mit den Regierungen der einzelnen Staaten. Denn die waren einerseits seit 1806 souverän; andererseits brauchten sie Vereinbarungen mit dem Heiligen Stuhl, um die kirchlichen Strukturen den neuen, infolge der Säkularisation und der Mediatisierungen gezogenen Grenzen anzupassen und um Mitspracherechte anerkannt zu bekommen. Einheimische kirchliche Autoritäten gab es ja nicht mehr.

An der Wiederherstellung eines gesamtdeutschen Kirchenverbundes im Sinne der früheren Reichskirche, wie sie in Wien Wessenberg (wo sein Bruder einflussreiches Mitglied der österreichischen Delegation war) und dessen Freunde vorschlugen, waren die Regierungen daher ebenso wenig interessiert wie der Heilige Stuhl.[76] Für den Papst war entscheidend, dass er (wie schon 1801 für Frankreich) die Neuordnung vornahm.

Gut 100 Jahre später hat sich infolge der Staatsgründungen und Grenzverschiebungen zu Ende des Ersten Weltkrieges eine ähnliche Konstellation ergeben (Kap. IV 3). Sowohl 1815 wie 1919 hat das Papsttum also seine Macht aufgrund politischer Veränderungen erheblich vergrößern können.

In der zentralen Frage der Ernennung der Bischöfe musste der Heilige Stuhl zu Beginn des 19. Jahrhunderts jedoch noch Rücksicht auf die katholischen Monarchen nehmen, welche deren Nomination beanspruchten und erreichten, mit wenigen, historisch bedingten Ausnahmen. In Deutschland waren dies der Kaiser von Österreich (auch für seine nichtdeutschen Länder, jedoch nicht für die Erzbistümer Salzburg und Olmütz mit ihrer reichskirchlichen Tradition) und der König von Bayern. Vergleicht man die Bischöfe dieser Länder vor und nach 1918/19, so wird man keinen generellen Qualitätsunterschied feststellen. Wenn aber selbst kompetente Kultusbeamte tüchtige Bischöfe auswählen können, dann wohl erst recht gewählte Repräsentanten der Ortskirchen. Doch nach dem Sturz der Monarchien ist kein Wahlrecht altkirchlicher Tradition wiederhergestellt, sondern vom Vatikan ein Ernennungsrecht durchgesetzt worden, konkret gestützt auf den Codex von 1917. Erneut ist das im Codex von 1983 geschehen.

Die Konsequenz der römischen Kurie aus ihren Erfahrungen mit der Revolution und mit Napoleon war, wie eingangs gesagt, das Beharren auf den vorrevolutionären Prinzipien, auch und gerade im eigenen Staat. Er wurde von Prälaten regiert. Das Schulwesen, mit dessen Säkularisierung die Franzosen begonnen hatten, geriet wieder größtenteils in die Hände der Geistlichkeit. Immerhin waren geistliche und weltliche Macht des Papstes strikt getrennt; eine Theokratie, wie bisweilen behauptet worden ist, war der Kirchenstaat nicht. Den (insgesamt ca. 12.000) Juden waren schon unter Pius VII. die alten Beschränkungen wieder auferlegt worden. Zwei Drittel mussten wieder in den insgesamt acht Ghetti leben, von denen das größte in Rom erst 1870 von der neuen Regierung definitiv geöffnet worden ist; der Rest wohnte in den kleineren Orten frei. Verfolgungen sind aber nicht vorgekommen.

Das päpstliche Rom verblieb bis 1870 ganz in den Traditionen seiner Vergangenheit und wurde dadurch zu deren singulärem Monument, als solches von vielen Reisenden besucht und beschrieben. Die einzige soziale Neuerung, welche aus der napoleonischen Zeit erhalten blieb, war die Emanzipation bürgerlicher Familien, die im Dienst adeliger Familien, so als Verwalter von deren Gütern (sog. „mercanti di campagna"), wohlhabend geworden waren und selbst Latifundien erworben hatten. Nicht wenige ihrer Mitglieder hatten fortan mittlere und auch höhere Positionen in Verwaltung, Unterricht und höherer Geistlichkeit. Zum Eintritt in die Prälatur, d.h. in die eigentliche Verwaltungselite, musste man nämlich Vermögen nachweisen. Kardinal Giacomo Antonelli, der Staatssekretär Pius' IX. (auch er Nichtpriester), ist der wichtigste Exponent dieser neuen Schicht geworden. Gerade sie wollte, dass alles so blieb, wie es nun war.

Dass Pius VII. und Kardinal Consalvi in ihrem Staat einiges reformierten und weiterhin den Klassizismus und die Museen förderten (z.B. Bau des Braccio Nuovo im Vatikan)[77], war gegenüber dieser generellen Stagnation von geringerer

Bedeutung. Denn gegenüber solchen „Politicanti" erstarkten bald im Kardinalskollegium und überhaupt an der Kurie die „Zelanti", welche Religion, Kirche und Staat ganz traditionell interpretierten. Schon 1823 wurde einer von ihnen, der ebenfalls aus kirchenstaatlichem Adel stammende Kardinal Annibale Della Genga, als Leo XII. Papst (1823–1829). Er hat bereits einige der römischen Kollegien für nicht-italienische Theologen wiedereröffnet, die fortan stärker frequentiert worden sind als vor ihrer Auflösung in der französischen Zeit. In ihnen erwuchs eine internationale Klerikerschicht, welche die römische Konzeption nach draußen getragen hat. Den Kirchenstaat regierte Leo bereits repressiv, wodurch der Revolution von 1830/31 der Weg geebnet wurde. Unter den Theologen, die er zurechtwies, war Wessenberg!

Der Pontifikat Pius' VIII. (1829–1830), welcher schon durch die Wahl seines Namens auf Pius VII. verwies, war zu kurz, um dessen Kurs wiederaufzunehmen; und das Konklave von 1831 hat erneut in die reaktionäre Richtung gewiesen. Immerhin zeigte sich schon 1823 und 1831, dass das Kardinalskollegium die Konklaven zu Korrekturen des Regierungskurses benutzen kann (so auch 1846, 1878, 1903, 1914 und wieder 1958 und 1978; jedoch nicht 1939, 1963 und 2005).

Schon die drei Päpste der Restaurationszeit handelten aus einem neuartigen Bewusstsein ihrer Macht als Oberhaupt der Weltkirche. Pius VII. war durch die Verurteilung von Indifferentismus und Freimaurern auch bereits als konservativer Hüter der Lehre aufgetreten. Leo XII. hatte sein Pontifikat mit einer programmatischen Enzyklika (*Ubi primum*) eröffnet, in der erneut Gallikanismus, Josephinismus und Indifferentismus, dazu der darauf zurückgeführte Liberalismus verworfen wurden. Die derzeitigen Absagen an den Relativismus stehen in dieser Tradition!

Gregor XVI. (1831–1846): Autoritäre Defensive

Systematische Förderung aus Rom hat der Ultramontanismus unter Gregor XVI. (1831–1846) erfahren, der an den Grundsätzen seines Buches von 1799 stets festgehalten hat[78]; er hat in seinem relativ langen Pontifikat für den noch längeren seines Nachfolgers Pius IX. viele Voraussetzungen geschaffen, auch dadurch, dass bereits er sich insgesamt mehr für die Kirche als für den Kirchenstaat engagiert hat. Die Verkirchlichung des Papsttums wurde ein Grundzug seiner Geschichte im 19. Jahrhundert; seine Verbürgerlichung begann jedoch erst 1903, denn bis dahin kamen mit Ausnahme Gregors XVI. alle Päpste aus dem Adel des Kirchenstaates. (Gregor XVI. war der letzte Papst, der nach seiner Wahl noch die Bischofsweihe empfangen musste.) Einflussreichster Mitarbeiter Gregors war seit 1836 der Kardinalstaatssekretär Luigi Lambruschini, Ordensmann (Barnabit) wie der Papst.

Die Regierung Gregors XVI. begann während der Juli-Revolution, welche den Kirchenstaat in eine erste heftige Krise gestürzt hatte; Gregor verurteilte daraufhin in der Enzyklika *Mirari vos* (15. August 1832) erneut nicht nur Rationalismus, Gallikanismus und religiösen Indifferentismus, sondern auch als dessen Konsequenzen Gewissens- und Pressefreiheit und ebenso die Trennung von Kirche und Staat sowie jegliche Auflehnung gegen die legitime Obrigkeit.

Mit *Mirari vos* begann die zunächst zum *Syllabus* Pius' IX. (1864), aber darüber hinaus bis zu Pius XII. (*Humani generis* 1950) hinführende Reihe der Lehrverkündigungen, welche die Macht des Papstes zur Unterdrückung der modernen Freiheiten einsetzten. Zur Begründung diente schon damals die Behauptung, dass der Papst auch das natürliche Sittengesetz zu interpretieren habe. Sie wird bis heute wiederholt und zur Beeinflussung der Politik in allen ethischen (so bioethischen und familienpolitischen) Fragen benutzt. Man versuchte gar nicht erst, zwischen Richtigem und Falschem in neuen Ansätzen zu unterscheiden; und vor allem suchte man deren Vertreter aus kirchlichen Lehrämtern zu verdrängen. Letzteres war dort am leichtesten möglich, wo die Priesterausbildung nur in kirchlichen Seminaren erfolgte. Die in unkontrollierbarem Austausch mit anderen Disziplinen stehenden theologischen Fakultäten an staatlichen Universitäten erregten daher in Rom wachsendes Misstrauen; der Wunsch, auch sie durch Seminare zu ersetzen, wurde ein generelles Desiderat der Ultramontanen, welches bis zur Gegenwart oft wiedergekehrt ist. Auch unter Johannes Paul II. und Benedikt XVI. gibt es wieder Konvikte und Seminare, von Vasallen wie J. Meisner gedeckt und finanziert, welche an den Universitäten vorbei Priester ausbilden.

Weitere pauschale Verurteilungen Gregors XVI. trafen 1834 den Fideismus des französischen Theologen Louis Bautain und 1835 den Rationalismus des Bonner Professors Georg Hermes, welcher eine erste katholische Auseinandersetzung mit den philosophischen Anliegen Kants unternommen hatte.[79] Folgenschwerer war die Absage an Lamennais, schon angelegt in *Mirari vos*. Nachdem Lamennais 1834 in den *Paroles d'un croyant* widersprochen und die Vision einer Befreiung unterdrückter Völker durch göttliches Eingreifen entwickelt hatte, verurteilte 1834 die Enzyklika *Singulari nos* sein ganzes Programm. Nach einigem Zögern hat Lamennais die Kirche verlassen. Die meisten seiner Anhänger haben sich unterworfen, doch haben viele von ihnen seine Anregungen maßvoller fortgeführt und in Frankreich und Belgien jenen liberalen Katholizismus begründet, der sich 30 Jahre später dem Unfehlbarkeitsdogma widersetzt hat.[80]

Im Kirchenstaat verweigerte Gregor XVI. selbst die wenigen Reformen, die zu dessen Befriedung 1831 von den mehrheitlich konservativen europäischen Regierungen empfohlen worden waren: allgemeine Zulassung der Laien zu den Beamtenstellen und Wahlen auf der Ebene der Gemeinden und Provinzen. Es folgten neue Aufstände, und die Präsenz

österreichischer und französischer Truppen blieb erforderlich. Unter Metternichs Druck bemühten sich dann der
Papst und sein damaliger Staatssekretär Tommaso Graf Bernetti (bis 1836) wenigstens um Zentralisation von Verwaltung und Finanzpolitik. Während in vielen Teilen Europas
die Beteiligung des Bürgertums an den politischen Entscheidungen begann, wollten sie somit ihre politische Macht
höchstens so weit begrenzen, wie das aufgeklärte Monarchen knapp ein Jahrhundert zuvor getan hatten. Unter Lambruschini trat noch eine prinzipielle Verschärfung ein, an
der einige Verbesserungen im Volksschulwesen und die Förderung von Kunst und Archäologie nichts zu ändern ver-
mochten. Das erstarkende Risorgimento hat Gregor XVI. in
allen seinen Richtungen als revolutionär verworfen; auch
alle Ansätze zu einem Ausgleich zwischen Nationalidee und
Papsttum, wie sie z. B. seit ca. 1840 der geistliche Politiker
Vincenzo Gioberti vortrug. Erst recht traf Gregors XVI. Ablehnung den geistlichen Philosophen Antonio Rosmini, der
neben politischen auch kirchliche Reformen forderte, so die
Beteiligung von Klerus und Laien an der Wahl der Bischöfe,
außerdem bessere, d. h. wissenschaftlichere Ausbildung der
Geistlichen und Einführung der Landessprache in die Liturgie.[81]

Die geistige Basis Gregors XVI. war eng. Gegen die Versuche eines Dialogs mit modernen Wissenschaften bot Rom
nur die Rückkehr zur Scholastik an. In diesem Sinne wirkte
am Collegium Romanum der Dogmatiker Giovanni Perrone
SJ; führende Theologen des Ersten Vatikanischen Konzils
sind seine Schüler gewesen. Sonst waren die damaligen römischen Lehranstalten theologisch unbedeutend, erst in
den Fünfzigerjahren haben Schüler Perrones und einige von
auswärts gerufene Professoren, auch sie meist Jesuiten, den
Anschluss an die außerrömische Theologie hergestellt. In
den historischen Disziplinen wurde dieser Anschluss (obwohl es im Vatikan stets tüchtige Archivare und Bibliothe-

kare gab) aber vor Leo XIII. (seit 1878) gar nicht gesucht. Die römischen Hochschulen vermittelten kaum mehr als handbuchartig zusammengefasste Dogmatik, Kirchenrecht mit papalistischer Tendenz und aus der Kirchengeschichte die dazu passenden Exempel. Hervorragende Instrumente zur Verbreitung dieser Denkform wurden nun erst recht die Kollegien für nicht-italienische Theologen, darunter wieder das Germanicum; Gregor XVI. und Pius IX. gründeten weitere solcher Kollegien.

Wirksame Unterstützung fand die Kurie bei den meisten Orden, die auch in früheren Zeiten dem römischen Zentralismus vorgearbeitet hatten und deren schwierigen Wiederaufbau (nach den Zerstörungen durch Revolution und Säkularisation) der Ordensmann Gregor XVI. sehr gefördert hat. Dies galt vor allem für die Gesellschaft Jesu unter dem langen Generalat des Niederländers Johannes Philipp Roothaan (1829–1853). In den Kongregationen der Kurie und im geistlichen Bildungswesen Roms gewannen die Jesuiten großen Einfluss. Die Kurie selbst war klein. 1832 arbeiteten im päpstlichen Staatssekretariat und in den beiden Breven-Sekretariaten zusammen 25, in der Kongregation für die außerordentlichen kirchlichen Angelegenheiten weitere 12 Personen, fast alle Geistliche. Bei diesen Dimensionen ist es das ganze 19. Jahrhundert geblieben. Der Papst unterhielt damals außerhalb Italiens acht Nuntiaturen resp. Internuntiaturen und weitere drei bei italienischen Höfen.

Auch von der Basis der Kirche her nahmen die ultramontanen Initiativen seit den Dreißigerjahren zu: in Frankreich, wo der Sturz der Bourbonen (1830) die Tradition des Gallikanismus weiter geschwächt hatte; in Deutschland im Zuge des Kampfes gegen Staatskirchentum und Liberalismus; in Italien als Reaktion auf den Josephinismus als Produkt der österreichischen Herrschaft. Zwar blieben bis zur Jahrhundertmitte die auf ortskirchliche oder nationale Eigenständigkeit bedachten Gegenkräfte recht stark, aber die Kurie förderte allenthalben und erfolgreich die ultramontane Partei. Diese Förderung wurde eine Hauptaufgabe der päpstlichen Nuntien, sie ist es bis heute geblieben, gerade unter Johannes Paul II. und Benedikt XVI. Nuntien wie Michele Viale-Prelá (1838–1845 in München, 1845–1855 in Wien) und Raffaele Fornari (1838–1842 in Brüssel, 1842–1850 in Paris) versuchten diejenigen unter den Bischöfen zu isolieren, die der Zentralisierung widerstanden, und begannen, kraft päpstlicher Ermächtigungen in die Diözesen hineinzuregieren. Dank zahlreicher Korrespondenten, oft früherer Absolventen römischer Kollegien, verschafften solche Nuntien sich und dann der Kurie genaue Kenntnisse über Personen und Institutionen; in direkter Abstimmung mit ultramontan gesinnten Bischöfen wurden nur Anhänger der römischen Doktrinen zu Beförderungen vorgeschlagen.[82] Laien, die sich im römischen Sinne engagierten, wurden in neuartiger Weise demonstrativ geehrt (Gregorius-Orden seit 1831, Silvester-Orden seit 1841, Pius-Orden seit 1847). Innerkirchlichen Gegnern warf man, meist zu Unrecht, Abhängigkeit von den Regierungen vor. Noch konnten freilich Regierungen wie die in Wien, München und Paris für die Berücksichtigung beider Parteien bei der Ernennung der Bischöfe sorgen. – Der Verfasser hat im Vatikanischen Archiv sehr viele Nuntiaturberichte des 19. Jahrhunderts gelesen und weiß daher, wovon er schreibt.

Pius IX. (1846 – 1878): Nach einigen Reformen die reaktionäre Wende

Der wiederum aus einheimischem Adel stammende, erst 54-jährige Kardinal (seit 1840) Giovanni Maria Graf Mastai-Ferretti, seit 1832 Bischof von Imola, ist 1846 in kurzem Konklave[83] zum Papst gewählt worden, weil er als aufgeschlossen und menschenfreundlich galt und weil die Mehrheit der

Kardinäle von ihm eine Beruhigung des Kirchenstaates erwartete.

Tatsächlich hat Pius IX. dessen Regierung mit weitgehenden Reformen begonnen, erstmals Laien zu allen Ämtern zugelassen und Pressefreiheit gewährt. Auch bekundete er Zustimmung zu Giobertis Programm. Der Papst wurde darüber populär und kam in den Ruf eines Liberalen, der er in Wirklichkeit nicht war. Im Frühjahr 1848 schien er an die Spitze des nationalen Aufbruchs zu treten; aber bald wurden die Widersprüche manifest, in die er selbst sich durch gut gemeinte, aber zu wenig durchdachte Ankündigungen hineinmanövriert hatte. Die Teilnahme des Kirchenstaates am „Nationalkrieg" Piemonts gegen Österreich (in dem dieses 1849 siegte) musste er ablehnen. Seinen Staat konnte er nicht so weit reformieren, wie es die gerade in Rom starken Demokraten unter den Revolutionären wollten; einer wirtschaftlichen Krise zeigte sich seine Regierung nicht gewachsen. Die Stimmung schlug daher um, am 15. November 1848 wurde der von Pius berufene moderat-liberale Ministerpräsident Graf Pellegrino Rossi ermordet; und die Radikalen riefen, 50 Jahre nach 1798, erneut eine „Römische Republik" aus, in deren Regierung Mazzini führte. Sogleich ging er energisch daran, das „Rom der Päpste" durch das „Rom des Volkes" abzulösen.

Pius musste für fast eineinhalb Jahre ins Exil nach Gaeta (Königreich beider Sizilien [Neapel]) gehen, wo er sich zum Reaktionär gewandelt hat. Im Zuge der Konterrevolution haben ihm 1849 französische, österreichische und spanische Truppen seinen Staat zurückerobert. Schon ein Jahrzehnt später kam mit dem zweiten Nationalkrieg die nächste Krise, welche sein Ende einleitete. Dass der Nationalismus solche Kriege zur Erreichung seiner Ziele brauchte, kann man zwar nicht genug bedauern, aber Kompromissbereitschaft hätte sie vielleicht verhindern können. Doch 1848/49 und 1859/60 wurde den Zeitgenossen vollends klar, dass das Risorgimento für die Moderne, das Papsttum gegen sie stand.

Pius IX. hat die kirchenstaatliche Politik seit 1850 dem damals erst 43-jährigen Giacomo Antonelli überlassen (seit 1830 Prälat in der kirchenstaatlichen Verwaltung, 1847 Kardinaldiakon, 1850 Staatssekretär), der innerhalb der vom Legitimismus gesetzten Grenzen durchaus geschickt zu taktieren verstand.[84] Ihn interessierten jedoch die Finanzen mehr als die Ideen, und gerade er hat nie eine Verständigung mit den dazu prinzipiell bereiten Gruppen des Risorgimento gesucht, welche allein den Kirchenstaat, gewiss in verkleinertem Umfang, hätte retten können. Für dessen Verteidigung hat auch der von Pius sehr geschätzte belgische Prälat de Mérode, ein früherer Offizier, tatkräftig gewirkt; aber Antonelli verdrängte ihn, wie alle selbstständigen Geister, aus der Politik.

In der Kirchenregierung bedurfte es keiner Wende, denn hierin hatte Pius IX. sogleich den Kurs seines Vorgängers fortgesetzt, so in seiner ersten, ausgerechnet Lambruschinis Redaktion überlassenen Enzyklika *Qui pluribus* (1846), welche den nun schon üblichen Verurteilungen die der evangelischen Bibelgesellschaften und des „Kommunismus" hinzufügte; was darunter zu verstehen war, konnte man in Rom noch gar nicht wissen! Die weitere Zentralisierung der Kirche wurde und blieb das wichtigste Anliegen des Papstes. Er hat es noch erfolgreicher verfolgen können als sein Vorgänger, weil er noch länger regierte, gewinnender auftrat und direkte Kontakte zum Kirchenvolk herstellte. Ein hervorragendes Mittel dazu wurden die erstmals durch moderne (von Pius im Gegensatz zu seinem Vorgänger geförderte) Verkehrsmittel ermöglichten Massenwallfahrten nach Rom. Sie galten nun allmählich immer weniger den Gräbern der Apostel und Märtyrer als dem Papst, der in zahlreichen Audienzen die Pilger persönlich ansprach. Zum ersten Mal wurde die Kombination traditionaler Inhalte mit modernen

Mitteln erprobt, welche zuletzt Johannes Paul II. meisterhaft angewendet hat.

Zur weiteren Identifikation der schlichten Gläubigen mit dem Papst setzte Pius auch die Marienverehrung ein, die er mit den Ultramontanen teilte; zugleich benutzte er sie zur extensiven Ausübung seines Lehramtes, die er und sie dringend wünschten. Nach Vorbereitungen, die schon 1848 begonnen hatten und in deren Verlauf die meisten Bischöfe immerhin konsultiert worden waren, verkündete der Papst am 8. Dezember 1854 das Dogma der „Unbefleckten Empfängnis Mariens"[85] – er allein, sodass die zum Ersten Vatikanischen Konzil hinführende Doktrin, dass der Papst auch ohne Konzil dogmatische Definitionen vornehmen könne, bereits angewendet wurde. Die vielen Bischöfe, die seiner Einladung nach Rom gefolgt waren, durften ihm nur applaudieren. Erstmals wurden sie somit zur Staffage des Papstes degradiert, die viele von ihnen seitdem oft abgegeben haben! Sie tun es heute, so bei Papstbesuchen oder Weltjugendtagen, noch öfter als im 19. Jahrhundert.

Das Dogma von 1854 war unnötig, und dazu unklug, weil es die Gegensätze zu anderen Konfessionen und zum historischen Denken der Zeit verschärfte. Ein Thema, welches höchstens an den Rand des christlichen Glaubens gehört, wurde in dessen Mitte gerückt; und das ist seitdem, besonders wenn es der Betonung des päpstlichen Primats nutzte, öfter geschehen, z. B. durch das Mariendogma Pius' XII. 1950. Vergleichbar ist die Verschärfung sexualethischer Normen, mit der ebenfalls unter Pius IX. begonnen wurde.[86]

Der Papst führte ein sehr persönliches Regiment. Zwar hat er als erster Papst das Kardinalskollegium maßvoll internationalisiert und bis 1870 gut 30 Nicht-Italiener berufen[87], 1875 dann den ersten Amerikaner. Aber nur wenige Kardinäle zog er ins Vertrauen. Im gründlichst recherchierten Buch von Chr. Weber über die damaligen Kardinäle werden sechs italienische Kurienkardinäle genannt, außerdem Karl

August Graf von Reisach, der 1846–1855 als Erzbischof von München-Freising für die Verbreitung des Ultramontanismus in Bayern und Deutschland gewirkt hatte und nach Streit mit König Maximilian II. 1855 nach Rom berufen worden war.

Durch die immer nachdrücklichere Förderung der aus ihren historischen Zusammenhängen gelösten und mit der „alten reinen Lehre" gleichgesetzten Scholastik gab Pius IX. dem Zentralisierungsprozess ein für einige Jahrzehnte stabiles Fundament. Dabei unterstützte ihn die inzwischen im Collegium Romanum der Jesuiten aufgeblühte theologische Schule Perrones mit Carlo Passaglia, Clemens Schrader und Johannes B. Franzelin (1876 Kardinal), die auch die Patristik einbezogen. Dass einer von ihnen Deutscher, einer Österreicher war, zeigt erneut, dass der Ultramontanismus eine internationale Bewegung blieb, deren intransigenteste Publizisten z. B. der Franzose Louis Veuillot und der Engländer William Ward waren. Pius IX. und seine Helfer waren vollends davon überzeugt, dass nur eine monolithische Kirche dem „Zeitgeist" widerstehen könne: Intransigenz gegen Modernität. In vorschneller Verallgemeinerung einzelner Konversionen glaubte man zudem, dass eine solche monolithische Kirche die Mitglieder anderer Konfessionen anziehen werde; doch generell war das Gegenteil der Fall. Wiederum sind Parallelen zur heutigen Lage leicht erkennbar.

Um 1850 war der Ultramontanismus zwar schon stark, aber keineswegs ausschlaggebend gewesen. Besonders in Frankreich und Deutschland/Österreich gab es die erwähnten Gegenströmungen. Die beiden Jahrzehnte nach 1850 und besonders die letzten Jahre vor dem Vatikanischen Konzil waren daher von heftigen innerkatholischen Streitigkeiten erfüllt. Die Initiativen dazu gingen meist von den Ultramontanen aus, und zwar mit doppeltem Ziel: Innerkirchlich traten sie für weitere Konzentration und radikale Absage an die Aufklärung ein, kirchenpolitisch für die völlige Unabhängigkeit der Kirche vom Staat. Gerade die letztere Zielsetzung fand die Zustimmung breitester Kreise, vor allem der inzwischen auch politisch erstarkten katholischen Bewegungen verschiedener Länder, so Deutschlands. Aber unter den Kämpfern für die Kirchenfreiheit waren auch solche, die die Eigenständigkeit der Ortskirchen erhalten und die Gräben zwischen den Konfessionen nicht vertiefen wollten. Nicht wenige von ihnen sind darum in den Sechzigerjahren in wachsenden Gegensatz zu Rom geraten, so Döllinger und seine Freunde. Der Jesuit Passaglia ist 1860 zu Cavour übergegangen. Selbst der deutsche Kurienkardinal (seit 1866) Fürst Hohenlohe, der u. a. bei Döllinger studiert hatte, unterstützte beim Ersten Vatikanischen Konzil die Gegner des Unfehlbarkeitsdogmas. Zu ihnen gehörte 1870 auch de Mérode (seit 1865 Titularerzbischof).

Der italienische Nationalkrieg von 1859 (erneut Piemont, nun von Frankreich unterstützt, gegen Österreich, welches die Lombardei verlor) und die sich direkt anschließende nationale Revolution (welche auch die habsburgischen Fürsten aus der Toskana und aus Modena vertrieb), haben dem Kirchenstaat den Verlust der Romagna, der Marken und Umbriens gebracht. Dem Papst blieben nur mehr Rom und Latium; und auch dieser Rest nur dank der Protektion Napoleons III., der seit 1859 zwischen dem Risorgimento und dem Papst vermittelte, u. a. mit dem in Rom auf taube Ohren gestoßenen Rat, dass die Autorität des Papstes umso größer werde, je kleiner sein Staat sei. Seit dem Frühjahr 1861 war fast ganz Italien im neuen Königreich unter dem Haus Savoyen vereinigt. Es war ein liberaler Nationalstaat, dessen Gründer Cavour „die freie Kirche im freien Staat" (entsprechend dem bekannten Postulat des liberalen Katholikenführers de Montalembert) wünschte und wegen der „Römischen Frage" an eine Lösung dachte, wie sie knapp 70 Jahre später mehr oder weniger in den Lateranverträgen gefunden worden ist (Kap. IV 4).[88]

Unter Cavours Mitarbeitern, bald Nachfolgern, gab es überzeugte Katholiken wie den toskanischen Baron Bettino Ricasoli, der für die Synchronisierung politischer und kirchlicher Reform eintrat, oder den Bologneser Juristen Marco Minghetti, der 1847/48 Minister Pius' IX. gewesen war. Es gab freilich auch die starke kirchenfeindliche Minderheit um Mazzini und Garibaldi, welche sich durch die römische Intransigenz nur bestärkt sah. Denn der Papst hatte 1860 nur mit Protesten und Exkommunikationen reagiert. Um seinen Apparat nach dem Verlust der Einnahmen aus den verlorenen Provinzen weiter finanzieren zu können, bat er nun die Katholiken um den „Peterspfennig"; um wenigstens Latium gegen Überfälle der Garibaldiner halten zu können, zudem um die Gestellung Freiwilliger. Beides haben ihm die Ultramontanen aus mehreren Ländern besorgt, aber sie kämpften, was seinen Staat anging, für eine verlorene Sache. Doch die Identifikation der ultramontanen Bewegung mit dem nun beraubten und weiter bedrohten Papst wurde noch intensiver (erst recht dann nach 1870!) und wirkte zunehmend in die innerkatholischen Diskussionen hinein. Auch die Distanzierung der Amtskirche von Döllinger begann, nachdem dieser 1861 in öffentlichem Vortrag die Rückständigkeit des Kirchenstaates aufgewiesen und seine Notwenigkeit in Frage gestellt hatte.[89] Dessen Rest wurde einstweilen am wirksamsten geschützt durch die Präsenz einer von Napoleon III. 1861 und dann wieder 1867 (nach Angriffen Garibaldis) entsandten Truppe.

Die damaligen innerkatholischen Diskussionen sind nicht frei ausgetragen worden. Denn die römische Kurie griff stets zugunsten ihrer Anhänger ein. Die Methoden blieben dieselben wie seit Gregor XVI., auch Liturgie und Kirchenmusik wurden nun romanisiert. Die Länge seines Pontifikats ermöglichte es Pius IX., den Episkopat in einer schnell wachsenden Kirche großenteils in seinem Sinne umzugestalten. Mehr als 200 Bistümer und Apostolische Vikariate in den

Missionsgebieten hat er gegründet; in England hatte er schon 1850, in den Niederlanden 1853 die ordentliche Hierarchie wiederhergestellt, und alle diese neuen Kirchen traten in direkte Abhängigkeit von Rom. Frei war der Papst zudem fast stets (d. h. abgesehen von gelegentlichen Vorschlägen katholischer Monarchen) bei den Kardinalsernennungen, sodass romtreue Bischöfe mit größerer Autorität ausgestattet werden konnten.

Es war kein Zufall, dass von den Bischöfen Deutschlands, deren Mehrheit der extremen Romanisierung noch widersprach, in den schwierigen Jahren des Vatikanischen Konzils und des beginnenden Kulturkampfes keiner dem Kardinalskollegium angehörte und dass aus Frankreich, dem zweiten europäischen Land mit bedeutender, auch im Episkopat vertretener Theologie, nur Ultramontane den Purpur erhielten. Die ihrem Kaiserhaus ebenso wie ihrer Kirche verbundenen Kardinäle aus Österreich vertraten dagegen einen versöhnlichen Kurs.

Die stärksten Gegenkräfte gegen die extreme Zentralisierung waren im deutschen Bereich die Schule des um Verständigung von Glauben und Wissen bemühten Wiener Theologen Anton Günther, die ebenfalls die philosophisch-theologische Begegnung mit ihrer Zeit suchende Tübinger Theologenschule und die von Döllinger angeführte Historische Theologie. In Frankreich waren es die von Napoleon III. gestützten Neo-Gallikaner um den Titularbischof Henri-Louis Maret (Dekan der theologischen Fakultät der Sorbonne) und den Pariser Erzbischof Georges Darboy, ebenso wie die liberalen Katholiken um Charles de Montalembert und zuvor bereits der Jurist, Literaturprofessor und Sozialreformer Frédéric Ozanam, der Gründer der Vincenzkonferenzen, den Johannes Paul II. 1997 seliggesprochen hat. Döllinger und Montalembert hatten sich 1863 erneut öffentlich gegen die ultramontane Offensive gewandt, der erste auf der Münchner Gelehrtenversammlung mit der Forderung der

Freiheit der Theologie von lehramtlicher Bevormundung, der zweite beim Katholikenkongress in Mecheln mit dem Vorschlag der Versöhnung von Katholizismus und Demokratie.

Wie im 18. Jahrhundert traten also intellektuelle Minderheiten für freie wissenschaftliche Forschung und entsprechend dialogische Haltung ein. Roms Parteigänger hielten ihnen Auflehnung gegen die Autorität und falsche Anpassung an den Zeitgeist vor. Das ist auch heute so.

Eine grundsätzliche römische Reaktion von größter Wirkung erfolgte 1864. Pius IX. erließ die auf das Fest der Unbefleckten Empfängnis Mariens datierte Enzyklika *Quanta cura*, welche ein weiteres Mal die modernen Irrtümer verurteilte: Rationalismus, Gallikanismus und Sozialismus, desgleichen das von der modernen Staatsauffassung geforderte staatliche Schulmonopol. Der Enzyklika beigefügt war der *Syllabus errorum*, ein Verzeichnis von 80 bereits früher verurteilten Meinungen, deren Verurteilung damit erneut eingeschärft wurde. Dieser *Syllabus* begann (wie konnte es anders sein?) mit Pantheismus, Naturalismus, Rationalismus und Indifferentismus (Relativismus?), enthielt sodann Religions- und Meinungsfreiheit, konkret auch die Auffassung, dass Katholizismus und Protestantismus gleichwertige Formen des Christentums seien; außerdem die Forderung nach Abschaffung des Kirchenstaates; und schließlich das pauschalisierende, so wohl kaum von seriösen Kritikern formulierte Postulat: „Der römische Bischof kann und soll sich mit dem Fortschritt, mit dem Liberalismus und mit der modernen Kultur versöhnen und befreunden!"

Quanta cura und *Syllabus* bedeuteten erste Höhepunkte der autoritär-defensiven Abgrenzung gegenüber der Moderne. Konkret reagierte Pius IX. wohl auf die Popularisierung der historisch-kritischen Bibelforschung durch *La Vie de Jésus* von Ernest Renan (1863) und auf die Reden Döllingers und Montalemberts. Die Enzyklika verdunkelte durch ihre Pauschalisierungen und Übertreibungen das durchaus legitime Anliegen Roms, christliche Grundwerte gegenüber philosophischen Auflösungstendenzen und politischen Ersatzreligionen gründlicher zu erklären und dadurch weiterhin annehmbar zu machen. Mit Recht hat Hubert Wolf in einer Analyse des *Syllabus* und dessen Rezeption[90] bemerkt, dass er „ein Großteil Schuld daran (trägt), dass der genuin christliche Ursprung der Menschenrechte in Vergessenheit geraten" ist; und dass „das Dekret des Zweiten Vatikanum über die Religionsfreiheit 100 Jahre zu spät" kam. Der *Syllabus* sollte und musste als totale Absage wirken. Zwei antagonistische Offensiven haben seit den 1860er-Jahren zu den Kulturkämpfen geführt, welche dann alsbald in Preußen-Deutschland mit besonderer Härte geführt worden sind.[91] Aber 1864 ließen die Verurteilungen noch einmal die innerkatholischen Gegenkräfte erstarken.

Das Erste Vatikanische Konzil

Vom *Syllabus* war es nicht mehr weit zum Ersten Vatikanischen Konzil[92], mit dem Pius IX. und seine „Partei" ihre „Selbstbehauptung gegenüber der Welt der Aufklärung und der Revolution" (Klaus Schatz) zum Abschluss gebracht haben. Schon 1867, bei der 1800-Jahr-Feier des Martyriums der Apostel Petrus und Paulus, zu der ca. 500 Bischöfe nach Rom kamen, hatte der Papst seine Absicht öffentlich kundgetan. Die Reaktionen waren zwiespältig. Viele europäische Bischöfe fürchteten negative Wirkungen auf die ohnehin seit dem *Syllabus* äußerst gespannten Beziehungen zu den in Politik und Publizistik dominierenden Liberalen oder den ebenso negativen Eindruck eines innerlich gespaltenen Episkopats. Einige französische Bischöfe wie Felix Antoine Dupanloup von Orleans (der sich um eine entschärfende

Interpretation des *Syllabus* bemüht hatte) und Henri-Louis Maret hofften dagegen auf eine offene konziliare Diskussion und darüber auf eine Annäherung der katholischen Kirche an den modernen Parlamentarismus, aber sie wurden schnell und gründlich enttäuscht. Denn die Vorbereitungen des Konzils erfolgten in Rom unter strenger Geheimhaltung. In den fünf Kommissionen waren jeweils zwei Drittel Kuriale und nur ein Drittel Auswärtige, auch sie mehrheitlich Ultramontane, für die Minorisierung Andersdenkender sorgten u. a. präzise Berichte der Nuntien über die Parteiungen in den verschiedenen Ländern.

Die ultramontane Publizistik forderte vom Konzil die schnelle Definition der päpstlichen Unfehlbarkeit; und dass diese das Ziel Roms war, gab ein langer Artikel der *Civiltà Cattolica* der römischen Jesuiten (6. Februar 1869) zu erkennen, der als „Korrespondenz aus Frankreich" getarnt war und programmatisch zwischen „liberalen" und „richtigen" Katholiken unterschied. Seitdem wurde die Diskussion leidenschaftlich und mit erheblichen politischen Implikationen[93] geführt. Die fundiertesten Entgegnungen schrieben *Döllinger* (zunächst in der Augsburger *Allgemeinen Zeitung* 10.–15. März 1869[94]), der historisch argumentierte, aber zugleich dem Ultramontanismus „abgrundtiefen Hass ... gegen alle freiheitlichen Institutionen" vorwarf, und *Dupanloup*, der in einem öffentlichen Schreiben an seinen Klerus praktische und theologische Einwände gegen die Definition vortrug.

Im deutschsprachigen Episkopat war der u. a. von Anton Günther beeindruckte Kardinal Friedrich Fürst Schwarzenberg, seit 1850 Erzbischof von Prag, der energischste, zugleich höchst gestellte Warner vor dem in Rom geplanten Dogma; *Klaus Schatz* zitiert seinen weisen Satz: „Durch neue Dogmen und Verschärfungen der Disziplin werden die Gläubigen nicht heiliger werden, und ihre Anzahl wird sich bedeutend mindern." Um die Opposition zu sammeln, verfasste der Kardinal im Sommer 1869 *Desideria patribus Concilii oecumenici proponenda*: Da die Grundlagen der christlichen Offenbarung von der aufgeklärt-liberalen Kultur in Frage gestellt seien, solle man sich auf die verständliche Erklärung dieser Grundlagen konzentrieren, aber die Zahl der Dogmen nicht ohne Grund vermehren. Der Prager Kardinal arbeitete mit den deutschen Bischöfen (trotz der von Preußen 1866 aufgezwungenen, von den meisten Katholiken nicht gewollten politischen Trennung) ebenso eng zusammen wie mit denen Österreichs und Böhmens; sein Text hat auch die Fuldaer Bischofskonferenz (Anfang September 1869) beeinflusst, deren Mehrheit ohnehin seiner Meinung war. Ihre beiden intellektuell herausragenden Mitglieder, Wilhelm Emmanuel Freiherr von Ketteler[95] (Mainz) und Karl-Josef Hefele (Rottenburg, zuvor Professor in Tübingen und Verfasser der lange als klassisch geltenden *Conciliengeschichte* in sieben Bänden 1855–1874), hielten in Fulda entsprechende Referate; und 14 der 20 teilnehmenden Bischöfe baten daraufhin den Papst, auch unter Hinweis auf die speziellen Probleme in ihren konfessionell gemischten Ländern, von der Definition der Unfehlbarkeit abzusehen.[96] Pius zeigte sich über ihren Brief sehr verärgert, vor allem über dessen Feststellung, dass unter den Gegnern der Definition erprobte und dem Heiligen Stuhl ergebene Katholiken seien, und hörte lieber auf einen Einzelgänger, den lange emeritierten Apostolischen Vikar für Luxemburg, Bischof Johann Theodor Laurent, der seit der Zeit Gregors XVI. kämpferisch für die römische Sache aufgetreten war und nun den Papst in einem persönlichen Brief um die Definition der Unfehlbarkeit bat.

Am Vatikanischen Konzil, welches seit dem 8. Dezember 1869[97] (mit erheblichen akustischen Problemen) im rechten Kreuzarm der Peterskirche stattfand, haben zunächst 774 Prälaten teilgenommen, gegen Ende im Durchschnitt noch ca. 600.[98] Zwei Drittel kamen aus Europa, ca. 250 waren Italiener, ca. 120 Franzosen, ca. 80 Deutsche und Österreicher. Vom letzten Drittel gehörten ca. 60 zu orientalischen Riten; ca. 120 kamen aus Amerika, davon 50 aus den USA, 40 aus Asien, zehn aus Afrika. Die Präsidenten der Generalkongregationen (Vollversammlungen) waren die fünf italienischen Kardinäle Bilio (Kurie), Bizzarri (Kurie), Capalti (Kurie), De Angelis (seit 1842 Erzbischof von Fermo, bis 1861 Kirchenstaat) und De Luca (Kurie, 1853–1863 Nuntius in München resp. Wien). Auch Reisach war vorgesehen gewesen, starb aber kurz nach Konzilseröffnung; er hätte die ultramontane Internationalität repräsentiert, und das tat auch der Konzilssekretär, Bischof Feßler. Auch die energischsten Verfechter der Unfehlbarkeit auf dem Konzil waren keine Römer, sondern die Erzbischöfe Dechamps (Mecheln) und Manning (Westminster, wie der Publizist Ward von der anglikanischen Kirche konvertiert), dazu Bischof v. Senestrey. Die Geschäftsordnung des Konzils verbot den Druck der Konzilsreden und verpflichtete die Teilnehmer zum Schweigen, sodass die Beratung der Bischöfe mit Theologen erheblich erschwert war. Von der wichtigsten Kommission, der DEPUTATIO FIDEI, blieben die Gegner der päpstlichen Unfehlbarkeit ausgeschlossen; der Papst und die Präsidenten haben konsequent im Sinne der deren Definition wünschenden Majorität gehandelt.

Die dissentierende Minorität umfasste immerhin 20 Prozent, sodass von moralischer Einstimmigkeit nicht gesprochen werden kann. Zur Minorität gehörten fast alle österreichisch-ungarischen und die Mehrheit der deutschen Bischöfe; fast die Hälfte der französischen, etliche aus den USA und drei orientalische Patriarchen; dazu wenige Italiener, welche deshalb von der Kurie besonders unter Druck gesetzt worden sind. Die wenigen vatikanischen Prälaten, welche die Meinung der Minderheit teilten, hielten sich daher mit Ausnahme von Filippo M. Guidi und Vincenzo Tizzani sehr zurück.[99]

Von fünf Konstitutionen, welche die vorbereitenden Kommissionen in sehr langen Texten erarbeitet hatten, sind nur zwei vom Konzil beraten worden. Die erste, *De Doctrina Catholica*, welche sich ein weiteres Mal gegen den Rationalismus wandte, ist erheblich gekürzt und am 24. April 1870 unter dem Titel *Dei filius* einstimmig verabschiedet worden. Sie enthielt die katholische Auffassung von Schöpfung, Offenbarung und Glauben sowie vom Verhältnis von Glauben und Vernunft; wegen der Quellen des Glaubens wiederholte sie die tridentinische Lehre. Gegen die historisch wertende Interpretation, wie sie zuletzt Döllinger vorgetragen hatte, wurde betont, dass alle „Wahrheiten" zu glauben seien, die das ordentliche kirchliche Lehramt als „geoffenbart" vorlegt. Schon dies bedeutete eine Bekräftigung des geistlichen Machtanspruchs der Päpste, welche bis in die Gegenwart wirkt; es zeigt aber auch, dass die Minoritätsbischöfe keine Gegner des Primats als solchen waren!

Doch im Mittelpunkt der Konzilsdebatten und der Kontroversen, die sie in allen europäischen Ländern hervorriefen, stand die päpstliche Unfehlbarkeit, konkret das Schema *De ecclesia Christi*, dem der Papst am 1. März 1870 das (längst vorbereitete) Kapitel *De Romani Pontificis infallibilitate* hinzufügen ließ. Ende April entschied er zusätzlich, dass dieses Kapitel eine eigene Konstitution werden und vorab behandelt werden sollte, sodass es zu jener Herauslösung des Primats aus seinem ekklesiologischen Kontext kam, welche die Minoritätsbischöfe und die kritischen Theologen unbedingt vermeiden wollten. Die Diskussion, bei der es zunächst um die Opportunität der Definition ging, dann um ihre theologische wie historische Problematik, besonders eben um die Mitwirkung der Bischöfe am obersten Lehramt, war im Allgemeinen frei. Aber es spricht für sich, dass *Filippo Maria Guidi* (OP), der als einziger römischer Kardinal offen aussprach, dass die päpstliche Unfehlbarkeit an das Zeugnis der Bischöfe und die Tradition der Kirche gebunden sein müsse, noch am gleichen Tag zum Papst zitiert und von ihm heftigst getadelt worden ist. „Die Tradition bin ich", soll Pius IX. bei dieser Gelegenheit ausgerufen haben.

Bei einer Probeabstimmung am 13. Juli erhielt die Konstitution 451 Ja-Stimmen (Placet), 88 Nein-Stimmen (Non Placet) und 62 Ja-Stimmen unter Vorbehalt (Placet juxta modum). Die dringende Bitte der Minderheit um Berücksichtigung ihrer Vorbehalte wegen der Mitwirkung der Bischöfe, am 14. Juli von einer Deputation von sechs Bischöfen, darunter Darboy und Ketteler, dem Papst vorgetragen, wurde von diesem brüsk abgelehnt, ausgerechnet mit Hinweis auf die Freiheit des Konzils! Die Schlussabstimmung, bei der es nur noch Ja- und Nein-Stimmen geben durfte, blieb auf den 18. Juli festgelegt.

Um nicht in öffentlicher Sitzung gegen den Papst zu stimmen, sind ihr daraufhin mehr als 100 Konzilsväter (darunter vier Kardinäle, zwei Patriarchen und 24 Erzbischöfe) ferngeblieben; ca. 60 reisten bereits vorher ab. Als Konstitution *Pater aeternus* ist das Dogma vom Universalepiskopat und von der Unfehlbarkeit des Papstes darum mit 533 gegen zwei Stimmen verabschiedet worden. Der letztlich immer noch gegen Febronianer und Gallikaner gerichtete Text begann mit den der historischen Methode entgegenstehenden, aber bis heute in vatikanischen Dokumenten wiederholten Behauptungen, dass der päpstliche Primat das Fundament kirchlicher Einheit sei und dass der Papst diesen Primat in der Nachfolge des Apostels Petrus ausübe, dem er direkt von Christus übertragen worden sei. Er bestimmte sodann, dass der Papst eine unmittelbare und bischöfliche Jurisdiktion über Hirten und Gläubige ausübe (wobei den Bischöfen zugestanden wurde, dass auch sie „wirkliche Hirten" seien). Die Konsequenz war, dass der Papst „aus sich und nicht aus dem Konsens der Kirche" unfehlbar sei, wenn er „ex cathedra", d. h. höchst offiziell entscheide, und dass seine Lehre über Glauben und Sitten von der ganzen Kirche anzunehmen sei. Aus dem Dogma von 1870 hat der *Codex Juris Canonici* von 1917 die direkte und komplette Regierungskompetenz des Papstes über die gesamte Kirche abgeleitet, der von 1983[100] darüber hinaus auch sein Recht zur Verfügung über alle Kirchengüter.

Dabei war das Dogma von 1870 ebenso unnötig wie das von 1854, weil der päpstliche Primat, wie die ganze Kirchengeschichte des 19. Jahrhunderts erwiesen hatte, in dem für die Einheit der Kirche ausreichenden Maße von keinem Bischof oder Theologen bestritten worden war. Aber es formte die geistliche Macht der Päpste, während ihre weltliche Macht zerfiel, zum Absolutismus um, der schon als solcher der Moderne diametral widersprach; aber genau das wollten die Infallibilisten. Nötig wäre es damals gewesen, sich der bereits auf ganz Europa lastenden Arbeiterfrage zuzuwenden, wie es z. B. Bischof Ketteler in den Jahren um das Konzil energisch forderte; erst der klügere Nachfolger Pius' IX., Leo XIII., ist darauf eingegangen. Opportun wäre es gewesen, das Konzept der Kirche als konstitutioneller Monarchie, welches Bischöfe wie Darboy und Maret entwickelten, wenigstens zu diskutieren. Nahe gelegen hätte es auch, auf die Vermeidung des großen europäischen Krieges hinzuwirken, der sich während der letzten Debatten um die päpstliche Unfehlbarkeit abzeichnete; doch auf diese blieb die offizielle Kirche konzentriert.[100A] Der Krieg von 1870/71 hat für die Dauer von drei Generationen Franzosen und Deutsche und damit auch die beiden wichtigsten außerrömischen katholischen Theologien entzweit.

Am Tag nach der Verkündigung des neuen Dogmas erfolgte die Kriegserklärung Frankreichs an Preußen, welchem die süddeutschen Staaten sogleich zu Hilfe kamen; die französische Garnison wurde aus Rom abgezogen. Schon am 3. September schien der große deutsche Sieg bei Sedan den Krieg zu entscheiden. Napoleon III., von dem Pius IX. bis zuletzt die Rettung seines Staates erhofft hatte, geriet in deutsche Gefangenschaft. In Paris wurde die heftig antiklerikale Republik neu begründet, welcher einige Wochen später aus Italien Garibaldi mit Freiwilligen zu Hilfe geeilt ist.

Der Krieg, der die allgemeine Aufmerksamkeit schnell von den vatikanisch-römischen Themen ablenkte, begünstigte auch die Auflösung des Konzils (päpstliche Vertagung auf unbestimmte Zeit allerdings erst am 20. Oktober) und einen Monat zuvor die Okkupation Roms durch Italien.[101]

Die Minoritätsbischöfe haben das Unfehlbarkeitsdogma schließlich aus Respekt gegenüber dem Konzil akzeptiert, einige jedoch erst nach monatelangem Zögern.

Über die Exkommunikation von Gegnern des Dogmas s. Kap. I.

Exkurs: Rom vor und nach 1870/71

Rom war bis 1870 monumentaler und malerischer, aber auch rückständiger als die Hauptstädte der anderen historischen Staaten Italiens. Bauten, Straßen und Plätze der Vergangenheit – von der Antike bis zum Barock – bestimmten die Maße der Stadt, die das Innere der um 270 n. Chr. von Kaiser Aurelian errichteten Mauer und deren barocker Erweiterung um den Gianicolo bei Weitem nicht mehr ausfüllte und 1870 ca. 200.000 Bewohner zählte. Im Zentrum, d. h. im Wesentlichen in der unter den Päpsten des 16. und 17. Jahrhunderts neu bebauten Tiberniederung inklusive Borgo (zwischen Tiber und Vatikan) und in Trastevere lagen barocke Plätze und enge Gassen dicht beieinander. Um den Lateran, auf den sieben Hügeln und zwischen ihnen standen die frühchristlichen Basiliken und mittelalterlichen Kirchen; außerhalb der Mauern dominierten die antiken Aquaedukte und Grabmonumente sowie die noch unverbauten frühchristlichen Coemiterialbasiliken S. Paolo, S. Sebastiano,

S. Lorenzo und S. Agnese. Barocke Villen fürstlichen Zuschnitts, für Papst- und Kardinalsfamilien erbaut, gab es innerhalb und außerhalb der Mauern. Die urbanistischen und sozialen Transformationen des 19. Jahrhunderts hatten die Hauptstadt des Kirchenstaates nicht erreicht, und es gab keine nennenswerte Industrie. Von den nur drei Brücken über den Tiber war die jüngste unter Sixtus IV. 1475 errichtet, der antike Ponte Milvio immerhin unter Pius IX. restauriert worden. Er sorgte auch noch für den Bau eines Zentralbahnhofs (an der Stelle der späteren Stazione Termini) und einer ersten modernen Straße dorthin (später Via Nazionale). In diesem Zusammenhang hatte Prälat de Mérode einen Gesamtbebauungsplan erarbeitet, an den man nach 1870 anschließen konnte; dem Hl. Stuhl als Grundeigentümer resp. Bauherrn hat er auch nach dem Verlust der Stadtregierung viel Geld eingebracht.

Die für Europa singuläre Symbiose geistlicher und weltlicher Elemente wurde seit dem Sommer 1871, in dem Italien seine Hauptstadt vom weitaus moderneren Florenz nach Rom verlegte, aufgelockert. Die nationale Aneignung der langen Vergangenheit wurde zunächst dadurch dokumentiert, dass König Viktor Emanuel II. den Quirinalspalast, bisher Sommerresidenz der Päpste, bezog. Auch andere staatliche Institutionen wurden in kirchenstaatlichen Palästen oder enteigneten Klöstern untergebracht, so die Kammer im Palazzo Montecitorio, der Senat im Palazzo Madama und das Außenministerium im Palazzo della Consulta (Quirinal), die Sapienza wurde königliche Universität. Nach dem Tode Viktor Emanuels II. (1878) wurde das Pantheon, obwohl seit ca. 1200 Jahren Kirche S. Maria ad Martyres, zur Grabstätte der italienischen Könige bestimmt. Unangetastet blieben nur diejenigen päpstlichen Gebäude, welche der Kirchenregierung dienten, auch außerhalb des Vatikans (z. B. Cancelleria, Lateran, Propagandakongregation, S. Uffizio).

Ein Regierungsviertel außerhalb der Mauern kam nicht zustande, weil es zu teuer für den in den Nationalkriegen verarmten Staat gewesen wäre und weil es schlecht zur Idee des „dritten Rom" gepasst hätte, welche die historische Stadt für den Nationalstaat beanspruchte. Einige historistische Neubauten für Ministerien entstanden daher innerhalb des Mauerrings, so an der vom Quirinal zur Porta Pia führenden Straße (nun Via 20 Settembre). In den 1880er-Jahren begannen die Tiberregulierung sowie Straßendurchbrüche durch die alte Stadt (Corso Vittorio Emanuele, Corso del Risorgimento, Via Cavour, Via del Tritone). Auch große Villen wurden für neue Wohngebiete geopfert, zunächst noch innerhalb der Mauern und unmittelbar davor (Caelius, Esquilin, Ludovisi, Parioli, Prati di Castello, Monteverde). Bis 1900 verdoppelte sich die Einwohnerzahl auf ca. 400.000. Die Bauindustrie wurde (und blieb) dominierend, die Grundstücksspekulation ein Dauerproblem.

In den 1880er-Jahren wurden auch die Alleen mit den Büsten der Risorgimento-Kämpfer auf dem Gianicolo und auf dem Pincio eröffnet. Der Gianicolo war 1849 der Ort der Kämpfe um Rom gewesen; nun (und dann wieder unter Mussolini) wurden dort die damaligen Helden geehrt, an der höchsten Stelle steht seit 1895 das Denkmal für Garibaldi, demonstrativ oberhalb des Vatikans! Ebenso erhebt sich über Roms ganze frühere Geschichte das Nationaldenkmal (1885–1911) in der Mitte der Stadt, die Foren und das Kapitol in den Schatten stellend – das größte in ganz Europa! Solcher Nationalismus wurde seit den 1880er-Jahren mit antiklerikaler Zuspitzung in Rom von Linksliberalen propagiert, die infolge der Zuzüge an Zahl zunahmen und auch infolge der päpstlich verordneten Stimmenthaltung vieler Katholiken bis 1913 die Stadtverwaltung beherrschten. Ihr bekanntestes Werk wurde das Denkmal für Giordano Bruno (1887), ihr bedeutendster Exponent der Mazzinianer Ernesto Nathan (Bürgermeister 1907–1913). Aber gerade seine und seiner Freunde Pläne zum Umbau der Stadt haben auch konservative Ressentiments gegen Freimaurer und Juden bestärkt. Denn eine beachtliche Minderheit der Bevölkerung hielt weiterhin demonstrativ zum Papst, engagierte sich auch in dessen Diensten, z. B. die Familie Pacelli; die Mehrzahl der Adeligen (daher nun „nobilità nera" genannt) ging bis zur „Conciliazione" von 1929 nicht an den Hof des Königs.

Paolo Portoghesi, *Roma. Un'altra città*, Roma 1968. – Franco Ferraroti, *Roma da capitale a periferia*, Bari ²1971. – Fiorella Bartoccini, *Roma nell'Ottocento* ..., Bologna 1985. – Rudolf Lill, *Rom und der italienische Nationalstaat*, in: *Zibaldone*, Zeitschrift für italienische Kultur der Gegenwart 10 (1990), 19–36. – Katrin Mayer, *Mythos und Monument. Die Sprache der Denkmäler im Gründungsmythos des italienischen Nationalstaats 1870–1915*, 2004. – Franz J. Bauer, *Rom im 19. und 20. Jahrhundert* ..., 2009.

Das Ende des Kirchenstaates

Das Königreich Italien hatte den Anspruch auf Rom prinzipiell nicht aufgegeben, aber dessen Realisierung auf Drängen Napoleons III. für unbestimmte Zeit zurückgestellt und deshalb seine Hauptstadt 1864/65 in Florenz eingerichtet. Doch der Sturz des Kaisers schuf, wie gesagt, eine neue Situation. Diese war auch insofern für Italien günstig, weil Pius IX. sich durch seine Intransigenz politisch insgesamt isoliert hatte; selbst Österreich hatte im August 1870 das 1855 geschlossene Konkordat gekündigt. Andererseits forderten seit Sedan die Garibaldiner die sofortige Eroberung Roms und rüsteten zu eigenen Aktionen, denen die Regierung in Florenz mit dem darin führenden Außenminister Emilio Visconti-Venosta unbedingt zuvorkommen wollte. Denn nur so konnte sie eine Machtverschiebung nach links und draußen den Eindruck verhindern, dass im neuen Italien Revolutionäre bestimmten. So unternahm sie noch in der ersten Septemberwoche einen letzten Versuch, dem Papst gegen die Garantie seiner geistlichen Unabhängigkeit die Zustimmung zur Übernahme Roms abzuringen. Schon vorher hatte sie die europäischen Regierungen von ihrer Absicht informiert, im Interesse der inneren Ordnung und mit den genannten Garantien den Rest des Kirchenstaats zu besetzen. Sie stieß nirgends auf ernsthaften Widerspruch, wenngleich an mehreren Höfen, selbst im evangelischen Berlin, Bedenken gegen die Verletzung des konservativen Prinzips aufkamen, welche die geplante Aktion zweifellos bedeutete.

Seit Mitte September 1870 rückten italienische Truppen in das noch päpstliche Gebiet ein. Pius IX. und Antonelli wollten demonstrieren, dass sie nur der Gewalt wichen. Der Papst ordnete daher symbolischen Widerstand seiner ihm nach dem Abzug der Franzosen verbliebenen kleinen Armee an, welcher eingestellt wurde, sobald die Italiener am 20. September in die römische Stadtmauer die „historische" Bresche bei der Porta Pia geschossen hatten. Die im Prinzip tausendjährige, konkret mehr als 400-jährige weltliche Herrschaft der Päpste war gebrochen, die Säkularisation der europäischen Staatenwelt, mit der die Französische Revolution begonnen hatte, gewaltsam zum Abschluss gebracht.

Pius IX. bezeichnete sich sogleich als den „Gefangenen im Vatikan" und exkommunizierte ein weiteres Mal alle, die beim Raub des „Patrimonium Petri" mitgewirkt hatten; immerhin widerstand er der Versuchung, außerhalb Roms, etwa in Österreich, um Asyl zu bitten; am dringendsten riet ihm Kardinal Antonelli zum Bleiben.

Italiens Regierung und Parlament versuchten seit der Jahreswende 1870/71, das Verhältnis zum Papst einseitig, aber gesetzlich zu regeln.[102] Das „Garantiegesetz" vom 11. Mai 1871 sicherte dem Papst die ungestörte Kirchenregierung und seine persönliche Stellung als Souverän mit aktivem und passivem Gesandtschaftsrecht zu, außerdem den exterritorialen Besitz des Laterans, des Vatikans und der Villa in Castel Gandolfo sowie eine jährliche Dotation in der Höhe seiner bisherigen Einnahmen. Doch Pius bestand auf seinem eigenen Recht, steigerte aber dessen erneute Bekundung ganz im Sinne jener Intransigenz, mit der er nun schon seit gut zwei Jahrzehnten auftrat. In seinen Enzykliken *Respicientes* (1. November 1870) und *Ubi nos* (15. Mai 1871) behauptete er, dass die göttliche Vorsehung den Päpsten die weltliche Herrschaft verliehen habe, dass diese für die Ausübung seines geistlichen Amtes notwendig sei und dass darum das Garantiegesetz sowohl dem katholischen Glauben wie dem natürlichen Recht zutiefst widerspreche. Den Katholiken, welche die große Mehrheit des italienischen Volkes bildeten, wurde die Beteiligung am politischen Leben des neuen Staates untersagt, und dieses Verbot („Non expedit") wurde 1874 bekräftigt. Antonelli hatte 1870 nur und erfolgreich wegen der Herausgabe der vielen „Peterspfennige" (ca. fünf Millionen Lire) verhandeln dürfen, die bei der römischen Staatsbank eingelegt waren.

Immerhin hat Pius IX. kraft eigenen Rechts die Souveränität des „Heiligen Stuhls"[103] ohne Staat wahrnehmen können und ihn aus dem verbliebenen, von Antonelli geschickt verwalteten Vermögen[104] sowie aus den nun noch reicher als vor 1870 eingehenden Spenden der Katholiken finanziert. Sein diplomatischer Aktionsradius war resp. wurde jedoch beschränkt, auch durch die Kulturkämpfe, die zum Abbruch mancher Beziehungen führten. Gegen Ende seines Pontifikats unterhielten nur noch 13 Staaten diplomatische Beziehungen zum Heiligen Stuhl, in Europa Österreich-Ungarn, Frankreich (bis zur Trennung von Staat und Kirche 1905), Spanien und Portugal, Bayern, Belgien und Monaco. Auf die Kulturkampfgesetze mehrerer Staaten und auf deren Anwendung – in Preußen mit prätotalitärer Härte, recht milde in Österreich und in Italien – wussten Papst und Kurie nur mit den üblich gewordenen Klagen, Protesten und Verurteilungen zu reagieren. Auch ekklesiologische Impulse sind nach 1870 vom nunmehr fast 80-jährigen Papst nicht mehr ausgegangen; er und seine engere Umgebung lebten vielmehr fortan in einer Art von Endzeitstimmung, die ebenso unhistorisch war wie ihr langer Abwehrkampf gegen den Liberalismus ihres Jahrhunderts. Im Jahre 2000 hat Johannes Paul II. Pius IX. seliggesprochen und die vatikanische Kirchenregierung ist seit ca. 1980 in vieler Hinsicht zum Stil und zu den Methoden Pius' IX. zurückgekehrt (s. Kap. VII–IX).

Dass der „Raub" des Kirchenstaates befreiende Wirkung hatte, hat als erster Papst Benedikt XV. (1914–1922) eingesehen. Erst das Papsttum ohne Staat konnte zur neutralen moralischen Instanz werden. Auch diese Zäsur in seiner Geschichte beruhte aber auf politischen Umwälzungen, welche zudem die geistliche Macht der Päpste weiter gestärkt haben. Denn mit den zwischen 1860 und 1866 aufgelösten Staaten waren auch die kirchenpolitischen Rechte ihrer Monarchen entfallen, und die Päpste konnten seitdem die meisten Bischöfe Italiens frei ernennen. Erst Paul VI. hat, wie bereits erwähnt, 1970 (!) ausdrücklich anerkannt, dass der Verlust des Kirchenstaates gut für das Papsttum gewesen sei. Aber aufgrund der Geschichte bis 1870 hielt sich in den vatikanischen Eliten die Überzeugung, dass der Papst einen Staat haben müsse.

Exkurs: Pius IX. und die Juden – Der „Fall Mortara"

Die Kontroversen um das angebliche Schweigen Pius' XII. zur nationalsozialistischen Judenverfolgung sind von einigen Kritikern (so Kertzer, Goldhagen) zu dem Vorwurf ausgeweitet worden, dass das Papsttum insgesamt den modernen Antisemitismus mit vorbereitet hätte. Dieser Vorwurf verkennt die Ambivalenz des päpstlichen Verhaltens gegenüber den Juden, gerade im Kirchenstaat, in dem sie ununterbrochen gelebt haben; er unterscheidet nicht zwischen traditionellem Antijudaismus und modernem Antisemitismus. Er ist besonders gegen Pius IX. erhoben worden, weil er 1849 die Juden Roms ins Ghetto zurückverwies und weil er 1858 ein jüdisches Kind, welches insgeheim getauft worden war, aus seiner Familie entfernen und katholisch erziehen ließ. Dabei war Pius IX. in seinen ersten reformistischen Jahren auch den Juden seines Staates entgegengekommen und hatte z. B. die Zwangspredigten abgeschafft, 1848 war der Ghettozwang aufgehoben worden. Aber der reaktionäre Umschwung hat dann besonders die Juden getroffen. Denn deren Emanzipation hatte zum Programm des Liberalismus gehört; zudem waren manche von ihnen an der revolutionären Zuspitzung in Rom beteiligt gewesen. Wie nicht wenige Konservative glaubte daher Pius IX. nun, dass sie Anstifter der Revolution seien; und dieser Vorwurf ist seitdem öfter wiedergekehrt, so 1918/19. Die Juden (in Rom damals über 4.000) wurden daher wieder mit großer Strenge behandelt, und die hat mit dazu beigetragen, den Kirchenstaat in der zunehmend liberal bestimmten öffentlichen Meinung Europas zu diskreditieren.

Ganz besonders hat in diese Richtung der „Fall Mortara" gewirkt. 1858 erfuhr der Erzbischof des (bis 1860) noch zum Kirchenstaat gehörenden Bologna, Kardinal Michele Viale-Prelà (welcher als früherer Nuntius in München und Wien die dortige Gleichberechtigung der Juden kannte), dass der damals siebenjährige Sohn einer jüdischen Kaufmannsfamilie in seiner Stadt, Edgardo Mortara, während einer Krankheit von einer katholischen Magd heimlich getauft worden war. In Anbetracht der geltenden Gesetzgebung, konkret einer Instruktion des eigentlich eher tolerant gewesenen Benedikt XIV. von 1747, welche die Taufe von Kindern gegen den Willen der Eltern grundsätzlich verbot und nur bei

Todesgefahr erlaubte, aber die Wegnahme getaufter Kinder bei Gefährdung ihrer katholischen Erziehung vorsah, wandte sich der Kardinal an den Papst, und der ordnete die Entfernung des Knaben von seiner Familie an. Am 24. Juni 1858 ist Edgardo Mortara aus seinem Elternhaus geholt und anschließend nach Rom verbracht worden; der Papst betrachtete sich als seinen Adoptivvater und hat sich persönlich um die weitere Erziehung des Knaben bemüht, welcher später den zweiten Vornamen „Pio" angenommen hat.

Vergeblich hatte Kardinal Antonelli seinen Souverän umzustimmen versucht; vergeblich haben die Regierungen Österreichs und Frankreichs ihm empfohlen, das Kind seiner Familie zurückzugeben. Pius IX. handelte aufgrund der damaligen Auffassung vom Taufsakrament und dessen Konsequenzen. Insofern zeigt sich, dass die von Rom reklamierte Auslegung des natürlichen Rechts bei den Päpsten durchaus nicht immer in den besten Händen lag. Und dass Pius XII. nach 1945 jüdische Kinder, die während der NS-Verfolgung in katholische Institute aufgenommen und getauft worden waren, ihren Familien zurückgeben ließ, zeigt zudem, dass vatikanische Interpretationen von Sakramenten- und Naturrecht durchaus verändert werden können.

Der „Fall Mortara" hatte eine merkwürdige Nachgeschichte, an die kürzlich Giulio Andreotti (der nicht nur Politiker, sondern auch Verfasser historischer Essays ist) erinnert hat. Edgardo Mortara ist 17-jährig 1867 in den Orden der Lateranensischen Chorherren eingetreten und hat dabei seinen festen Willen bekundet, katholisch zu bleiben und Priester zu werden, dasselbe hat er mehrmals gegenüber seinen Eltern und 1870 gegenüber Vertretern der nun in Rom bestimmenden italienischen Regierung erklärt. Entsprechend hat er, dem ein langes Leben beschieden war (gest. 1940), als Chorherr gewirkt und auch für die „Bekehrung" der Juden gepredigt, auch in deutscher Sprache, die er in Neustift bei

Brixen, wohin ihn sein Orden nach 1870 schickte, erlernt hatte. Mortara ist Pius IX. stets dankbar geblieben, bei einem ersten Verfahren für dessen Seligsprechung ist er 1912 in diesem Sinne noch als Zeuge aufgetreten.

Pius IX. hat an seiner ablehnenden Haltung gegenüber den liberalen Juden festgehalten, erst recht nach der Annexion Roms durch Italien, welches die Juden von allen Beschränkungen befreite. Durch die Beteiligung jüdischer Politiker und Publizisten an den Kulturkämpfen sah er sich in seinen Urteilen bestärkt. So hielt er 1872 vor den Beamten der Kurie eine heftige Rede gegen den jüdischen Journalismus; 1873 sagte er, dass die Juden nur das Geld liebten und dass viele von ihnen sich als Anstifter von Lügen über die katholische Kirche hervortäten. Solcher Antijudaismus ist in konservativen Kreisen der römischen Kurie bis in die Dreißigerjahre des 20. Jahrhunderts tradiert, dann von Pius XI. verworfen, doch erst auf dem Zweiten Vatikanischen Konzil grundsätzlich überwunden worden.

Ferdinand Gregorovius, *Der Ghetto und die Juden von Rom*, zuerst 1853; dann in: F. G., *Wanderjahre in Italien*, mehrere Ausgaben, – so von Hanno-Walter Kruft, 1967, 205–248. – Berliner, *Geschichte der Juden in Rom*. *Jüdisches Lexikon* (1927, ND 1982) III 97 f., IV 1, 298, 782, 1478 f. – Rudolf Lill, in: *Kirche und Synagoge* II, zuerst 1970, 358–369 (mit Verzeichnis der älteren Literatur S. 367). – Giulio Andreotti, *Sotto il segno di Pio IX*, Milano 2000. – Thomas Brechenmacher, *Der Vatikan und die Juden* ..., 113–116, 316.

Neuere Polemik: Aram Mattioli, *Das letzte Ghetto Alteuropas*, in: Olaf Blaschke/A. M. (Hrsg.), *Katholischer Antisemitismus im 19. Jahrhundert* ..., Zürich 2000, 111–143. – David I. Kertzer, *Die Entführung des Edgardo Mortara* ..., 1998, ital. Ausgabe Milano 2005. – Ders., *Die Päpste gegen die Juden. Der Vatikan und die Entstehung des modernen Antisemitismus*, 2001.

IV. Unfehlbare Päpste 1:
Von Leo XIII. bis Pius XI.
(1878–1939)

Das Dogma von 1870 hatte dem Papst eine unerhörte innerkirchliche Macht verschafft, welche zwischen dem Ersten
und dem Zweiten Vatikanischen Konzil, vor allem durch
den *Codex Juris Canonici* von 1917, zu einem kompletten
Rechtssystem verfestigt worden ist. Von fünf Päpsten ist für
diesen Zeitraum zu berichten. Aber dem letzten von ihnen,
Pius XII. (1939–1958), soll ein eigenes Kapitel (V) gewidmet
werden, weil er das neue System vollends zum Absolutismus
gesteigert hat und weil er wegen seines Verhaltens gegenüber dem „Dritten Reich" spezielle und immer wieder aufge-
worfene Kontroversen provoziert hat. Auch konnte Pius XII.
vom ersten Tag seines Pontifikats an voll auf der internationalen Ebene agieren, infolge des Lateranvertrags von 1929
(s. hier Abschnitt 4). In diesem Kapitel geht es, jedenfalls bis
1929/30, um die Päpste ohne eigenen Staat.[105]
Von Pauls VI. später Einsicht, dass dessen Verlust gut für
das Papsttum war, war der im Gegensatz zu Pius IX. wieder
politisch ambitionierte und sehr gebildete Leo XIII. (1878–
1903) noch weit entfernt gewesen. Aber er und der aus seiner
Schule gekommene Benedikt XV. (1914–1922) haben sich der
neuen Situation angepasst, ihre kirchliche Macht durch Diplomatie gemildert und durch mutige gesellschaftspolitische
Optionen noch gemehrt. Pius X. (1903–1914) dagegen hat

diese Macht wieder ganz im Sinne Pius' IX. ausgeübt; Pius XII. hat ihn 1951 selig-, 1954 heiliggesprochen. Erst damit hat die Beatifizierung direkter Vorgänger begonnen, welche eine Beatifizierung des eigenen Systems ist. Johannes Paul II. hat sie perfektioniert und Benedikt XVI. tut es ihm nach.

Unter Pius X. hatte die papalistische Kodifizierung des Kirchenrechts begonnen. An die 1870 unterbliebene Definition der den Bischöfen verbliebenen Rechte dachte man dabei weniger; sie ist erst auf dem Zweiten Vatikanischen Konzil diskutiert worden.

Auch Pius XI. (1922–1939) dachte und handelte autoritär, aber seine breite historische Bildung bewahrte ihn vor Exzessen (abgesehen vom Gewissensdruck wegen Ehe- und Familienmoral). Die neuen Totalitarismen beurteilte er aber richtiger als die meisten demokratischen Politiker seiner Zeit. Schon seit Leo XIII. war die vatikanische Politik von jener Ambivalenz bestimmt, die uns besonders ausgeprägt bei Johannes Paul II. (Kap. VII 2, VIII, s.a. I) begegnet: Nach außen agierte man realistisch und flexibel, im Inneren der Kirche autokratisch. Im Vatikan der Gegenwart wird oft auf die Pius-Tradition verwiesen, von den partiell dialogwilligen Päpsten wie Leo XIII. und Benedikt XV. dagegen nur selten gesprochen.

Leo XIII.: Versöhnung mit der Moderne und deren Grenzen

Die Papstwahl im Februar 1878 war die erste ohne Kirchenstaat und darum kirchlicher motiviert als alle früheren; sie fand jedoch in der ungewohnten, durch die Annexion Roms konditionierten Lage statt, ohne offiziellen Kontakt zur dortigen Regierung, und musste erstmals im Vatikan erfolgen.

Unmittelbar nach dem Tode Pius' IX. am 7. Februar versicherte aber die seit 1876 von eher antiklerikalen Linksliberalen geführte Regierung unter Agostino Depretis dem sondierenden Kardinal Di Pietro, dass die Wahl ungestört verlaufen könne; alles andere hätte dem Ansehen des neuen Italien nur geschadet! Der Camerlengo, Kardinal Gioacchino Pecci, der schon seit einiger Zeit als aussichtsreichster Kandidat galt, war gut vorbereitet und hat schnell gehandelt. Am 8. Februar erreichte er den Beschluss der in Rom anwesenden Kardinäle zu alsbaldiger Wahl; nur eine Minderheit wünschte die Verlegung nach Spanien, von wo aber keine Einladung kam. Von 64 Kardinälen (39 Italiener) haben 60 an der Wahl teilgenommen, die am 18. Februar in der Sixtinischen Kapelle begann und schon im dritten Wahlgang eine reichliche Zweidrittelmehrheit für den 68-jährigen Pecci ergab: Leo XIII.[106] Er galt als Garant eines Kurswechsels, den die Mehrzahl der Kardinäle, selbst der konservativen, für notwendig hielt[107], allerdings auf der dogmatischen Grundlage von 1870.

Auch Leo XIII. entstammte dem Kleinadel des Kirchenstaates, in welchem auch er, abgesehen von seiner Nuntiatur in Brüssel 1843–1846, sein ganzes Leben verbracht hatte, seit 1846 als Bischof von Perugia (seit 1853 Kardinal). Aber im Gegensatz zu seinen Vorgängern hatte er über dessen Enge hinaus geschaut, vor allem, indem er in seinen langen Bischofsjahren die Werke des großen Thomas von Aquin gründlich studierte. An dessen Synthesen von Wissenschaft und Glauben, von Vernunft und Offenbarung hat er sich fortan orientiert[108] und mit deren Hilfe die Fragen seiner Zeit zu beantworten gesucht. In diesem Sinne hatte er seit 1876 einige sehr beachtliche und gewiss nicht nur auf sein Bistum berechnete Hirtenbriefe geschrieben; und in diesem Sinne verfasste er seit 1878 seine (insgesamt 46) Enzykliken, von denen etliche die „katholische Soziallehre" formuliert haben: insgesamt wohl fundierter als manche repetitive Enzyklika der letzten drei Jahrzehnte.

Mit Hilfe des Thomismus und dessen Interpretation durch das päpstliche Lehramt beanspruchte Leo für die katholische Kirche erneut eine zivilisatorische Mission. Er besaß eine enorme Arbeitskraft, die er bis ins hohe Alter behalten hat. Seine Hauptziele waren die möglichst weitgehende Versöhnung mit der modernen Welt und die Wiedergewinnung des unter Pius IX. verspielten internationalen Prestiges des Heiligen Stuhls. Davon erwartete er sich auch eine günstige Lösung der römischen Frage, unter der er zumindest im ersten Jahrzehnt nach 1878 noch die Restitution des Kirchenstaates verstand. Aber mit der Zeit haben etliche seiner engen Mitarbeiter eine realistischere Perspektive entwickelt, in der es nur noch um die internationale Absicherung der päpstlichen Souveränität und um eine starke gesellschaftliche Position der katholischen Kirche in Italien ging. Damit begann der Weg zu den Lateranverträgen.

Die wichtigsten gesellschaftspolitischen Enzykliken Leos XIII. waren *Quod apostolici muneris* (1878) über die Gefahren des Sozialismus; *Diuturnum illud* (1881), *Libertas praestantissimum* (1888) und *Sapientiae christianae* (1890) über den Staat und dessen Legitimität wie deren Grenzen; *Rerum novarum* (1891) über die soziale Frage. Nicht mehr der moderne Staat wurde darin abgelehnt, sondern nur, durchaus unter Berufung auf den *Syllabus*, der laizistische Liberalismus und ebenso die damals kirchenfeindliche Freimaurerei (*Humanum genus*, 1884).[109]

Aber vom Staat als solchem lehrte Leo XIII. – entgegen utopischen oder pessimistischen Auffassungen –, dass er auf der Sozialnatur des Menschen beruhe und dass er, unabhängig von der stets geschichtlich zu verstehenden Verfassungsform, legitim sei, sofern er göttliches und natürliches Recht, d. h. gerade auch die Rechte der Individuen und der kleineren Gemeinschaften respektiere (Subsidiaritätsprinzip). Auch in der sozialen Frage, die er als erster Papst, aber später als z. B. Bischof Ketteler oder mancher katholische Politiker, in ihren vollen Dimensionen erkannt hat, bezeichnete er als oberste Norm das natürliche Recht des Menschen, und das hieß auch das Recht des Arbeiters auf einen für ihn und seine Familie ausreichenden Lohn wie auf gewerkschaftliche Organisation. Mit dem Anspruch der Gleichordnung von Papst und Monarchen resp. Regierungen bezeichnete Leo den Einsatz für die sozial Schwachen als gemeinsame Aufgabe beider. Katholische Parteien und Verbände, die er förderte, aber wie – mit Ausnahme Benedikts XV. – alle seine Nachfolger bis Pius XII. von Rom abhängig halten wollte, forderte er auf, im selben Sinne zu wirken. Nur in diesem Rahmen billigte er auch die „christliche Demokratie"[110].

Noch im Februar 1878 hatte Leo allen Monarchen und Regierungen, mit Ausnahme Italiens, seine Wahl mitgeteilt und sie eingeladen, mit ihm für die Wiederherstellung früherer guter Beziehungen zu wirken. Zunächst setzte er auf Otto von Bismarcks Deutschland als europäische Ordnungsmacht und bemühte sich darum sogleich um die Beilegung des Kulturkampfes, bei der ihm Bismarck aber nur so weit entgegenkam, wie es seiner preußischen Staatsauffassung entsprach (Milderungs- resp. Friedensgesetze 1880–1887).[111] Seit 1882 gab es wieder eine preußische Gesandtschaft beim Heiligen Stuhl, nicht aber, wie Leo sehr gehofft hatte, eine Botschaft des Deutschen Reiches; und im selben Jahr schlossen Deutschland und Österreich-Ungarn den Dreibund mit Italien, wodurch dieses aufgewertet und sein territorialer Besitzstand einschließlich Roms implizit anerkannt wurde. Trotzdem hat Leo XIII. ein Jahrzehnt lang gehofft, dass die beiden konservativen Kaisermächte mäßigend auf Italien einwirken würden.

Aber Deutschland und noch mehr Österreich waren in Anbetracht der sich in Europa anbahnenden Blockbildungen an guten Beziehungen zu Italien interessiert; und diese garantierte ausgerechnet der seit 1887 dessen Regierung führende Francesco Crispi, der als früherer Mazzinianer im Vatikan besonders gefürchtet war. Die wichtigste Folge der Enttäuschung über die Mittelmächte war die Zuwendung des

Vatikans zu Frankreich, für die sich besonders energisch Mariano Rampolla del Tindaro (1843–1913, Kardinal und Staatssekretär seit 1887, zuvor Nuntius in Madrid) eingesetzt hat.[112] Der Papst suchte nunmehr, durchaus im Rahmen seiner Staatslehre, die mehrheitlich noch monarchisch gesinnten französischen Katholiken mit der Republik zu versöhnen, und das bedeutete immerhin auch eine erste Annäherung an die politische Demokratie, zumindest eine Abkehr vom monarchischen Legitimismus Pius' IX. Aber auch Frankreich suchte seit den Neunzigerjahren, Italien an seine Seite zu ziehen und respektierte deshalb ebenfalls dessen Territorium. Insofern scheiterte nach der ersten auch die zweite politische Option Leos XIII. Beide hatten auf dem ungeistlichen, dazu inzwischen historisch überholten Anspruch auf den eigenen Staat beruht.

Mit Italien verhandelte der Vatikan nun immerhin inoffiziell wegen der einen oder anderen praktischen Frage; meist über jenen Mons. Della Chiesa, der 25 Jahre später als Benedikt XV. die „Conciliazione" angebahnt hat. Aber Leo XIII. hat die Milderung kirchenpolitischer Spannungen in etlichen Ländern und durch die Verhandlungen dazu eine wieder breitere diplomatische Präsenz des Heiligen Stuhls erreicht. Einmal hat ihm dazu ausgerechnet Bismarck verholfen, indem er im deutsch-spanischen Streit um die Karolineninseln (im westlichen Pazifik) 1885 dem Papst eine Vermittlerrolle angetragen hatte, welche dieser nur zu gern übernahm. Doch Hoffnungen auf weitere Auftritte dieser Art haben sich ebenso wenig erfüllt wie die Hoffnung, über dritte Staaten auf Italien einzuwirken. Im italienischen Katholizismus hat der Papst seitdem ganz auf jene Intransigenten gesetzt, die entsprechend seinen Weisungen noch nicht politisch, wohl aber sozialpolitisch aktiv wurden und die liberale Klassenordnung und auch deshalb den auf ihr beruhenden italienischen Staat unbedingt ablehnten.[113]

Die von Leo XIII. initiierten und gelenkten, von seinen Nuntien (darunter Antonio Agliardi, Wladimir Czacki, Domenico Ferrata, Luigi Galimberti, Mariano Rampolla, Serafino Vannutelli) geführten Verhandlungen mit den Regierungen haben auch die gesamtkirchliche Kompetenz des Papsttums weiter bestärkt. Auch Leo handelte dabei aus der für das moderne Papsttum durchgängigen Überzeugung, dass der Vatikan die Situation der Kirche in den verschiedenen Ländern richtiger beurteilen könne als deren eigene Bischöfe und erst recht die Laien in den neuen katholischen Parteien. Das haben mit als Erste die preußischen Bischöfe nach 1885 erfahren, als deren Mehrheit Bismarck nicht so weit entgegenkommen wollte wie der momentan vom Reichskanzler günstig beeindruckte Papst; und die katholische Zentrumspartei hat damals unter Ludwig Windthorst nur mit großer Mühe ihre politische Unabhängigkeit von päpstlichen Weisungen durchhalten können. Vom Papst wurde sie ähnlich unter Druck gesetzt wie vom Reichskanzler, der Hl. Stuhl hat wegen seiner eigenen Macht die Durchsetzung christlicher Demokratie bis in die Zeit des Ersten Weltkriegs erschwert.

Der weiteren Steigerung des Zentralismus diente ebenso, dass die Nuntien seit 1885 auch offiziell nicht mehr nur als diplomatische Vertreter des Papstes gegenüber den Regierungen, sondern als seine direkten Vertreter gegenüber den Bischöfen fungierten, und dass zusätzlich zu den vielen Enzykliken päpstliche Instruktionen an einzelne Episkopate ergingen. Wie in Italien konnten zudem auch in Frankreich seit dem Sturz des Kaisertums ungehemmt ultramontane, von den Nuntien empfohlene Bischöfe ernannt werden, was dann extensiv Pius X. getan hat. Auch die Reform von Orden, so der der historisch pluralistischen Benediktiner, wurde zu deren neuartiger Ausrichtung nach Rom benutzt. Die Pilgerfahrten nach Rom wurden ebenso gefördert wie unter Pius IX. und nahmen mit der Entwicklung der Eisenbahnen weiter zu. (Seit 1882 konnte man von Norden her nicht mehr nur, wie schon seit 1867 über den Brenner, sondern auch durch den Gotthardtunnel nach Rom reisen.) Die Kultur des 19. Jahrhunderts war bekanntlich (und gerade in Deutschland) auch auf den Historismus gegründet, und deshalb bedeutete dessen partielle Rezeption durch Leo XIII. einen weiteren Schritt kultureller Modernisierung. 1881/82 öffnete er das Vatikanische Archiv, welches schnell zum wichtigsten Zentrum historischer Quellenforschung in ganz Europa geworden ist.[114] Die Motivation des Papstes würde man heute auch als geschichtspolitisch bezeichnen. Denn er glaubte, dass Papsttum und Kirche durch die Veröffentlichung der Dokumente der Entstellung ihrer Geschichte durch ihre Gegner wirksam begegnen und z. B. den Italienern vor Augen führen könnte, wie viel ihr Land den Päpsten verdankte. Als gebildeter Latinist berief der Papst sich auf Ciceros Postulat (*De oratore* II § 62), dass die Historiker nichts Falsches schreiben, aber nichts Wahres verschweigen dürften. Dieses Postulat, welches sich weit über die bei uns üblich gewordene „politische Korrektheit" erhebt, hat also auch für die Papstgeschichte zu gelten!

Neben den historischen hat Leo XIII. auch die biblisch-exegetischen Studien gefördert (Enzyklika *Providentissimus Deus,* 1893), d. h. die beiden großen Disziplinen, in denen das päpstliche Rom bis dahin weit zurückgeblieben war. Aber die Gründung der Bibelkommission zur Kontrolle der Exegeten (1903) verweist auf reaktionäre Rückwendungen in der letzten Phase des Pontifikats. Schon um 1890 wurden Bücher „modernistischer" Theologen, so Herman Schells (s. folgender Abschnitt), indiziert. 1899 wurde der sog. Amerikanismus verurteilt, d. h. eine Tendenz zur Anpassung des Katholizismus an seine kulturelle Umwelt, auch durch Zurückstellung von Dogmen, die dieser schwer zu vermitteln waren. Der prinzipielle Antimodernismus trat also im Vatikan wieder hervor, er sollte den folgenden Pontifikat durchgängig bestimmen. Erfolglos blieben auch die durchaus ernst gemeinten Bemühungen Leos XIII. um die Versöhnung der Ostkirchen und der Anglikanischen Kirche mit Rom, sie scheiterten letztlich an Roms Auffassung von der apostolischen Sukzession und vom päpstlichen Primat im Sinne Bellarmins. Die Macht des Papstes zählte in Rom damals wie heute mehr als die christliche Einheit. Immerhin hat Leo XIII. die sterile Defensive seines Vorgängers überwunden und mit seinem Rekurs auf das Naturrecht und mit seinem Einsatz für Sozialreform dem Papsttum den Weg zu seiner heutigen gesellschaftlichen Wirkung gewiesen.

Pius X.: Zurück zur autoritären Defensive, radikaler Antimodernismus

Beim Konklave im Sommer 1903 (63 Kardinäle) ergab sich jedoch erneut die Tendenz zur Alternanz, in diesem Falle von einem mehr politisch-diplomatischen zu einem praktisch-pastoralen Pontifikat (1914 dann wieder in umgekehrter Richtung). Außerdem wirkte zum letzten Mal ein katholischer Monarch, Österreichs Kaiser Franz Joseph I., auf die Papstwahl ein. Italien, wo die seit 1901 amtierende Regierung Zanardelli-Giolitti insgesamt einen Kurs innerer Versöhnung eingeleitet hatte, garantierte wie 1878 (und dann ebenso in der hochgespannten Lage nach dem Weltkriegsausbruch im Herbst 1914) die Freiheit der Papstwahl.

Eine starke Partei von vornehmlich französischen, spanischen und einigen italienischen Kardinälen scharte sich sogleich um Leos Staatssekretär Rampolla (24 resp. 29 Stimmen im ersten und zweiten Wahlgang), gegen den sich aber auch heftiger Widerstand erhob.[115] Politisch argumentierende Gegner warnten vor der Fortsetzung des profranzösischen und proslawischen Kurses, der die Beziehungen zu

121

Österreich (der letzten effektiven katholischen Großmacht!), zu Deutschland und auch zu Italien unnötig belastet hätte. Aber mehr noch bewirkten die Einwände derer, denen Leos kulturelle und politische Öffnungen zu weit gegangen waren und die nun einen Papst wünschten, der vorwiegend pastoral wirken sollte. Das zu erwartende österreichische Veto gegen Rampolla, auf welches auch Italien und Deutschland hingewirkt hatten und welches vor dem dritten Wahlgang vom Krakauer Kardinal Jan Puzyna vorgetragen wurde, hat darum eine bereits begonnene Entwicklung nur beschleunigt. Doch wirkte es momentan dramatisch. Am 4. August wurde mit 50 Stimmen der als „heiligmäßig" geltende Kardinal Giuseppe Sarto gewählt, welcher zuvor nur fünf resp. zehn Stimmen erhalten hatte: Pius X.[116]

Der neue Papst kam nicht umhin, für die Zukunft solche Exklusiven oder ähnliche Einwirkungen auf die Papstwahl zu verbieten, zugleich wurde, wie früher gesagt, das Wahlgeheimnis befohlen (*Vacante sede apostolica*, 24. Dezember 1904). Von Benedikt XV. (und Johannes Paul I.) abgesehen, haben alle Päpste des 20. Jahrhunderts diese Wahlbestimmungen modifizierend wiederholt und damit ihre Gesetzgebungskompetenz herausgestellt, zuletzt Johannes Paul II. 1996. Dass das Geheimhaltungsgebot nie ganz eingehalten wurde, ist im Interesse der historischen Wahrheit und der entsprechenden Postulate Leos XIII. nur zu begrüßen.

Giuseppe Sarto (geb. 1835) stammte aus einer kinderreichen Kleinbauernfamilie, hatte nur in einem Seminar studiert und war seit 1858 Priester. Er war Vikar, Pfarrer und Domherr (in Treviso) gewesen, sodann 1884 Bischof von Mantua, 1893 Patriarch[117] von Venedig und Kardinal geworden. Überall hatte er sich als fromm, freigiebig und willensstark erwiesen, ein eifriger Seelsorger und tüchtiger, auch zu Reformen bereiter Verwalter, aber ohne tiefere philosophische oder theologische Bildung. Er verkörperte den traditionellen Katholizismus des Veneto, gemildert nur durch bäuerlichen Realismus. Bis 1866 loyaler Untertan der habsburgischen Monarchie, die er weiterhin hoch schätzte, hatte er sich seitdem mit den italienischen Behörden recht gut vertragen. Nach dem höchsten Kirchenamt hat er, anders als sein Vorgänger und einige seiner Nachfolger (nicht Benedikt XV. und Johannes XXIII.!), nie gestrebt. Auch als Papst wollte Sarto, der die Diplomatie seines Vorgängers als gescheitert erachtete, Seelsorger und Reformer sein. Die Politik (besser: das Wenige, das unter ihm davon übrig blieb) übertrug er dem erst knapp 40-jährigen, alsbald zum Kardinal und Staatssekretär erhobenen Prälaten Rafael Merry del Val (1865–1930), einem weltmännisch auftretenden Eiferer spanischer Herkunft, der sich freilich auch als Seelsorger engagierte. 1903 war er Sekretär des Konklaves gewesen. Auch die beiden anderen Hauptberater des Papstes, die Kardinäle José C. Vives y Tutó (OFMCap) und Gaetano De Lai waren von intransigent-autoritärer Haltung. Rampolla wurde mit unpolitischen Ämtern abgefunden (Bibelkommission, Hl. Offizium). Seine Mitarbeiter und Schüler sind 1914 an die Spitze zurückgekehrt.

Das von Pius X. in seiner ersten Enzyklika vom 4. Oktober 1903 entwickelte, von seinen Anhängern und Apologeten (bis hin zur heutigen Bruderschaft „St. Pius X.") oft gerühmte Programm *Instaurare omnia in Christo* (alles in Christus neu einrichten) war sehr vereinfachend auf die kirchlich-hierarchische Ordnung bezogen. Die Menschen sollten zum Gehorsam gegenüber der Hierarchie (und darüber zu Gott!) zurückgeführt werden, von christlicher Freiheit war nicht die Rede. Da Pius und seine Mitarbeiter die Ursachen der Europa durchziehenden Säkularisierungswellen nicht durchschauten, machten sie sich die Wahl der Mittel recht leicht: traditionelle Beschränkung der Theologie, Straffung der kirchlichen Organisation, strengere Ausbildung des Klerus, Förderung der Missionen, des Religionsunterrichtes und der häufigen Kommunion, Abwehr neuer wissenschaftlicher Richtungen.

Sogleich begann Pius mit Reformen. Eine Visitation der römischen Diözese machte den Anfang. Noch 1903 begonnen und bis 1908 im Wesentlichen abgeschlossen wurde die Neuorganisation der römischen Kurie, die bis zu den Reformen Pauls VI. bestehen geblieben ist. Überflüssig gewordene Behörden wurden abgeschafft, die Kongregationen darüber an Zahl erheblich vermindert (von 20 auf 11), ihre Kompetenzen klarer abgesteckt. Eine Trennung von Verwaltung und Rechtsprechung wurde eingeleitet. Die Gebühren für amtliche Akte wurden ermäßigt, die Gehälter neu festgesetzt und die Gratifikationen abgeschafft. Pius wirtschaftete sparsamer als sein Vorgänger und sein Nachfolger; auch sorgte er dafür, dass kein vatikanisches Geld in die inzwischen dem italienischen Imperialismus (Krieg gegen die Türkei wegen Libyen 1911–1914) dienenden Investitionen des Banco di Roma geflossen ist.

Schon 1904 begann die erwähnte Neukodifizierung des gesamten, bis dahin in verschiedenen Sammlungen päpstlicher Entscheidungen festgeschriebenen Kirchenrechts. Sie wurde einer von Pietro Gasparri (seit 1907 Kardinal)[118] geleiteten Kommission anvertraut, an deren Arbeiten der Papst sich tatkräftig beteiligte. Schon zwei Jahre nach seinem Tode konnte das sehr umfangreiche Werk abgeschlossen werden: der *Codex Juris Canonici* (*CJC*), welcher die rechtliche Uniformierung der lateinischen Kirche ausformulierte, dabei die biblische Grundlegung des Rechts weniger betonte als seine Vorgänger, jedoch weitaus mehr als diese pastoral ausgerichtet war. Can. 218 zog die äußerste Konsequenz aus dem Dogma von 1870, indem er die oberste und volle Jurisdiktionsgewalt des Römischen Pontifex über die gesamte Kirche feststellte, sowohl in den Fragen des Glaubens und der Sitten wie in denen der Disziplin und der Regierung. Zudem wurde diese Jurisdiktionsgewalt als eine wahrhaft bischöfliche, ordentliche und unmittelbare bezeichnet: über alle Kirchen, Hirten und Gläubigen, unabhängig von jeder menschlichen Autorität. Die führenden Vertreter der römischen Kurie, so z. B. Eugenio Pacelli oder Alfredo Ottaviani, waren seitdem davon überzeugt, dass Einheit und Stärke der katholischen Kirche auf diesem neu kodifizierten Recht, auf der thomistischen Theologie und auf der lateinischen Sprache beruhe. Aufgrund dieser Überzeugung haben Ottaviani und dessen Freunde (s. Kap. VI) noch das Zweite Vatikanische Konzil entgegen den Intentionen Johannes' XXIII. in konservative Bahnen zu lenken versucht.

In den Jahren 1904–1907 wurden die Knaben- und Priesterseminare Italiens reformiert, zu kleine Seminare aufgehoben und stattdessen Regionalseminare unter straffer römischer Kontrolle geschaffen.

Die frühe Erstkommunion der Kinder wurde eingeführt, ein neuer, einfacherer Katechismus erarbeitet; der Papst selbst, der sich mehr als seine Vorgänger (und seine Nachfolger bis zu Pius XII.) als Bischof von Rom empfand, erklärte ihn jeden Sonntag den Gläubigen. Die Laien wurden zu aktiver Beteiligung an der Liturgie und am religiösen Unterricht aufgerufen; zur „Katholischen Aktion", freilich in strikter Unterordnung unter die Hierarchie (Enzyklika *Il fermo proposito*, 1905), welche vor allem in Italien durchgesetzt wurde.

Auch die Reformen waren Konsequenzen des kulturellen Antimodernismus Pius' X.[119] Schon in seiner Antrittsenzyklika widersagte Pius „der trügerischen neuen Wissenschaft". Der Papst und seine Mitarbeiter beschränkten sich daher nicht auf die Abwehr solcher exegetischer und philosophischer Ansätze, welche die liberale Bibelkritik voll übernahmen. Sie haben insgesamt die damals besonders in Frankreich und England aufkommenden Reformbewegungen pauschal verurteilt.

Erste Indizierungen trafen 1903 Werke des französischen Exegeten Alfred Loisy, die Bibelkommission wurde auf streng konservativen Kurs festgelegt. Da die Reformer ihre Programme weiter vortrugen, ließ der Papst nach etlichen Warnungen im Dekret *Lamentabili sane exitu* (3. Juli 1907) einen „neuen *Syllabus*" verkünden, der 65 zu verwerfende Sätze aus Exegese, Dogmengeschichte und Ekklesiologie (meist aus Loisys Schriften) enthielt. Ihre summarische Formulierung erleichterte aber den differenzierenden Widerspruch, auf den Pius mit der ganz zum Stil Gregors XVI. und Pius' IX. zurückkehrenden Enzyklika *Pascendi dominici gregis* (8. September 1907) reagierte. Darin wurden die Lehren der „Modernisten" entgegen deren Absicht und Überzeugung als geschlossenes, auf Agnostizismus gegründetes System hingestellt, als eine Sammlung von Häresien; ihren Urhebern wurde vor allem Hochmut vorgehalten und damit ein Topos benutzt, mit dem der Vatikan und ihm gehorsame Bischöfe und Publizisten noch oft Reformer diffamiert und schlichte Gemüter beeindruckt haben.

Die Enzyklika wurde außerhalb der katholischen Kirche als Beweis für deren geistige Rückständigkeit und Unduldsamkeit gewertet; etliche Modernisten widersprachen öffentlich und wurden daraufhin suspendiert oder exkommuniziert, so außer Loisy der in der Bewegung führende Exeget George Tyrrell SJ, der Kirchenhistoriker Josef Schnitzer und der junge römische Kirchenhistoriker Ernesto Buonaiuti. Tyrrell, auch er Konvertit von der anglikanischen Kirche, orientierte sich an der Mystik und ihrer individuellen Glaubenserfahrung, *Buonaiuti* reflektierte die Geschichtlichkeit der Kirche. Da andere „Modernisten" wissen ließen, dass sie das in der Enzyklika beschriebene System nie vertreten hätten und sich darum nicht betroffen fühlten, verlangte Pius X. im Motu Proprio *Sacrorum antistitum* (1. September 1910) von allen Priestern die Ablegung eines „Antimodernisteneides" auf die gesamte Kirchenlehre samt der Enzyklika *Pascendi* und dem Dekret *Lamentabili*. Die Ideen der Neuerer wurden in den Untergrund gedrängt, manche erst infolgedessen radikalisiert; andere sind in der Zeit des Zweiten Vatikanischen Konzils von der Kirche offiziell aufgenommen worden. Aber Johannes Paul II. und Kardinal Ratzinger haben 1989 erneut einen Eid nach dem Vorbild von 1910 auferlegt (vgl. Kap. VIII).

Die von Pius geförderten Integralisten um Mons. Umberto Benigni (1862-1923, Publizist und Historiker, 1906 Untersekretär der Kongregation für die außerordentlichen Angelegenheiten)[120], der sich im „Sodalitium Pianum" eine fromm getarnte internationale Geheimorganisation schuf, sahen sich durch die päpstlichen Entscheidungen voll bestätigt. Sie haben wirkliche oder vermeintliche Modernisten oder Reformkatholiken, darunter Theologieprofessoren und Bischöfe, bespitzelt und in Rom denunziert. Auch heutige Geheimorganisationen in der Kirche haben ihre Vorläufer! Misstrauen und Verhärtung der Fronten, auch unberechtigte Sanktionen und Zurücksetzung qualifizierter Männer waren schon damals die Folgen.

Pius X. und seine Mitarbeiter (darunter der junge Pacelli) maßten sich darüber hinaus an, aus ihrer Interpretation der Glaubens- und Sittenlehre auch konkrete Fragen des öffentlichen Lebens entscheiden zu können. Ihr Integralismus verneinte die Eigenständigkeit von Kultur, Politik und Sozialpolitik und versuchte, die Tätigkeit der Katholiken auf diesen Gebieten direkt der kirchlichen Autorität zu unterstellen. Die damals in manchen Ländern beginnende organisierte Zusammenarbeit von Katholiken und Nichtkatholiken wurde bekämpft; demokratische Ansätze wurden abgelehnt, paternalistische Konzepte gefördert. Sowohl in Italien wie in Frankreich wurden katholische Organisationen, die sich von der Hierarchie emanzipierten, zensuriert, in Frankreich der SILLON Marc Sangniers, in Italien die LEGA DEMOCRATICA-NAZIONALE; auch ihr Führer Romolo Murri wurde 1909 exkommuniziert. Stattdessen gründete Pius XI. die den Bischöfen unterstellte UNIONE ECONOMICO-SOCIALE.

Die gleichzeitige Milderung des „Non expedit" erwies dagegen den partiellen Realismus des Papstes und auch die uns schon bekannte Ambivalenz. 1909 und 1913 konnte eine katholische Wählerorganisation erstmals einige Abgeordnete in die italienische Kammer entsenden, wo sie mit gemäßigten Liberalen um den Ministerpräsidenten Giolitti auch im Sinne einer „lautlosen Verständigung" von Vatikan und Staat zusammengearbeitet haben. Aber die zeitgemäße Gründung einer politischen, d. h. von der Hierarchie unabhängigen katholischen Partei (nach dem Vorbild des deutschen Zentrums oder der österreichischen Christlichsozialen) wurde vom Vatikan verhindert. Der auf sie hinarbeitende sizilianische Priester Luigi Sturzo, der gerade nicht mit den Liberalen zusammengehen, sondern eine katholisch-demokratische Partei zusammenbringen wollte, musste damit warten, bis ihm Benedikt XV. 1918/19 freie Hand gewährte.[121] Bis Pius XII. wollten alle Päpste in „ihrem eigenen Land" mitbestimmen.

In Deutschland lebte der Streit um den politischen oder konfessionellen Charakter der Zentrumspartei wieder auf. Er wurde entfacht von einer vom mächtigen Breslauer Fürstbischof Kardinal Kopp protegierten „römischen" Minderheit, konnte aber von der demokratischeren „Kölner Richtung" im Sinne der Tradition Windthorsts entschieden werden; die Kurie hat trotz deutlich bekundeter Sympathie für die Integralen wenigstens nicht direkt eingegriffen. Aber die interkonfessionellen, von der Mehrzahl der Bischöfe geförderten Christlichen Gewerkschaften gerieten in ernste Schwierigkeiten, welche ihre sozialreformerische Tätigkeit einige Jahre lang sehr erschwert haben. Den Integralen um Kopp wäre es fast gelungen, ihre päpstliche Verurteilung zu erlangen, doch konnte im letzten Moment der Kölner Kardinal Anton Fischer einen begrenzten Kompromiss erzielen: Die Enzyklika *Singulari quadam* (24. September 1912) tolerierte die Gewerkschaften, hielt aber für katholische Länder am Monopol kirchlicher Arbeitervereine fest.

Der Antimodernismus Pius' X. hat auch kirchenpolitische Spannungen verschärft. Zum offenen Bruch kam es 1905 mit Frankreich, nachdem dort die Trennung von Staat und Kirche auferlegt worden war, 1911 auch mit dem dieselbe Politik einschlagenden Portugal. Vergebens hatte Gasparri geraten, die in den französischen Trennungsgesetzen für die Verwaltung der kirchlichen Vermögen vorgesehenen Kult-Vereine hinzunehmen; Pius X. reagierte, wie Pius VI. 1791, mit pauschaler Verurteilung (*Vehementer nos* 2. Februar, *Gravissimo officio* 10. August 1906). Gut waren die Beziehungen zu Österreich, die zu Deutschland wurden nur vorübergehend getrübt, sowohl durch die Diskussionen um den Antimodernisteneid wie durch die Enzyklika zum dritten Zentenar der Kanonisierung des hl. Karl Borromäus (*Editae saepe*, 26. Mai 1910), in der die von diesem bekämpften Reformatoren mit den Worten des Philipperbriefes als „Feinde des Kreuzes Christi ...", deren Sinn Irdisches sucht ..., deren Gott der Bauch ist" (Phil 3,18 f.) bezeichnet wurden.

Kurz nach dem Ausbruch des Ersten Weltkrieges, den er seit Langem befürchtet und vor dem er gewarnt hatte, ist Pius X. am 20. August 1914 gestorben. Dass die Mehrzahl der Katholiken Europas sich im Sommer 1914 den aggressiven Nationalismus zu eigen machte, hatte der Papst, auch infolge seiner unpolitischen Einseitigkeit und der Konzentration auf die Modernistenjagd, nicht verhindern können.

Pius X. war Bischof und Seelsorger geblieben, insofern war von seinen Nachfolgern nur der ekklesiologisch ganz entgegengesetzt handelnde Johannes XXIII. ihm ähnlich; auch war Pius einer der großen praktischen Reformer der neueren Kirchengeschichte. Aber wie schon Gregor XVI. und Pius IX. hat er die seitdem so sehr gestärkte Macht des Papstes benutzt, um Klerus und Laien zu disziplinieren und die zeitgemäße Erneuerung von Theologie und Kirche erneut zu verhindern. Die sie forderten, traf „eine fast ununterbrochene Kette von Indizierungen und Verurteilungen" (Neuner), viel persönliches Unrecht ist damals vom Vatikan verübt worden. Auch das beruhte auf dem 1870 perfektionierten System päpstlicher Macht, es gab keine Mitbestimmung anderer kirchlicher Instanzen mehr; und so wurde vieles von dem, was Leo XIII. an Wiederannäherung an die Moderne bewirkt hatte, im Jahrzehnt nach 1903 verspielt. In diesem System konnte nur ein neuer Papst neu beginnen. Immerhin hat das Kardinalskollegium im Konklave des wiederum heißen Sommers 1914 einen ähnlich deutlichen Kurswechsel eingeleitet wie 1878. Trotzdem konnte die pianische Tradition weiterwirken, zunächst durch Prälaten wie Merry del Val und Pacelli, später Ottaviani und Siri, Seper und Ratzinger. Johannes Paul II. und Benedikt XVI. sind zur autoritären Defensive zurückgekehrt, im Umgang mit Dissidenten und in der Polemik gegen den Relativismus auch mit Denkformen und Methoden Pius' X., welchen Benedikt, wie schon gesagt, zuletzt wegen seiner kirchenpolitischen Intransigenz gelobt hat.[122] Zur pianischen Denkweise gehörte auch Sympathie für autoritäre (nicht totalitäre) politische Systeme.

Benedikt XV.: Innerkirchliche Mäßigung und Friedenspolitik

Nach anfänglichen Auseinandersetzungen zwischen Anhängern und Kritikern Pius' X. ist im Sinne Letzterer im zehnten Wahlgang am 3. September 1914 der Erzbischof von Bologna, Kardinal Giacomo Della Chiesa, gewählt worden (mit 38 von 57 Stimmen; in den ersten Skrutinien hatte Merry del Val bis zu sieben, aber stets deutlich weniger Stimmen erhalten als Della Chiesa). Mit seinem Namen erinnerte Benedikt XV.[123] an den gelehrten, ebenfalls aus Bologna gekommenen Benedikt XIV., der als einziger Papst mit den Aufklärern diskutiert hatte. Schon in ersten Audienzen erklärte der neue Papst, dass nun Schluss sein sollte mit dem Streit um die Modernisten.

Della Chiesa, ein genovesischer Patrizier, war 1854 geboren, also 60 Jahre alt. Nach juristischen, theologischen und diplomatischen Studien (bis 1880 in Rom an der päpstlichen Diplomatenakademie, Alumne des berühmten Collegio Capranica, 1878 Priesterweihe) hatte ihn Mariano Rampolla zu seinem Mitarbeiter gemacht, 1883–1887 in der Nuntiatur in Madrid, dann im Staatssekretariat, seit 1901 als dessen Substitut. Mehr nebenbei war er in Rom als Seelsorger tätig, dabei besonders um Kontakte zur Jugend bemüht.

Nach Rampollas Entmachtung war er, da Pius X. und Merry del Val seine Erfahrungen einstweilen brauchten, noch bis 1907 im Staatssekretariat geblieben, dann Erzbischof von Bologna und erst 1914 Kardinal geworden. Es war und ist im Vatikan üblich, Prälaten der Kurie, die man dort nicht weiter verwenden kann oder will, auf Bistümer zu befördern, auch wenn sie wenig pastorale Erfahrung haben. Doch Della Chiesa gehörte zu denen, die sich auch in der ungewohnten Position des Bischofs bewährten, besonders, indem er seine Diözese von den Modernismus-Streitigkeiten freihielt und qualifizierte junge Geistliche förderte.

Merry del Val wurde Sekretär des Hl. Offiziums, wo er u. a. für Kontinuität des Antijudaismus gesorgt hat. Er konnte also kirchenpolitische mit innerkirchlicher Macht tauschen, während die erste noch im Herbst 1914 wieder an die leonische Elite ging. Benedikt XV. verstand sie in neuartiger Weise als moralische Macht der Versöhnung; gegenüber einem Europa, welches sich selbstzerstörerisch in den „großen" Krieg gestürzt hatte. Staatssekretär wurde Domenico Ferrata[124], nach dessen baldigem Tod Pietro Gasparri. Ein weiterer wichtiger Mitarbeiter wurde der von Gasparri geförderte Bonaventura Cerretti (1872–1933, 1921 Nuntius in Paris, 1926 Kardinal)[125]. Von den jüngeren Kurialen hat Benedikt XV. den eigentlich nicht ihm, sondern eher Merry del Val zuneigenden, aber bereits geschäftserfahrenen Eugenio Pacelli gefördert. Dessen Karriere hatte schon unter Pius X.

begonnen, er hatte eine Zeit lang Benigni nahegestanden und galt als doktrinär und persönlich sehr ambitioniert[126], 1914 war er Sekretär der Kongregation für die außerordentlichen Angelegenheiten geworden. In seiner ersten Enzyklika *Ad beatissimi apostolorum principis* (1. November 1914) hat Benedikt XV. zwar die grundsätzliche Verurteilung des Modernismus bestätigt, aber die Kontroversen darüber verworfen, vor selbst ernannten Kirchenlehrern gewarnt und damit in der offiziellsten Form die innerkatholische Befriedung angemahnt. Aber vor allem wandte er sich, Wichtiges von weniger Wichtigem wieder abhebend, gegen den Krieg. Mit einer Klarheit, welche den meisten damaligen Politikern und Publizisten, aber auch vielen vom Nationalismus ergriffenen Kirchenführern, darunter auch katholischen Bischöfen, abging, bezeichnete er ihn drei Monate nach seinem Ausbruch als Katastrophe – als „guerra disastrosissima". Ohne Parteinahme für die eine oder andere Seite nannte er als dessen Ursachen nationalistischen Egoismus, den Völker- und Rassenhass sowie den Klassenkampf; und als deren Hintergründe, ganz in der Tradition Leos XIII., die Entchristlichung der Gesellschaft und die Umkehrung der Werte von der Solidarität zum Egoismus und die Ausrichtung des menschlichen Handelns auf materielle Ziele. Politologen mögen diese Erklärung als unzureichend abtun, aber sie war menschlicher und moderner als die Schriften der meisten damaligen Intellektuellen, welche den Nationalismus verbreiteten. Auch sprach Benedikt nicht mehr im Stil der Lamentationen Pius' IX. und Pius' X., sondern mit dem deutlich bekundeten Willen zur Mitwirkung bei Schritten zum Frieden.

Und diesen Willen hat der Papst vielfach bewiesen: durch beharrliche Bemühungen um Begrenzung und Milderung, dann um Verkürzung des Krieges sowie durch umfangreiche Hilfsaktionen, so für Kriegsgefangene und für die Bevölkerung besetzter Gebiete. Er zeichnete damit auch die Neutralitätspolitik vor, welche sein damaliger Mitarbeiter Pacelli als Pius XII. im Zweiten Weltkrieg geführt hat.

Vergeblich hatte Benedikt XV. zu Weihnachten 1914 eine Unterbrechung der Kämpfe vorgeschlagen. Sodann hat er sich um den Verbleib Italiens (zu dem er noch keine direkten Beziehungen hatte) in der Neutralität bemüht und, um diese zu erreichen, Österreich um die Abtretung des Trentino an Italien gebeten; dem Nuntius in Wien war dazu Mons. Pacelli beigegeben worden. Aber die Wiener Reaktionen waren (aus politisch durchaus verständlichen Gründen!) zögerlich und halbherzig, sodass die inzwischen in Rom regierenden Nationalisten im Mai 1915 den Kriegseintritt durchsetzten, der letztlich auch für ihr Land ruinös geworden ist. Aber es vergingen über zwei Jahre der Schlachten und ihrer zahllosen Opfer, bis die Einsicht in die Sinnlosigkeit des Konflikts sich ausbreitete, und daraufhin ist Benedikt erneut tätig geworden und nun an alle kriegführenden Regierungen herangetreten.

Nach sorgfältigen Vorbereitungen, an denen nach der deutschen Seite wiederum Pacelli, seit Mai 1917 Nuntius in München, beteiligt war, machte er in seiner „Friedensnote" am 1. August 1917, dem dritten Jahrestag des Kriegsausbruchs, ein umfassendes Verhandlungsangebot. Deutschland und Österreich reagierten dilatorisch, ihre Gegner gar nicht oder ablehnend. Aber die den meisten Politikern äußerst unangenehme Feststellung des Papstes, dass der Weltkrieg eine „inutile strage" (unnützes Gemetzel) geworden sei, hat viele Menschen in Europa und besonders in Italien beeindruckt, wo die Mehrzahl der aktiven Katholiken schon 1914/15 den Neutralitätskurs des Papstes mitgetragen hatte. Zu Beginn des Jahres 1918 hat der Papst dann noch einen Separatfrieden zwischen Österreich und Italien zu vermitteln versucht.

Benedikt XV. hat durch diese Aktionen das internationale Ansehen des Heiligen Stuhls erheblich gesteigert; auch etliche der neuen Staaten, die aus den Friedensverträgen von 1919 hervorgingen, suchten sogleich diplomatische Beziehungen zum Vatikan, um von der ältesten diplomatischen Autorität Europas anerkannt zu sein. Der Papst und Gasparri sind darauf gern eingegangen. Als Benedikt leider schon am 22. Januar 1922 starb, gab es beim Heiligen Stuhl wieder 27 Botschaften und Gesandtschaften, fast doppelt so viele wie 1914. Selbst England hatte 1914 diplomatische Beziehungen eröffnet, Frankreich und die Schweiz nahmen sie 1921 wieder auf, 1920 wurde aus der preußischen Gesandtschaft eine Botschaft des deutschen Reiches[127], und Nuntius Pacelli wurde nun auch in Berlin akkreditiert.

Auch der Verständigung mit Italien, welche für den Hl. Stuhl von größter Bedeutung war, ist Benedikt XV. erheblich nähergekommen. Zwar hatte die Kriegsregierung um den laizistisch-liberalen, aus jüdischer Familie stammenden Außenminister Sonnino 1915 und 1917 auf der Ausschließung des Heiligen Stuhls von Friedensverhandlungen bestanden, weil man davon immer noch eine Internationalisierung der „Römischen Frage" fürchtete. Aber der Papst und Gasparri haben viele Gespräche mit Regierungsvertretern geführt und deren Verständnis für einen Kompromiss gewonnen, der letztlich auch Italien nutzen musste. 1919 (und nicht erst 1929, d. h. bereits mit einer liberalen und nicht erst mit der faschistischen Regierung) wurde der Durchbruch erzielt: Einerseits verzichtete der Papst auf das „Non expedit" und ermächtigte die demokratischen Katholiken um Don Sturzo zur eigenständigen Mitwirkung an der italienischen Politik; andererseits einigte sich Mons. Cerretti mit dem Ministerpräsidenten Orlando darüber, dass ein Vertrag über die Gründung eines sehr kleinen Vatikanstaates[128] und ein Konkordat zu schließen seien. Noch konnte König Viktor Emanuel III., der antiklerikal dachte und am Garantiegesetz von 1871 festhalten wollte, die Ausführung dieses Plans hinausschieben. Aber Mussolini, der schon ein gutes Jahrfünft später mit erheblich größerer Autorität regierte als Orlando 1919, hat ihn wieder aufgegriffen. Überhaupt hat Benedikt XV. in den drei ihm nach Kriegsende verbleibenden Jahren weiter für die Weltpräsenz seiner Kirche und für die Völkerverständigung gewirkt. So drängte er auf Einhaltung und Vertiefung der katholischen Soziallehre und bestätigte die Gründung der katholischen Universitäten in Lublin und Mailand. Zur Anpassung der kirchlichen Verhältnisse an die politische Neuordnung Europas in den Friedensverträgen von 1919/20, freilich auch zur Durchsetzung des *Codex Juris Canonici* von 1917 in den einzelnen Ländern leitete er eine breite Konkordatspolitik ein. Dabei widmete er sich besonders den neuen katholischen Staaten Irland und Polen; nach Warschau hatte er in diesem Sinne schon 1918 Mons. Achille Ratti, einen gelehrten Außenseiter in der vatikanischen Diplomatie, entsandt, der 1922 sein Nachfolger geworden ist.

Der *CJC* war zu Pfingsten 1918 in Kraft getreten. Ein knappes halbes Jahr später wurden infolge von Niederlagen und Revolution in Österreich und Bayern, in Preußen, Baden, Württemberg und Sachsen die Monarchien gestürzt, welche die Bischöfe ihrer Länder nominiert oder bei deren Wahl mitgewirkt hatten. Nun ließ sich der neue Rechtsanspruch des Papstes auf die Ernennung der Bischöfe in Mitteleuropa weitestgehend durchsetzen.[129] Denn die republikanischen Regierungen waren an den Relikten des Staatskirchentums weniger interessiert. Es genügte ihnen, Kandidaten auszuschließen, gegen die sie politische Bedenken hatten, und dazu erklärte sich der Hl. Stuhl in den Konkordatsverhandlungen bereit. Insgesamt waren es also, wie schon um 1800, politische Umstände, welche ihm die höchste Steigerung seiner Macht über die katholische Kirche ermöglichten. Die Papstkirche profitierte erneut von Säkularismus und Revolution, welche sie gleichzeitig verurteilte; und keiner ihrer Entscheidungsträger kam auf den Gedanken, die Wahl der

Bischöfe, welche die Monarchen letztlich usurpiert hatten, den Ortskirchen zurückzugeben. Vorschläge in diese Richtung sind erst gut 40 Jahre später, beim Zweiten Vatikanischen Konzil, gemacht worden.

Eine Neuordnung der Missionsgebiete, die erstmals vom Europäismus abrückte, begann mit der Enzyklika *Maximum illud* vom 30. November 1919. Für einen gerechteren Frieden als den von den Siegern den Besiegten auferlegten ist Benedikt XV. ebenfalls konsequent eingetreten: in mehreren Ansprachen und in der Enzyklika *Pacem Dei* vom 23. Mai (Pfingsten) 1920. Er und Gasparri fürchteten mit Recht, dass der „Siegfriede" von 1919 neue und noch schlimmere Konflikte zur Folge haben werde, und sie haben in diesem Sinne gesprochen, obwohl das weder in Frankreich noch in Italien, d. h. in den für den Heiligen Stuhl damals wichtigsten Ländern, gern gehört wurde.

Der „Friedenspapst" Benedikt XV. war vor Paul VI. der einzige Papst, der ein zumindest partiell positives Verhältnis zur Moderne hatte; er mehr zu deren politischer, Montini dann zu deren kultureller Dimension. Innerhalb des vatikanischen Systems von 1870 hat Benedikt die weitest möglichen Öffnungen vollzogen; und doch hat dieses System auch seinem Pontifikat die früher erwähnte Ambivalenz auferlegt. Das wichtigste innerkirchliche Ereignis war nämlich die schon erwähnte Einführung des *Codex Juris Canonici*. Er bestimmte in Can. 329 § 2 das freie päpstliche Recht zur Ernennung der Bischöfe. „Die Primatsdoktrin, wie sie vor allem seit den Zeiten des ‚Reformpapsttums' des 11./12. Jahrhunderts unter vielen Schwankungen ausgebaut und 1870 dogmatisch festgelegt worden war, hatte ihre konsequente Anwendung gefunden" (Georg Schwaiger).

Für die kirchlichen Hochschulen und die mit Rom unierten östlichen Kirchen hatte Benedikt XV. eigene vatikanische Kongregationen gegründet (1915 resp. 1917). Die ebenfalls 1917 erfolgte Gründung des Orientalischen Instituts erweist eine neuartige Tendenz zur Verwissenschaftlichung, welche unter Pius XI. intensiviert worden ist.

Pius XI.: Autoritarismus und Diplomatie

Ebenso autoritär (nach dem Zeugnis seines loyalen Mitarbeiters G. B. Montini ein „Rex tremendae majestatis") wie gelehrt ist Pius XI. gewesen[130]; ein Lombarde aus der Brianza, welche immer wieder selbstständig handelnde, ja aktivistische Menschen hervorgebracht hat. Achille Ratti, 1857 in mittelständischer Unternehmerfamilie geboren, hatte in Mailand und Rom (lombardisches Seminar) studiert; seit 1879 Priester, war er 1882 an der Gregoriana promoviert worden. Seit 1888 war er einer der „Doctores" der berühmten Ambrosianischen Bibliothek, seit 1907 deren Präfekt, 1914 wurde er Präfekt der Vatikanischen Bibliothek. Fast 30 Jahre lang hat er anhand der Quellen Kirchengeschichte, besonders der Lombardei (Karl Borromäus), erforscht und bewährte sich zudem als Wissenschaftsorganisator, der bereits internationalen Austausch pflegte.[131]

Stets war er auch Seelsorger und Prediger gewesen; eine führende Figur im Mailänder Katholizismus, welcher sich mit einem ebenfalls starken Liberalismus zu messen hatte. Seine Freizeit widmete er, was damals für einen höheren Geistlichen ungewöhnlich war, dem Alpinismus. Benedikt XV. sandte den polyglotten Bibliothekspräfekten 1918 als Apostolischen Visitator in das im Umbruch begriffene Polen, nach der Staatsgründung wurde er 1919 erster Nuntius in Warschau. Als solcher war Ratti auch päpstlicher Kommissar für die zwischen Polen und Deutschland umstrittenen Abstimmungsgebiete aufgrund des Versailler Vertrages; seine Unparteiischkeit missfiel den polnischen Regierungen, sodass seine Stellung schwierig wurde. Der Papst ernannte ihn daraufhin im Juni 1921 zum Kardinal und zum Erzbischof von Mailand.

Im Konklave Anfang Februar 1922 (60, davon 31 italienische Kardinäle, 53 fast ausschließlich europäische Teilnehmer, die noch zu Schiff reisenden Amerikaner kamen zu spät in Rom an) standen wieder Intransigente (ein weiteres und letztes Mal um Merry del Val, in den ersten Wahlgängen bis zu 17 Stimmen) gegen Konziliante (um Gasparri, bis zu 24 Stimmen); anscheinend setzte eine mittlere Gruppe, der sich nach einigen Wahlgängen auch Gasparri und dessen Freunde anschlossen, auf Ratti. Erst im 14. Wahlgang wurde er mit 42 Stimmen gewählt, eine Blitzkarriere erreichte ihren Höhepunkt.

Pius XI. ist seinen lombardischen Wurzeln verbunden geblieben und holte sich aus der engeren Heimat persönliche Zu-Arbeiter (darunter den als Nuntius in Berlin – seit 1930 – umstrittenen Cesare Orsenigo, nach der Erlangung finanzpolitischer Unabhängigkeit infolge des Lateranvertrages noch den Bankdirektor Bernardino Nogara); im Staatssekretariat stiegen Montini (auch er Lombarde) sowie die Römer Alfredo Ottaviani und Domenico Tardini auf. Der Grundzug des Pontifikats, welches Pius sowohl pastoral wie politisch begriff, war seine willensstarke Festigkeit; zwar konnte er diplomatisch auftreten, wurde aber immer dann intransigent, wenn es um seine Konzeption von Rechten des Papstes und der Kirche oder von Grundwerten ging. Solcher Autoritarismus hatte mit Demokratie wenig im Sinn, aber er war entschieden antitotalitär. Wie sein Vorgänger durchaus patriotisch gesinnt, wandte Pius sich ebenso wie jener gegen extremen Nationalismus (obwohl er den Faschismus als Ordnungskraft begrüßt hatte und obwohl er nach der „Conciliazione" von 1929 Italiens Krieg in Äthiopien mit Exzessen gegen die koptischen Christen toleriert hat). Aber 1926 verurteilte er die von vielen Rechtskatholiken mitgetragene ACTION FRANÇAISE, den ihr zuneigenden Kardinal Louis

Billot, einen bedeutenden thomistischen Theologen, zwang er zum Verzicht auf sein Amt. Das fromme Leitmotiv des Papstes war sein ebenso an Pius X. wie an Benedikt XV. anschließender Wunsch, möglichst viel vom „Königreich Christi" und von dem darin begründeten Frieden zu verwirklichen (Enzykliken *Ubi arcana dei* 1922 und *Quas primas* 1925 mit der Einführung des Christkönigsfestes).

In einer möglichst geschlossenen, auf das päpstliche Leitungsamt gegründeten Kirche erblickte auch er die stärkste Kraft dazu, nachdem die Politiker nach dem Unglück des Weltkriegs keinen wahren Frieden geschaffen hatten; ihren Laizismus bezeichnete er als „die Pest unserer Zeit". Die Laien sollten weiterhin in der von Pius sehr geförderten KATHOLISCHEN AKTION, d. h. unter der Aufsicht der Hierarchie, am Apostolat der Kirche teilhaben. Von eigener Verantwortung der Laien war noch nicht die Rede, auch nicht vom Dialog, erst recht nicht nach draußen. Denn der ökumenischen Bewegung, die damals innerhalb des Protestantismus erstand, aber sogleich auch katholische Interessenten fand, hielt schon Pius XI. entgegen, dass die von Christus gewünschte Einheit seiner Jünger in der katholischen Kirche verwirklicht sei; schon er warnte vor Relativismus! Den nicht katholischen Christen bezeugte er zwar Respekt, verband ihn aber mit dem Wunsch, dass sie letztlich den Mut zur Rückkehr finden würden (Enzyklika *Mortalium animos* 1928). Das blieb bis zum Zweiten Vatikanischen Konzil der letztlich auf die Gegenreformation zurückgehende Standpunkt des Hl. Stuhls. Aufrichtiges ökumenisches Interesse brachte Pius XI. anscheinend, auch damit eine bis heute lebendige römische Tradition begründend, nur der Orthodoxie entgegen.

Innerhalb seines eher traditionellen Gesamtkonzepts hat Pius XI. aber durchaus neue Wege beschritten. Die Missionen (Enzyklika *Rerum ecclesiae* 1926) befreite er vollends von Europäismus und Nationalismus; in Indien, Japan und

China förderte er, zwar unter Betonung des katholischen Proprium, die Akkomodation an die einheimischen Kulturen, persönlich hat er die ersten chinesischen Bischöfe geweiht. Schon dadurch distanzierte er sich vom Rassismus, der in Europa um sich griff. Die Überzeugung, dass „seine" Kirche im vollen Sinne katholisch sein müsse, wandte er ebenso auf die mit Rom unierten östlichen Kirchen an, indem er deren Sprachen und Riten förderte und gründlicher als zuvor erforschen ließ. Konsequent förderte er die Gregoriana (u. a. durch die Schaffung neuer Fakultäten für Geschichts- und Missionswissenschaft) und die vatikanische Bibliothek sowie alte und neue wissenschaftliche Institute, so das 1925 errichtete für christliche Archäologie. In manchen dieser Institutionen wurden die Vorarbeiten für die Enzykliken des Papstes geleistet. 1936 gründete er noch die Akademie für Naturwissenschaften; unter Rückgriff auf die 1603 in Rom gegründete ACCADEMIA DEI LINCEI, welche selbst von den doktrinären Päpsten des 19. Jahrhunderts gefördert worden, aber 1871 an den italienischen Staat gefallen war.

Trotz solcher Kontinuitäten lassen sich zwei resp. drei Abschnitte des Pontifikats unterscheiden. Der erste, im Wesentlichen die 20er-Jahre umfassend, war mitgeprägt durch das Staatssekretariat Gasparris, dessen (außergewöhnliche) Bestätigung im Amt bereits den Willen zur kirchenpolitischen Kontinuität bekundete. Weiterhin ging es um die konkordatäre Garantie der kirchlichen Positionen in der Staatenwelt der Nachkriegszeit und besonders um die Verständigung mit Italien (zwischen 1922 und 1933 zehn Konkordate, darunter mit Bayern 1924, Polen 1925, Italien und Preußen 1929, Baden 1932, Österreich und dem Deutschen Reich 1933, außerdem mit den baltischen Staaten und Rumänien). – Der zweite Abschnitt (1929–1935), seit 1930 mit Pacelli als Staatssekretär, ist markiert durch die die traditionelle Lehre gegenüber neuen Tendenzen bekräftigenden Enzykliken über Erziehung und Bildung (*Divini illius magistri* Ende 1929), über die Ehe (*Casti connubii* Ende 1930), über die sozialen Zeitfragen (*Quadragesimo anno* 1931, mit Rückbezug auf *Rerum novarum*) und durch das außerordentliche Heilige Jahr 1933 zur Säkularerinnerung an den Tod Christi. Der dritte, in dem Pius (nach einer Erkrankung) am persönlichsten und am entschiedensten aufgetreten ist, war geprägt durch seine grundsätzliche Auseinandersetzung mit Nationalsozialismus, Rassismus und Bolschewismus (1937). Kardinal Pacelli wurde in diesen Jahren mit Legationen in verschiedene Länder betraut. Der autoritäre Papst bereitete den Weg für einen noch autoritäreren Nachfolger, welcher sich aber seine Entschiedenheit gegenüber den Diktatoren leider nicht zu eigen gemacht hat.

Die Lateranverträge

Den Höhepunkt der Konkordatspolitik bedeuteten die Lateranverträge, auf denen sowohl die seitherige internationale wie die römisch/italienische Stellung des Papsttums beruht.[132] Nach der schweren Krise, die Italien aufgrund der inneren Kriegsfolgen seit 1919 durchlebt hatte, sah Pius XI. (wie viele Konservative) in dem ebenfalls 1922 zur Macht gekommenen Mussolini einen Garanten neuer Ordnung, der er auch die junge katholische Volkspartei opferte; wie andere antifaschistische Politiker musste Don Sturzo 1924 ins Exil gehen. Und auf der Grundlage der Absprachen von 1919 ist seit 1926 intensiv verhandelt worden. Im Vatikan drängte neben Gasparri auch Merry del Val auf eine Einigung mit Mussolini. Diesem ging es um die weitere Stabilisierung seines autoritären Regimes und um seine Rolle in der Geschichte Italiens, dem Papst um die völkerrechtliche Garantie seiner Souveränität; an Territorium wollte er nur so viel, wie dazu unerlässlich schien. Wichtiger war für Pius gesellschaftliche Macht, und darum drängte er auf ein Konkordat mit möglichst weitgehenden Garantien institutioneller Kirchlichkeit, in denen er und viele andere konservative Kirchenführer immer noch die wirksamsten Waffen gegen die verhasste gesellschaftliche Säkularisierung erblickten. Mussolini war zu solchen Garantien bereit und gab liberale Prinzipien des Risorgimento gern auf; der Papst und Gasparri (für den die konkreten Verhandlungen der Jurist Francesco Pacelli, älterer Bruder Eugenio Pacellis, führte) erlebten, dass ein autoritärer Staat ihnen weiter entgegenkam als die Demokratien.

Am 11. Februar 1929 haben Gasparri und Mussolini im Lateran das Vertragswerk unterzeichnet, welches aus dem eigentlichen Vertrag, dem Konkordat und der Finanzkonvention bestand. In den ersten drei Artikeln des Vertrages wurden die katholische Religion als die einzige Religion des Staates sowie die Souveränität des Heiligen Stuhls anerkannt; dem Papst wurden Eigentum, Staatsgewalt und Rechtsprechung über den Vatikan garantiert, welcher dadurch der „Stato della Città del Vaticano" wurde; er erhielt bald eine absolutistische Verfassung. Des Weiteren wurde dem Papst das aktive und passive Gesandtschaftsrecht bestätigt, wichtigere vatikanische Gebäude in Rom und Umgebung wurden für exterritorial erklärt. Der Papst sprach endlich die Anerkennung des Königreichs Italien mit Rom als Hauptstadt aus und verpflichtete sich zur Neutralität. Dafür übernahm Italien den Schutz des Vatikans; die gelegentliche Präsenz von Ehrenformationen der italienischen Armee auf dem Petersplatz ist mehr als die von Pilgern und Touristen angenommene Folklore.

Das Konkordat garantierte die freie Ausübung der kirchlichen Jurisdiktion und Verkündigung sowie den Schutz des „geistlichen Charakters Roms", die freie Besetzung aller geistlichen Ämter und konkret die Ernennung aller Bischöfe durch den Papst, die freie, sofern nicht politische Tätigkeit

der Katholischen Aktion, dazu das vom Papst aus naturrechtlichen Erwägungen durchgesetzte Recht, in den Rand-
gebieten Italiens auch in deren Sprache Gottesdienst zu halten. Aber die Art. 5, 34 und 36 begründeten eine mit der
modernen Staatsauffassung eigentlich unvereinbare Mono-
polstellung der katholischen Hierarchie: Kein Geistlicher
konnte fortan ohne Zustimmung seines Bischofs eine öffentliche Anstellung erhalten; die gesamte Ehegesetzgebung
wurde dem kanonischen Recht angepasst, die Scheidung damit unmöglich gemacht; der katholische Religionsunterricht wurde als „Grundlage und Krönung" des ganzen öffentlichen Unterrichts bezeichnet und darum auch wieder
für die höheren Schulen verpflichtend vorgesehen. Der
Papst räumte dem Staat das Recht ein, vor der Ernennung
der Bischöfe politische Einwände zu äußern; nach der Ernennung hatten sie auch einen Treueid auf den Staat zu
leisten (immerhin mit einer kirchlich vorgeschriebenen Einschränkung). Den Geistlichen wurde parteipolitische Betätigung verboten (Art. 43).[133] In der Finanzkonvention sagte
Italien dem Heiligen Stuhl für den Verlust des alten Kirchenstaates die hohe Entschädigung von 1,75 Milliarden Lire zu,
die teils bar, teils in Staatsanleihen ausgezahlt worden ist.
Außerdem erhielten der Hl. Stuhl für seine Immobilien in
Italien sowie kirchliche Institutionen erhebliche Steuerprivilegien. Die Verwaltung des neuen Vermögens übernahm der
im italienischen und im internationalen Bankgeschäft bestens ausgewiesene Bernardino Nogara (bis 1954), welcher
den Vatikan gut auf den Finanzmärkten Italiens, der Schweiz,
Frankreichs und der USA zu platzieren verstand. Erfolgreich
hatte er darauf bestanden, dabei nicht durch religiöse oder
ähnliche Erwägungen eingeschränkt zu werden. Initiativen
zu ethisch begrenzten Investitionen sind vom Vatikan erst
ca. 40 Jahre später ausgegangen. Der Hl. Stuhl war auch
nach 1870 nicht eigentlich arm gewesen, seit 1930 ist er sehr
reich![134]

Die Lateranverträge haben zwar weder die im Vatikan erhoffte Rekatholisierung Italiens noch die von der Gegenseite behauptete Allianz von Papsttum und Faschismus gebracht, denn der Papst verständigte sich ja mit dem Staat, und nur so weit, wie dieser die päpstlich intendierte Freiheit der Kirche respektierte. Als die Regierung zwei Jahre später gegen die Jugendverbände der KATHOLISCHEN AKTION einschritt, hat der Papst auf der originären kirchlichen Mitverantwortung für die Jugend bestanden; und den insgesamt in den Dreißigerjahren hervortretenden Tendenzen zum Totalitarismus hat er heftig widersprochen. Aber mit den Lateranverträgen waren bei den meisten Katholiken die letzten Bedenken gegen den autoritären Staat Mussolinis gefallen; bei den „Wahlen" im März 1929 wurde die Einheitsliste mit sehr großer Mehrheit angenommen. Auch die vatikanische Elite hat seit 1929 ein Jahrzehnt lang offen mit dem Faschismus sympathisiert, denn dessen Kombination von Autoritarismus und Korporativismus passte bestens zu ihren Gesellschaftskonzepten. Zu den bemerkenswerten Ausnahmen zählte Mons. Montini (Paul VI.), der für politische Autonomie der Katholiken eintrat (s. Kap. V und VI). Auch sein Kollege Tardini ist spätestens seit Italiens Krieg gegen Äthiopien (1935/36) auf Distanz zum Faschismus gegangen.

Aber noch bedenklicher waren der partiell illiberale, d. h. antimoderne Charakter der „Conciliazione" und die Rückkehr zu anachronistischer, monarchischer Selbstdarstellung. Muss ein oberster Bischof als Fürst auftreten? Mit militärischen Ehren, Fahnen und Hymne (zu welcher Pius XII. den traditionellen Papstmarsch erklären ließ)? Über andere Formen der Exterritorialität hätte man zumindest nachdenken können. Und Pius XI. und sein Nachfolger benutzten das Konkordat, um die Ehescheidung unmöglich zu machen und überhaupt Gewissensdruck in den Ehefragen zu erzeugen (Art. 34), um Kinder aus laizistischen Familien in den Religionsunterricht zu zwingen (Art. 36) und um ihnen

missliebig gewordenen Priestern eine neue und adäquate Be-
rufsplanung unmöglich zu machen (Art. 5).[135] Die Verdrän-
gung des frommen Religionshistorikers Ernesto Buonaiuti
(1921 resp. 1924 exkommuniziert) aus der römischen Universität hatte der Vatikan schon zu Beginn der Konkordatsverhandlungen durchgesetzt.

Überhaupt haben die Konkordate Pius' XI. das vatikanische Machtsystem von 1870 und 1917 noch konsolidiert,
denn wie im Laterankonkordat war in den meisten von ihnen das Recht des Papstes zur Ernennung der Bischöfe bestätigt worden. Wo in der lateinischen Kirche ein Bischofswahlrecht erhalten blieb, wird es anscheinend vom Vatikan als
lästiger Anachronismus empfunden; und Johannes Paul II.
hat z. B. in Köln, Salzburg und Chur 1988 ff. besonders deutlich gemacht, wie man es unterlaufen kann (s. Kap. VII).

Reglementierung der Sexualität

Aber es ging längst nicht mehr nur um Macht über die
kirchlichen Institutionen, sondern ebenso über die Gewissen der Gläubigen, im Sinne der uns schon bekannten auto-
ritativen Interpretation des Naturrechts. Die Enzyklika Pius'
XI. über die Ehe[136] würdigte diese zwar (gegen laizistische
Infragestellungen) als volle, auf Liebe gegründete Lebensge-
meinschaft. Doch der Papst sah ihren Hauptzweck weiterhin
in der Weitergabe des Lebens und bezeichnete jede Form der
Geburtenkontrolle (abgesehen von der „natürlichen" Methode) als schwere Sünde; Priestern, die aus seelsorglichen
Erfahrungen anders rieten, wurde das Gericht Gottes ange-
droht![137] Der Papst reagierte damit auch auf die freiere Interpretation ehelicher Sexualmoral durch die 7. Lambeth-Kon-
ferenz der anglikanischen Bischöfe im August 1930. Solcher
„Aufweichung" wurde „römischer Neo-Rigorismus" (Langlois 379 f. u. ö.) entgegengehalten, den Pius XII. noch ver-

schärft hat, zunächst schon durch eine Entscheidung des Hl. Offiziums vom 1. April 1944 (vgl. Kap. V). Damit entstand eine Kontinuität detaillierter Reglementierung sexuellen Verhaltens, deren biblische Herleitung (nur aus dem Alten Testament: Genesis 1,26 ff.; 38,3 ff.) ganz schwach ist und deren naturrechtliche Begründung von den meisten Biologen und Medizinern nicht geteilt wird. Johannes XXIII., zunächst auch Paul VI., und die ihm zustimmenden Reformer, darunter aus Deutschland Kardinal Julius Döpfner, wollten auch diese, nur aus dem 19. Jahrhundert stammende Kontinuität kritisch überprüfen. Aber deren pianische Verteidiger, an ihrer Spitze Kardinal Ottaviani, waren stärker und haben Paul VI. vom Ansatz zu einer anthropologisch gültigeren Beurteilung abgebracht (s. Kap. VI). Die Folge war die Enzyklika *Humanae Vitae* (1968), welche *Casti conubii* bestätigte und die katholische Kirche um viele Früchte ihrer soeben erreichten konziliaren Erneuerung gebracht hat, und deren geradezu bornierte Bekräftigung durch Johannes Paul II. und Benedikt XVI. Dieser hat *Humanae Vitae* soeben wieder gerühmt: „Paul VI. hat prophetisch Recht behalten" wegen seines Kampfes gegen die Abtreibung und wegen seiner „großen Vision" vom grundsätzlichen Zusammenhang von Sexualität und Fruchtbarkeit.[138] Das Verbot der Abtreibung ergibt sich aus dem Evangelium, aber dieser Zusammenhang in der von Zölibatären erdachten Verengung wohl kaum.

Gegen die Totalitarismen

Andererseits hat Pius XI. sein Lehramt zu fundierter Auseinandersetzung mit den Totalitarismen benutzt.[139] Auch das Reichskonkordat war ja keineswegs eine Verständigung mit dem Nationalsozialismus gewesen. Gerade katholische Autoren haben vielmehr dessen immer dreister verbreitetem

Rassismus unter dem Schutz des Konkordats widersprochen; und gegen die sich häufenden Verletzungen des Konkordats hat der Vatikan, konkret Kardinal Pacelli, in diplomatischen Noten protestiert. Aber nachdem der Papst erkannt hatte, dass die Gegner sich dadurch nicht beeindrucken ließen, ist er ihnen auch öffentlich entgegengetreten. Auch auf Bitte der deutschen Bischöfe und in enger Absprache mit den „Härteren" unter ihnen hat er am 4. März 1937 die Enzyklika *Mit brennender Sorge* (in deutscher Sprache, damit der Text in Deutschland schnell verbreitet werden konnte) unterzeichnet, die am 21. März in den meisten katholischen Kirchen Deutschlands verlesen worden ist. Der Papst schilderte darin nicht nur den Kampf des Dritten Reiches gegen die katholische Kirche (und das Christentum überhaupt), sondern führte ihn auf seine Leitideen zurück. Diese, d. h. die völkisch-rassistische Weltanschauung und den totalen Zugriff des Staates auf die Menschen, erklärte er als unvereinbar mit der katholischen Auffassung von Mensch, Geschichte und Gesellschaft. Zugleich verwarf er die nationalsozialistische Polemik gegen das Alte Testament und betonte dessen Offenbarungscharakter. Die heftigen Reaktionen Hitlers und Goebbels', welche momentan die bereits schwierige Situation der katholischen Kirche in Deutschland noch erschwert haben, sind bekannt, aber auch das Europa der Beschwichtiger musste aufhorchen. Damit man dem Vatikan keine Einseitigkeit vorwerfen konnte, erließ Pius XI. fast gleichzeitig (am 19. März 1937) die ebenso grundsätzlich argumentierende Enzyklika *Divini redemptoris* gegen Stalins Bolschewismus.

Der jüdischen Religion hatte Pius XI. stets Respekt erwiesen und früher als andere Kirchenführer erkannt, dass der christliche, seit dem 19. Jahrhundert auch sozial argumentierende Antijudaismus den erst seitdem aufgekommenen rassischen Antisemitismus indirekt förderte. Letzteren hatte er schon 1928 verurteilt, zugleich aber Vorsicht im beginnenden Dialog mit den Juden angemahnt (Verbot der 1926 gegründeten katholischen Vereinigung AMICI ISRAEL); auch sein Ziel blieb noch die Bekehrung der Juden.[140] Aber seit der Enzyklika *Mit brennender Sorge* ist er entschieden aufgetreten, besonders gegen die partielle Rezeption des Antisemitismus durch Mussolini im Jahre 1938. Schon 1937 hatte der inzwischen 80-jährige Papst ein den Antisemitismus in Italien propagierendes Buch indizieren und alle kirchlichen Hochschulen vor dem Rassismus warnen lassen. Ostentativ bestätigte er zwei jüdische Mitglieder der päpstlichen Akademie und sagte im Juli 1938 in öffentlicher Rede: „Die menschliche Würde besteht darin, dass wir nur eine große Familie sind ..., die menschliche Rasse; dies ist die Antwort der Kirche, dies ist in unseren Augen die wahre Rassentheorie." Die Wirkung der faschistischen Rassendekrete vom November 1938 konnte er wenigstens für die „Mischehen" unter Berufung auf das Laterankonkordat mildern; auch hat er viel getan, um Juden die Ausreise aus Hitlers (seit dem März/Oktober 1938 um Österreich und Böhmen erweiterten) Herrschaftsbereich zu erleichtern. Er vermittelte Visa für neutrale Staaten.

Darüber hinaus hat Pius XI. im Sommer 1938 drei Jesuiten, darunter Gustav Gundlach (der schon die Sozialenzyklika *Quadragesimo anno* maßgeblich beeinflusst hatte und seit 1934 Professor für Sozialethik an der Gregoriana war) mit der Abfassung einer Enzyklika gegen Nationalismus und Rassismus beauftragt. Die Entwürfe lagen im Oktober 1938 vor, bedurften aber schon wegen einiger Differenzen bezüglich des Antijudaismus einer Redaktion, welche Pius XI. nicht mehr realisieren konnte. Er ist am 10. Februar 1939 gestorben. Sein Nachfolger hat das Projekt nicht weiterverfolgt.[141] Pacelli/Pius XII. hat im Februar 1939 auch eine zweite antitotalitäre Initiative seines Vorgängers blockiert, welche noch spektakulärer gewirkt hätte. Pius XI. hatte sich 1937/38 davon überzeugt, dass das faschistische Italien, auf das er noch zehn Jahre zuvor große Hoffnungen gesetzt hatte, inzwischen auch ideologisch NS-Deutschland folgte und dass nun beide gemeinsam und aggressiv eine rassistische Gegen-Religion verbreiteten. Er entschloss sich, dieser öffentlich entgegenzutreten, und arbeitete zu diesem Zweck eine große Rede aus, die er am 10. Jahrestag der Lateranverträge (11. Februar 1939) halten wollte. Aber Kardinal Pacelli, der als Camerlengo die Verwaltung des Vatikans übernahm, hat die Vernichtung der wenigen bereits gedruckten Texte und der Druckstöcke angeordnet. Denn er hielt nichts von Brüchen, er wollte verhandeln, dabei seine und die Möglichkeiten seines Amtes überschätzend. Nur Mons. Tardini hat ein Exemplar der nicht gehaltenen Papstrede aufbewahrt und später ins Archiv gegeben. Ihm und Frau Fattorini verdanken wir das Wissen darüber, dass es im Vatikan an höchster Stelle 1939 ein mutiges Gegenkonzept zu Pacellis beschwichtigender Diplomatie gegeben hat.

Die Lateranverträge mit ihrer engeren Anlehnung an Italien haben auf Dauer auch eine Internationalisierung der römischen Kurie herausgefordert. Doch zunächst erfolgten keine Veränderungen. Von den 57 Kardinälen des Jahres 1939 waren 27 Nicht-Italiener, insgesamt 24 Kardinäle wohnten in Rom. Im Staatssekretariat und in der Kongregation für die außerordentlichen Angelegenheiten (mit 15 kardinalizischen Mitgliedern, davon ein Nicht-Italiener) arbeiteten (einschließlich der Archivare) nur gut 50 Beamte des höheren Dienstes; hinzu kamen 37 Nuntien oder Internuntien und 22 Delegaten ohne diplomatischen Charakter (die meisten Italiener), zumeist mit ein bis zwei Mitarbeitern. 38 Botschafter und Gesandte waren beim Heiligen Stuhl akkreditiert. Das Gehaltsniveau im Vatikan blieb bescheiden, wurde freilich nach wie vor in vielen Fällen durch Pfründen oder Dienstwohnungen indirekt erhöht, auch kam seit 1929/30 die Möglichkeit zollfreien Einkaufs im neuen Vatikanstaat hinzu.

Pius XI. hat mit Säkularerinnerungen an große Heilige (1923 Thomas von Aquin und Franz von Sales, 1926 Franziskus, 1930 Augustinus, an den er sich in der Eheenzyklika desselben Jahres direkt anschloss) und mit der Proklamation weiterer Kirchenlehrer (Petrus Canisius, Johannes vom Kreuz, Robert Bellarmin, Albertus Magnus) das vatikanische System aus der Tradition zusätzlich zu legitimieren gesucht. Traditionelle resp. naturrechtlich begründete Interpretationen der Glaubens- und Sittenlehre hat er autoritär bekräftigt, der Tradition jedoch auch wirksame Argumente gegen die neuen Totalitarismen entnommen. In der letzten Phase seines Lebens hatte Pius XI. sich dazu durchgerungen, ihnen öffentlich und offensiv entgegenzutreten. Durch den Lateranvertrag hatte er den Heiligen Stuhl wieder in die internationale Politik gestellt: mit dem Papst als Staatsoberhaupt, doch ohne die Belastungen eines Staates im vollen Sinne; die neue Dimension päpstlicher Macht wurde auch finanziell gut abgesichert und gemehrt.

Exkurs: Vatikanstadt

Der Staat der Vatikanstadt (Stato della Città del Vaticano, S.C.V.), mit nur 0,44 qkm (innerhalb der Stadt Rom auf dem westlichen Tiberufer) der kleinste Staat der Welt, ist aufgrund des von *Pius XI.* noch 1929 erlassenen Grundgesetzes eine absolute Monarchie; der Papst hat die gesetzgebende, ausführende und Recht sprechende Gewalt. An der Spitze der Verwaltung stand zunächst der direkt vom Papst ernannte Gouverneur (ein Laie), darüber seit 1939 eine Kommission von (zunächst drei) Kardinälen.

1969 erging ein neues Gesetz über die Verwaltung des Staates. Ende des 20. Jahrhunderts zählte die Kommission fünf kardinalizische Mitglieder, dazu einen Titularbischof als

Sekretär und einen adeligen Laien als Delegaten. Daneben besteht ein Rat aus acht Mitgliedern, mehrheitlich Laien. Aber die Leitung ist seit Pius XII. klerikalisiert. Der bischöfliche Sekretär leitet das Gouverneursamt, das Amt des Gouverneurs ist nicht mehr besetzt. Die Generaldirektionen resp. Direktionen sind zuständig für Denkmäler, Museen und Galerien, für technische, für wirtschaftliche und für sanitäre Dienste sowie für allgemeine Dienste. Zusammen sind darin ca. 90 Beamte und ca. 20 Beamtinnen des höheren Dienstes tätig. Die Sternwarte wird von ca. 20 Jesuiten betreut. Die Amtssprache ist Italienisch.

Der Vatikanstaat ist als Völkerrechtssubjekt unabhängig vom „Heiligen Stuhl", aber die Dienstfunktion ihm gegenüber ist sein hauptsächlicher Zweck. Er hat ca. 800 Einwohner, auch die auswärtigen Vertreter des Heiligen Stuhls sind mit seinen Pässen ausgestattet. Die beim Hl. Stuhl akkreditierten diplomatischen Vertretungen befinden sich nicht in der dazu zu kleinen Vatikanstadt, sondern in Rom.

Je ein Drittel des Territoriums der Vatikanstadt entfällt auf Peterskirche und vatikanische Paläste, dazu die Neubauten Pius' XI. und Pauls VI. wie Äthiopisches Kolleg, Bahnhof, Gouverneurspalast, Pinakothek, Audienzhalle und Versorgungsbetriebe; auf Plätze und Straßen sowie auf die Gärten. Nicht zum Staat gehörig, aber mit Exterritorialität ausgestattet und frei von Besteuerung oder eventueller Enteignung, sind in Rom die drei weiteren Hauptbasiliken (Lateran, S. Paolo, S. Maria Maggiore) mit ihren Nebenbauten und einige Paläste, so Cancelleria, Hl. Offizium, Propaganda Fide und S. Callisto (großer Komplex in Trastevere, ebenfalls unter Pius XI. errichtet), außerhalb Roms zwei Villen in Castel Gandolfo (Sommerresidenz des Papstes) und seit 1952 die große Sendeanlage von Radio Vaticana (seit 1931) im Norden Roms. Die Steuerprivilegien konnten anscheinend auf andere Immobilien des Vatikans und anderer geistlicher Institutionen in Rom ausgedehnt werden. Die Vatikanstadt hat eine eigene Post, Bank (die erst 2010 von Benedikt XVI. einer unabhängigen Finanzaufsicht unterstellt wurde; die eigene Währung war der italienischen angeschlossen und ist mit dieser 2002 in die Eurozone eingegangen); einen Bahnanschluss, Rundfunk und Fernsehen; sie bildet ein eigenes Zollgebiet.

In den Gebäuden der Vatikanstadt befinden sich auch die wichtigsten päpstlichen Institutionen für Kultur und Wissenschaft: Museen, Archiv und Bibliothek, die Akademie der Naturwissenschaften. 1982 wurde die gesamte Vatikanstadt in die Liste des Weltkulturerbes aufgenommen. Museen, Bibliothek und Archiv sind internationale Forschungszentren, deren Unterhaltung viel Geld kostet. Die Museen sind in den letzten 30 Jahren noch vergrößert worden, vor allem durch Übertragung der Sammlungen aus dem Lateran, welcher auf Wunsch Johannes' XXIII. für das römische Vikariat (Diözesanverwaltung bei der Bischofskirche) umgestaltet wurde, und infolge der Gründung eines Museums für moderne Kunst unter Paul VI.

Den Ordnungs- und Sicherheitsdienst versehen die päpstliche Gendarmerie und die Schweizergarde.

Pietro A. D'Avack, in: *Enciclopedia Cattolica* XII (Città del Vaticano 1954), 1040–1054. – Winfried Schulz, in: *StL*[7]. A. Bd. 6 (1992), 355. *Annuario Pontificio*.

V. Unfehlbare Päpste 2:
Pius XII. (1939–1958)

Päpstlicher Absolutismus

In nur eintägigem Konklave ist (im dritten Wahlgang) am
2. März 1939 Kardinal Eugenio Pacelli zum Papst gewählt
worden; mit dieser Beschleunigung und mit der ungewöhnlichen Wahl des Staatssekretärs reagierten die Kardinäle auf
die sich rasant zuspitzende politische Krise Europas. Pacelli
war der Kandidat des Vorgängers sowie der dieses Mal
anscheinend weithin einigen Kardinäle aus der römischen
Kurie, die Wahl eines mehr pastoral ausgerichteten Kardinals (Elia Dalla Costa, Florenz) ist nicht lange erwogen worden. Die Namenswahl bekundete Willen zur Kontinuität.
Und tatsächlich stimmte Pius XII.[142] in den meisten Sach-
fragen mit seinem Vorgänger überein, veränderte aber sogleich den Stil. Mehr noch als jener entschied er (zunächst
erst nach einigem Zögern) allein. Zu temperamentvollen
Auftritten war er aber weder willens noch fähig, setzte vielmehr stets auf juristische Argumente und diplomatische
Methoden nach dem Vorbild Benedikts XV. Aber sein Kirchenbild hatte er sich schon im Umkreis Pius' X. gebildet.
Bei ihm war es vollends absolutistisch; und damit hat Pius
XII. das ultramontane Jahrhundert auf seinen Höhepunkt
geführt, am deutlichsten mit dem „Heiligen Jahr" 1950 und
dessen Mariendogma sowie mit der Heiligsprechung Pius' X.
(1954).

Darin liegt die kirchengeschichtliche Problematik seines langen Pontifikats, welches trotz des absolutistischen Grundzugs in zwei Abschnitte zerfällt. Der erste (1939–1946) war wegen des Krieges sehr stark politisch geprägt, und innerkirchlich ließ Pius damals durchaus einige Reformen zu, so wegen der Liturgie und der biblischen Studien. Zugleich nutzte er die kriegsbedingte Abschließung des italienischen Finanzmarktes für eine nachhaltige Steigerung der päpstlichen Macht: durch die Gründung der Vatikanbank IOR (1942/44), welche die Grundlage des seitherigen vatikanischen Finanzimperiums geworden ist. Im zweiten Abschnitt war Pius hingegen vor allem intransigenter Hüter päpstlich interpretierter Rechtgläubigkeit, die Politik trat ins zweite Glied. Die immer noch viel zu aufgeregte Debatte über die päpstlichen Reaktionen auf das Dritte Reich (seit Hochhuths *Stellvertreter*, 1963) hat von dieser Problematik eher abgelenkt; die kirchenamtliche Publizistik (s. eine Schrift Joachim Meisners von 2008) sucht sie schönzureden.

Eugenio Pacelli, der erste Römer auf dem Papstthron seit 218 Jahren, geboren 1876, stammte aus einer jener Familien, welche seit 1870 den fest zum Papst haltenden Teil der stadtrömischen Gesellschaft bildeten. Sein Vater Filippo Pacelli war ebenso wie dann sein Bruder Francesco Konsistorial-Advokat gewesen, sein Vetter Ernesto hatte vom Banco di Roma aus die vatikanischen Investitionen gefördert. Auch die Familie seiner Mutter war dem Vatikan eng verbunden. Die Bindung an seine Familie hatte einen peinlichen Rückfall in den Nepotismus zur Folge: Pius XII. ließ seine drei Neffen zu Fürsten ernennen und verhalf zweien von ihnen zu guten Posten in der vatikanischen Verwaltung. Die Bindung an die Stadt Rom hat ihn aber auch mit dazu veranlasst, in den Jahren 1943 ff. bei beiden Kriegsparteien für deren Schonung einzutreten.

Pacelli hatte ein angesehenes staatliches Gymnasium besucht (im Gebäude des früheren Collegio Romano, insofern täglich an den „Raub" von 1870 erinnernd), aber sein Studium, als Alumne des Collegio Capranica, im Wesentlichen an zwei päpstlichen Hochschulen absolviert: Gregoriana und S. Apollinare, wo er 1902 mit dem Lizentiat abschloss. Insgesamt war er mehr kanonistisch als theologisch gebildet; der an der nahen, nunmehr staatlichen Sapienza inzwischen vermittelten liberalen Wissenschaftskultur blieb er fern.[143] Durch linksliberale Säkularisierungspolitik, wie sie in Rom besonders der jüdische Bürgermeister Ernesto Nathan (1907–1913) vertrat, fühlte man sich im eigenen Antiliberalismus nur bestärkt. Mit ihm verband sich Antijudaismus, welcher weiterhin religiös (gegen die Juden als Mörder Christi) oder nun auch kulturell/sozial (gegen Juden als Förderer von Säkularisierung und Kapitalismus) argumentierte.

Pacelli, seit 1899 Priester, wurde wegen seiner Intelligenz, aber auch dank familiärer und kollegialer[144] Beziehungen schon 1902 in die Kongregation für die außerordentlichen Angelegenheiten geholt, 1904 durch Gasparri Sekretär der Kommission für das neue Kirchenrecht. Von 1909 bis 1914 unterrichtete er zudem an der päpstlichen Diplomatenakademie. Um geistliche Aufgaben, über deren Erfüllung er später so viele belehrte, hat er sich nur wenig gekümmert.

Noch unter Pius X. und Merry del Val war er 1914, noch nicht 40-jährig, zum Sekretär der Kongregation für die außerordentlichen Angelegenheiten aufgestiegen. Benedikt XV. und Gasparri beließen ihn auf diesem wichtigen Posten; und 1917 wurde er, obwohl bis dahin, abgesehen von der erwähnten Entsendung nach Wien 1915, nur in der vatikanischen Zentrale tätig, als Nuntius nach München, d. h. auf die einzige päpstliche Vertretung in Deutschland, gesandt und mit Verhandlungen mit Kaiser und Reichsregierung um Anbahnung eines Friedens beauftragt. Obwohl diese Mission scheiterte, hat er in schwieriger Umbruchzeit konsequent für den Heiligen Stuhl gewirkt[145], 1920 wurde er zusätzlich in Berlin akkreditiert und war seit 1925 dort tätig. Er hat die

Konkordate mit Bayern, Preußen und Baden ausgehandelt; als Kardinal und Staatssekretär (seit 1929/30) auch die Konkordatsverhandlungen mit dem Reich und mit Österreich dirigiert. Dabei ist er stets konsequent für die Durchsetzung vatikanischer Positionen, so wegen der Bischofsernennungen, aufgetreten; auf katholische Politiker suchte er in diesem Sinne Druck auszuüben. Rücksicht auf deren schwierige Situationen in einem konfessionell und kulturell gespaltenen Land oder auf Wünsche aus den Diözesen nahm er nicht![146]

In München hatte Pacelli 1918/19 eine kommunistische Revolution (mit aktiver Beteiligung von Juden!) und 1920/23 die Anfänge der Hitler-Bewegung kennen gelernt, in Berlin dann mit sowjetischen Diplomaten wegen Religionsfreiheit und wegen Hilfen für hungernde Menschen verhandelt.[147] Nüchtern erkannte er die Gefahren, die dem Christentum sowohl vom Kommunismus wie vom Nationalsozialismus drohten. Die von Kritikern geäußerte Vermutung, dass er aus Furcht vor dem Kommunismus Hitler gegenüber nachgiebiger gewesen oder geworden sei, ist nach Ausweis der Quellen falsch.[148] Aber insgesamt hielt er „von den beiden Systemen NS und Kommunismus das zweite für das gefährlichere" (R. Leiber), und nach Ende des Zweiten Weltkriegs ist er der weiteren Ausbreitung des Kommunismus in Europa und besonders in Italien energisch entgegengetreten.

Zum Staatssekretär ernannte Pius XII. den auf den Nuntiaturen in Bern und Paris bewährten Kardinal Luigi Maglione (1877–1944), nach dessen Tod blieb das Amt zum ersten Mal vakant. Auch andere Kurienämter blieben unbesetzt, Pius wollte eben alleine regieren. Die Prälaten Tardini und Montini, welche seit 1937 die nächsthöchsten Posten innehatten (Tardini, 1888–1961, als Sekretär der Kongregation für die außerordentlichen Angelegenheiten, daneben karitativ aktiv; Montini – s. Kap. VI – als Substitut des Staatssekretariats), wurden 1952 „Pro-Staatssekretäre". Beide dachten realistischer als ihr Chef und durchschauten auch die Schwächen des kurialen Apparats. Montini stand für vorsichtige politische Öffnungen. Doch der nach 1945 im Vatikan erstarkende „Partito Romano" um die Kardinäle Nicola Canali (Schüler von Merry del Val), Giuseppe Pizzardo sowie den im Hl. Offizium aufsteigenden Prälaten Alfredo Ottaviani (Anm. 159) betonte die päpstlich-römische Kontinuität.

Montini wurde 1954 aus dem Vatikan entfernt, vor allem weil er zu sehr für die von Pius und Ottaviani nie akzeptierte politische Unabhängigkeit der Democrazia Cristiana eingetreten war, und als Erzbischof nach Mailand gesandt. Aber er wurde nicht Kardinal und somit von der Nachfolge Pius' XII. ausgeschlossen. Johannes XXIII. hat wenige Wochen nach seinem Amtsantritt Tardini und Montini zu Kardinälen ernannt.

Bemühungen um Verhinderung, Begrenzung und Verkürzung des Krieges. Hilfe für dessen Opfer und deren Grenzen

In den ersten sechs Monaten seines Pontifikats hat Pius XII. intensive diplomatische Bemühungen um Verhinderung des Krieges, dann bis zum Juni 1940 (Italiens Kriegseintritt) zu dessen Begrenzung unternommen. Am 24. August 1939 wandte er sich mit den Worten: „Mit dem Frieden ist nichts verloren. Alles aber kann mit dem Krieg verloren werden!" über den vatikanischen Rundfunk an Hörer in aller Welt. Nach dem Ausbruch des Weltkrieges hat er noch Vermittlungsangebote weitergeleitet, Anfang 1940 auch aufgrund von Kontakten mit deutschen Oppositionellen. Aus seiner Unparteilichkeit trat er immerhin nach dem Angriff Deutschlands auf die Beneluxländer demonstrativ heraus; seine Telegramme an deren Monarchen vom 10. Mai 1940 bekundeten, welcher Kriegspartei seine Sympathie galt und welcher nicht.[149] Aber Brüche wollte er, wie gesagt, unbedingt vermeiden; und deshalb hatte er sich sofort vom zunehmend härter gewordenen Kurs seines Vorgängers gegenüber dem Faschismus distanziert,[150] die Vernichtung eines entsprechenden Redeentwurfs Pius' XI. wurde schon erwähnt. Gegenüber den Botschaftern Italiens und Deutschlands trat er zunächst sehr freundlich auf. Als positives Signal nach rechts konnte auch die Aufhebung der Verurteilung der „Action française" wirken (10. Juli 1939). Sie war jedoch kein kompletter Präzedenzfall für die Nachgiebigkeit Benedikts XVI. gegenüber den Pius-Brüdern (2009), denn 1937 hatte Charles Maurras eine Unterwerfungserklärung geleistet.

Hätten die päpstlichen Friedensbemühungen der Jahre 1939/40 Erfolg gehabt, so wäre es wohl nicht zum Massenmord an den Juden gekommen. Denn dieser war zwar im Rassendogma der Nationalsozialisten theoretisch angelegt, doch konkret planen und exekutieren konnten Hitler und Himmler ihn erst nach der Eroberung des Ostens. Aber die Situation in den im Krieg (von Deutschland, der Sowjetunion und Italien) okkupierten Ländern wurde bald so unübersichtlich, dass nur schwer zu erkennen war, ob und wie man Betroffenen helfen könnte und welche Opfergruppe der Hilfe am dringendsten bedurfte.

So entstand das erste Dilemma des Papstes: Einerseits behauptete Pius XII. noch dezidierter als seine Vorgänger für sich eine oberste moralische Autorität; andererseits musste er erkennen, dass diese ohnehin unrealistische Position nicht durchzuhalten war, weil er den völligen Bruch mit Deutschland schon mit Rücksicht auf die dortigen Katholiken vermeiden wollte. Auch fürchteten Pius, Maglione und Tardini, dass jede öffentliche Verurteilung von der anderen Kriegspartei politisch ausgenutzt würde. Ein zweites Dilemma kam hinzu: Öffentliches Eintreten für Polen (Antrittsenzyklika *Summi pontificatus* 20. Oktober 1939, Sendungen von Radio Vatikan, dazu Protestnoten an die deutsche Regierung) erreichten keine Verbesserung, sondern Verhärtungen. Die Protestnote vom 2. März 1943 wurde von der Reichsregierung (Staatssekretär von Weizsäcker) nicht einmal angenommen! Und gegenüber dem italienischen Botschafter Alfieri hatte Pius im Mai 1940 (wegen Polen) geklagt: „Noi vorremmo dire parole di fuoco contro simili cose ... Solo ci trattiene dal farlo il sapere che renderemmo la condizione di quegli infelici, se parlassimo, ancor più dura" („Wir möchten Worte des Feuers gegen solche Dinge sprechen ... Davon hält uns nur das Wissen ab, dass wir die Situation jener Unglücklichen, wenn wir sprächen, noch härter machten"). Es folgten daher nur noch wenige öffentliche Proteste (24. Dezember 1942, 2. Juni 1943). Davon abgesehen, zog sich der Papst auf das zurück, was ihm noch erreichbar erschien.

In seiner Weihnachtsbotschaft am 24. Dezember 1942 hatte er für einen Wiederaufbau der Gesellschaft gemäß den göttlichen Gesetzen plädiert und wörtlich hinzugefügt, dass dies „Hunderttausenden von Menschen" (geschuldet sei), „welche ohne irgendeine Schuld und oft nur aus Gründen der Nationalität und der Rasse für den Tod oder für ein allmähliches Dahinsiechen bestimmt sind". Der zweite öffentliche Protest, vom 2. Juni 1943, betraf wieder die Leiden der Polen unter der doppelten Besatzung.

Die Lenkung der Kirche trat aber hinter den Reaktionen auf den Krieg keineswegs ganz zurück, ebenfalls im Juni 1943 erging dazu die emblematische Enzyklika *Mystici corporis* (s. S. 162).

Wegen der Verfolgung der Juden hat der Papst sich seit dem Beginn der Deportationen in den Osten (von deren Ziel der Vatikan im Herbst 1942 sichere Kenntnis erhielt) auf zwei Komplexe konzentriert. Erstens hat seine Diplomatie auf die ihr noch einigermaßen zugänglichen europäischen Satellitenstaaten Hitlers einzuwirken versucht: Slowakei[151] und Kroatien, Rumänien und Ungarn, Frankreich. Man drängte auf Milderung der auch dort eingeführten Rassengesetze, auf Verhinderung von Deportationen, auf den Verbleib oder die Ausreise von Kindern, von alten und kranken Menschen. Außerhalb Roms, wo Kardinal Maglione diese Aktionen koordinierte, waren insbesondere beteiligt die Nuntien in Bern (dort in Zusammenarbeit mit dem Roten Kreuz und mit jüdischen Organisationen), in Bukarest, in Budapest und in Vichy (Nuntius Valeri), dazu die Geschäftsträger in Preßburg und Zagreb, schließlich der Delegat Gaetano Cicognani in Washington. Zugleich billigte der Papst uneingeschränkt die geheimen Rettungsaktionen, die einige deutsche Bischöfe (so Pacellis Freunde Graf Preysing und Conrad Gröber) mit Wissen ihrer Kollegen organisierten.

Zweitens hat der Papst seit dem Umsturz in Italien (Juli/September 1943) im Interesse der Zivilbevölkerung zwischen Angloamerikanern und Deutschen vermittelt und möglichst viele Juden vor dem nun einsetzenden Zugriff der Nationalsozialisten zu retten versucht, sowohl durch Aufnahme in Klöster wie durch direkte oder indirekte Einsprüche gegen die Deportationen. Etliche italienische Bischöfe (vor allem Kardinal Dalla Costa in Florenz und Niccolini in Assisi) haben aktiv mitgeholfen, ebenso übrigens auch einige deutsche Diplomaten und Offiziere! Tatsächlich konnten viele gerettet werden, darunter mindestens drei Viertel der ca. 10.000 Juden Roms. Die jüdische Gemeinde Roms hat 1946 an dem Gebäude, in dem das Quartier von SS und SD gewesen war, eine Tafel zum Dank an Pius XII. angebracht, weil er die Kirchen geöffnet habe, um die verfolgten Juden zu retten![152] – Für Kriegsgefangene, Deportierte und Flüchtlinge hat der Papst sich eingesetzt wie Benedikt XV. im Ersten Weltkrieg; gerade für die Deutschen hat er in den ersten schlimmen Nachkriegsjahren viel getan.

Aber die Probleme der Beurteilung seines Redens oder Nichtredens im Zweiten Weltkrieg hat Pius XII. selbst geschaffen, weil er sein Dilemma nie adäquat thematisiert hat.

In der Rede an die Kardinäle am 2. Juni 1945 betonte er, dass Kirche und Papst den falschen Lehren des Nationalsozialismus widersprochen und eine feste Gegenposition bezogen hätten. Das war nicht die ganze Wahrheit. Denn dieser hätte es entsprochen, auch den Konflikt zwischen den eigenen Prinzipien und den Zwängen anzusprechen, die ihn gehindert hatten, aus den Prinzipien stets die vollen Konsequenzen zu ziehen. Aber das konnte Pius wohl nicht: wegen seines Absolutheitsanspruchs, den er nun, unbehindert durch Zwänge des Krieges, erst recht durchsetzen wollte. Er entzog sich auch jeder selbstkritischen Reflexion der jüdischen Katastrophe und der alten christlich-jüdischen Gegensätze, welche erst sein Nachfolger 1960 mutig begonnen hat.

Stattdessen beanspruchte Pius nun, den Menschen Wege aus den moralischen Krisen der Nachkriegsjahre zu weisen.

Der intransigente Herrscher über seine Kirche

Zu allen Grundsatzfragen hat Pius XII. daher nun autoritär Stellung genommen, besonders zu den Komplexen Erziehung und Schule, Grenzfragen zwischen katholischer Sittenlehre und Medizin, Sexualmoral (ganz im prohibitiven Sinne der Enzyklika *Casti connubii*),[153] christliche Politikgestaltung, Würde und Freiheit der menschlichen Person. Oft und gern redete er über das Radio oder vor Rompilgern; wie Pius IX. und Pius X. suchte nun auch er die freie Diskussion aller Themen, für die er päpstliche Kompetenz behauptete, einzuschränken. Die Mariologie führte Pius noch weiter über ihre biblische Grundlegung hinaus: im „Heiligen Jahr" 1950 durch die Dogmatisierung der leiblichen Aufnahme Marias in den Himmel, im „Marianischen Jahr" 1954 (Rekurs auf 1854!) durch die Enzyklika *Ad caeli reginam*. Darin hat er zwar das inzwischen von besonders eifrigen „Mariologen" aufgebrachte Postulat einer „Miterlöserschaft" Mariens nicht aufgegriffen, aber damit nur Übertreibungen abgewehrt, die er selbst gefördert hatte. Auch der Lourdes- und Fatima-Kult gehörten dazu.

Die Enzyklika *Mystici corporis Christi* (29. Juni 1943) hatte zwar das seit dem 19. Jahrhundert außerhalb Roms erwachsene Verständnis von der Kirche als eines lebendigen Organismus aufgegriffen, es aber ganz dem päpstlichen Machtanspruch unterworfen. Denn sie lehrte, dass die Glieder der Kirche ihre Aufgaben in gestufter, d.h. hierarchisch dirigierter Form zu erfüllen haben und dass Glieder nur diejenigen sind, welche nicht durch Häresie oder Schisma von ihr getrennt oder von ihr ausgeschlossen worden sind. Das Bild von der Kirche als „mystischem Leib Christi" und dessen erneute Identifizierung mit der römisch-katholischen Kirche haben eine weitere Generation gehorsamer Katholiken von realistischer Wahrnehmung der Kirche und ihrer Geschichtlichkeit abgelenkt, die Beschränkung auf die dem Papst gehorchenden Christen von den neuen ökumenischen Möglichkeiten.

Divino afflante spiritu (30. September 1943, 50 Jahre nach der Bibel-Enzyklika Leos XIII.) bejahte, eigentlich selbstverständlich, die wissenschaftliche Erforschung der Bibel und ermutigte zur Suche nach Synthesen zwischen dem kirchlichen Bibelverständnis (wegen der Irrtumslosigkeit der Hl. Schrift) und der modernen Wissenschaft; endlich bestand man also nicht mehr auf der vom Konzil von Trient dekretierten Verbindlichkeit der Vulgata. Aber der wissenschaftlichen Exegese wurde keine Eigenständigkeit gegenüber dem Lehramt eingeräumt, erst das 2. Vatikanische Konzil hat sich darum bemüht.

Mediator Dei (20. November 1947) rezipierte, unter Rekurs auf *Mystici corporis*, Anregungen aus der liturgischen Bewegung. Für die Beteiligung der Laien wurde aber nur die eine oder andere, eher harmlose Ausdrucksweise empfohlen, immerhin ein Weg zu jenen größeren Reformen eröffnet, welche infolge des Zweiten Vatikanischen Konzils die zweifellos sehr schöne, aber in Sprache und Formen antiquierte katholische Liturgie den Menschen der Gegenwart erst wieder voll zugänglich gemacht haben. Durch die Neuordnung der Karwochenliturgie hat Pius XII. selbst 1955 noch einen Schritt auf diesem Wege getan.

Doch solchen vorsichtigen Öffnungen, auf die auf dem Gebiet der Exegese u. a. Augustin Bea SJ (1930–1949 Rektor des päpstlichen Bibelinstituts) hingewirkt hatte, folgte die Enzyklika *Humani generis* (12. August 1950), welche die „pianische" Kontinuität exzessiv zuspitzte. Sie wandte sich nicht nur gegen „einige falsche Ansichten, welche die Grundlage der katholischen Lehre zu untergraben suchen", sondern gegen alle reformistischen Grundhaltungen, die sich in den vier Jahrzehnten seit der Modernismuskrise entwickelt hatten, besonders in Frankreichs „Nouvelle Théologie" um M.-Dominique Chenu OP, Yves Congar OP, Jean Danielou SJ, Henri De Lubac SJ, aber ebenso durch Karl Rahner SJ (u. a. 1949–1964 Prof. der Dogmatik in Innsbruck).[154] Ihnen wurde zu weitgehende Annäherung an Evolutionismus und Existentialismus, dazu ein weiteres Mal Historismus vorgeworfen; als Folge davon die Relativierung (!) von Dogmen, biblischen und lehramtlichen Aussagen; alles wie gehabt. Pius bezeichnete das Lehramt als entscheidende Instanz für die Erklärung der Glaubensquellen und zog eine äußerste, hier schon im ersten Kapitel erwähnte Konsequenz, indem er die weitere Diskussion von Fragen, über die Enzykliken entschieden hätten, für verboten erklärte.[155] Aber zu solchen Denkverboten, zu denen Johannes Paul II. und Kardinal Ratzinger in den 1980er-Jahren zurückgekehrt sind (Kap. VIII und IX), reichte die Macht des Papstes inzwischen nicht mehr lange aus. Zwar folgten auch dieser Enzyklika Mahnungen, Zurücksetzungen und Lehrverbote, doch die davon betroffenen Theologen wurden schon ein Jahrzehnt später unter Johannes XXIII. rehabilitiert und gehörten dann zu den Beratern des Konzils, welches ihre Postulate weithin akzeptiert, insofern auch frühere Enzykliken revidiert hat; Danielou ist 1969, De Lubac 1983 Kardinal geworden; Rahner hat mit seinen Synthesen zwischen Theologie und moderner Anthropologie, mit seiner kritischen Reflexion der Dogmengeschichte und seinem Plädoyer für ein aufs Wesentliche konzentriertes Christentum eine ganze Generation beeindruckt und ermutigt. *Humani generis* zeigt jedoch, wie völlig anders ein Konzil programmiert gewesen wäre, wenn Pius XII., der um 1950 entsprechende Pläne mit dem Hl. Offizium (Kardinal Ottaviani) erörterte, es noch einberufen hätte.[156]

Das „Heilige Jahr" 1950

Humani generis war der doktrinäre, das Mariendogma der devotionale Höhepunkt des „Heiligen Jahres", welches der inzwischen 75-jährige Pius und seine immer noch recht kleine Kurie perfekt inszeniert haben. Organisatorisch unterstützt wurde er von der italienischen Regierung unter dem ersten bekennenden katholischen Ministerpräsidenten Alcide De Gasperi, welche bis 1950 u. a. die von Mussolini halbfertig hinterlassene triumphale Via della Conciliazione (zur Erinnerung an die „Conciliazione" von 1929) zum Vatikan zu Ende gebaut hatte. Mit vatikanischem Geld und für vatikanische Zwecke waren zugleich die großen Palazzi am Anfang und am Ende dieser Straße errichtet worden.

1950 konnten zum ersten Mal nach einem Jahrzehnt der Abgrenzungen Hunderttausende nach Rom reisen, welches sich auch dank der damals noch allgemein bekannten päpstlichen Rettungsbemühungen im Glanz seiner Kunstwerke zeigen konnte. Pius XII., ein Meister theatralischen und suggestiven Auftretens, präsentierte das päpstliche Rom als

Wahrerin europäischer Traditionen gegen die Umbrüche der Gegenwart, besonders gegen den Kommunismus. Das war zweifellos Triumphalismus, die Erklärung des Papstmarsches von Gounod zur vatikanischen „Hymne" passte dazu. Aber der Papst wusste, dass viele Menschen und vor allem viele Katholiken diesen durchaus mögen und zugleich starke Worte der Führung erwarten. Beides hat er ihnen geboten, wie zwei Jahrzehnte später Johannes Paul II.! Von neuer Nachdenklichkeit wie bei den erwähnten Reformtheologen war im päpstlichen Rom keine Rede!

Zum „Heiligen Jahr" und zum „Marianischen Jahr" gehörten auch die beiden emblematischen Heiligsprechungen Pius' XII.: die schon erwähnte Pius' X. und die jener Maria Goretti, welche 1902 als zwölfjähriges Mädchen bei der Verteidigung ihrer Jungfräulichkeit getötet worden war. 1954 folgte auch noch die Enzyklika *Sacra virginitas*. Vergleicht man deren Verherrlichung von Jungfräulichkeit und Keuschheit mit jugendlichen Gedichten Pacellis, so ergibt sich die Kontinuität einer Sublimierung, die vom natürlichen Zusammenleben von Frauen und Männern nichts verstehen will.[157] Sie kann aber ideal gesinnte junge Männer zur Wahl der zölibatären Lebensform bewegen, welcher die Natur mancher nicht gewachsen ist. Für alle Folgen trägt das System Kirche Mitverantwortung.

Das mutige französische Projekt der „Arbeiterpriester" (seit 1941 MISSION DE FRANCE) wurde 1953/54 vom Heiligen Stuhl unterdrückt, jedoch auf Drängen französischer Bischöfe in der einigermaßen kontrollierbaren Form einer von einem der Bischöfe nebenamtlich geleiteten Personalprälatur bald wieder zugelassen. War Roms Intervention nötig?

Die Ernennung der Bischöfe fiel inzwischen, wenn eben möglich, auf Geistliche, die in Rom ausgebildet worden waren (für Deutschland und Österreich auf frühere Alumnen des Collegium Germanicum). Die noch bestehenden Bischofswahlrechte wurden dadurch geschmälert, dass die vatikanischen Dreiervorschläge für die wählenden Domkapitel oft nur einen Kandidaten enthielten, der wählbar war. Auch in dieser Hinsicht sind Johannes Paul II. und Benedikt XVI. zur Regierungsweise Pius' XII. zurückgekehrt. Obwohl Rom in Liturgie und Seelsorge nach wie vor gegenüber Frankreich, Deutschland und deren Nachbarländern rückständig war, wirkte der Vatikan für die weitere Romanisierung des kirchlichen Lebens. Bischöfliche Behörden, deren Dezernenten dafür mit römischen Prälatentiteln (und den entsprechenden violetten Gewändern) ausgestattet wurden, holten selbst bei geringfügigen Abweichungen von Regeln die Erlaubnis vatikanischer Kongregationen ein.

Politik im Sinne des Westens, besonders in Italien

An seiner politischen Neutralität im Zweiten Weltkrieg hatte Pius XII. auch deshalb festgehalten, weil er lange von beiden Seiten Friedensinitiativen erhoffte. Erst nach dem Scheitern der deutschen Opposition am 20. Juli 1944 hatte er sich mehr den Westmächten, besonders den USA, zugewandt. In seiner Weihnachtsansprache 1944 hat er, nun endlich über Leo XIII. hinausgehend, die Demokratie, an der sich Katholiken in vielen Ländern seit einem halben Jahrhundert beteiligten, als zeitgemäße Staatsform gewürdigt. Ein deutlicher Rest an unpassender Reserve sprach jedoch aus dem seit Leo XIII. üblich gewordenen Vorbehalt, dass sie „auf den unveränderlichen Grundsätzen des Naturrechts und der geoffenbarten Wahrheiten" aufbauen müsse. Auf ihn haben Johannes Paul II. und Benedikt XVI. ebenfalls wieder extensiv zurückgegriffen, um katholische Politiker wegen Bio-Ethik u. Ä. unter Druck zu setzen.

In Italien hatte Pius XII. in den politischen Umbrüchen (1943–1946) die 1943 von Alcide De Gasperi und dessen Freunden aus dem vorfaschistischen Partito Popolare gegründete Democrazia Cristiana (DC) auf ihrem Weg zur Regierungsmacht in vielfacher Weise gegen die Linke unterstützt, besonders vor der „Schicksalswahl" im April 1948. Doch dafür forderte er Einfluss auf die Politik der Partei. Der damalige Erfolg der DC und ihrer Verbündeten erhöhte das Prestige des Papstes, gerade auch in den USA, die ebenfalls auf diesen Sieg der Bürgerlichen über die Kommunisten und Sozialisten hingewirkt hatten. Ein wichtiger Vermittler zwischen dem Vatikan und Washington war der Erzbischof von New York, Kardinal Francis Spellman.

Bereits 1947 hatte der Hl. Stuhl die Aufnahme der Lateranverträge in die republikanische Verfassung Italiens erreicht (als deren Art. 7, angenommen auch mit den Stimmen der Kommunisten!), wodurch er sich einer zeitgemäßen Revision des Konkordats von 1929 entziehen konnte. Die andauernde Stärke der kommunistischen Partei Italiens und die kommunistischen Machtverfestigungen in Ostmitteleuropa samt den Versuchen, katholische Gruppen und Teile des Klerus zu unterwandern, veranlassten den Papst aber dann zur Exkommunikation aller Mitglieder und Förderer kommunistischer Parteien (Dekret des Hl. Offiziums, 15. Juli 1949).

Die Position des Vatikans in Italien war ein Jahrzehnt lang stärker denn je seit 1860/70. Und ebenso wie De Gasperi hat Pius XII. auch anderen katholischen „Gründungsvätern" Europas den Rücken gestärkt, so Adenauer, was diesem von Sozialdemokraten und (noch zahlreichen) Nationalprotestanten den unsinnigen Vorwurf einbrachte, dass seine Europapolitik vom Vatikan gesteuert sei. Aber der Papst versuchte gleichzeitig, Italiens DC autoritativ zu beeinflussen und 1952 sogar zu einem Bündnis mit Rechtsparteien zu bewegen. Dazu bediente er sich rechtskatholischer Gruppen in der AZIONE CATTOLICA (die aus dem Vatikan vom erwähnten „Partito Romano" unterstützt wurden) sowie des MOVIMENTO PER UN MONDO MIGLIORE (BEWEGUNG FÜR EINE BESSERE WELT) des Jesuiten Riccardo Lombardi, ein

Vorläufer der nach dem Zweiten Vatikanischen Konzil aufgekommenen kirchlichen „Bewegungen". Doch De Gasperi hat auf politischer Entscheidungsfreiheit bestanden und wurde dabei von Mons. Montini unterstützt, welcher, wie gesagt, daraufhin und wegen seiner überhaupt mehr demokratischen Gesinnung den Vatikan verlassen musste.[158] Seine Gegner erzielten allerdings keinen vollen Erfolg, denn Nachfolger Montinis, freilich wieder nur als Substitut, wurde der ihm nahestehende Mons. Angelo Dell'Acqua (ein Jahrfünft später enger Mitarbeiter Johannes' XXIII.).

Italiens katholische Partei hat ihre Unabhängigkeit (wie schon die deutsche Zentrumspartei um 1890) und damit ihre Zentralität gegen den Papst erkämpfen müssen. Der Vatikan hat sich aber bis 1958 erfolgreich jeder „Öffnung nach links" widersetzt und auf die Herausforderungen einer neuen „linken" Kultur wie auf enorme soziale Probleme aufgrund von Hochindustrialisierung und Binnenwanderung nur mit autoritären oder patriarchalischen Rezepten reagiert, wie stets gerade auch in der Familienpolitik. Die Einmischungen in die italienische Politik, mit denen Johannes XXIII. aufgehört und die Paul VI. diskret und nun zugunsten der sozialen Demokratie wieder aufgenommen hatte, sind unter Benedikt XVI. wegen Bioethik und Familie wieder so massiv wie unter Pius XII. Der Vatikan wollte und will in Italien mitbestimmen (vgl. Kap. I und Kap. VIII), insofern ist er auch mitverantwortlich für dortige Krisen.

In der *Civiltà Cattolica*, aus deren Redaktion Pater Lombardi hervorgegangen war, wurde das autoritäre Regierungssystem des Generals Franco gelobt. Im Konkordat mit Spanien (27. August 1953) erreichte der Heilige Stuhl zum letzten Mal, dass die katholische Religion zur einzigen Religion des Staates erklärt und die Eheschließung, wenn auch nur ein Partner katholisch war, samt allen Folgen dem Kanonischen Recht unterstellt wurde. Das entsprach ganz dem in Italien weiter geltenden Laterankonkordat von 1929. Wo es noch möglich war, wirkte also der Hl. Stuhl im Namen seiner naturrechtlichen Prinzipien weiterhin gegen kulturellen Pluralismus und persönliche Freiheiten. In zwei Konsistorien hat Pius XII. 1946 und 1953 insgesamt 56 Kardinäle ernannt. Schon 1946 waren darunter drei Deutsche, der damals umgehende Kollektivschuld-Vorwurf ist im Vatikan nicht geteilt worden. 1954 zählte das Kardinalskollegium 70 Mitglieder, davon 43 Nicht-Italiener. Die in Rom wohnenden 19 Kardinäle waren aber mit Ausnahme des Dekans Eugène Tisserant sämtlich Italiener. Ständigen Einfluss auf den Papst hatte nur der schon erwähnte „Partito Romano" mit den Kardinälen Canali (geb. 1874, Verwalter des vatikanischen Vermögens), Ottaviani[159], Pizzardo (geb. 1877), dazu Ernesto Ruffini (geb. 1888, Erzbischof von Palermo) und der jüngere Giuseppe Siri (geb. 1906, Erzbischof von Genua). Neben dem Staatssekretariat waren auch andere Ämter nur provisorisch besetzt, die Audienzen für ihre Chefs fanden kaum noch statt. Als Bischof von Rom hat Pius XII. sich ebenso wenig betätigt wie sein Vorgänger, obwohl die Lateranverträge ihnen das ohne jede Einschränkung ermöglichten. Beim Tod des Papstes lebten nur mehr 54 Kardinäle. Enge Zuarbeiter Pius' XII. waren einige deutsche Jesuiten, darunter sein loyaler, aber nicht unkritischer Sekretär Robert Leiber (eigentlich Historiker, zeitweise Mitarbeiter an Pastors Papstgeschichte, später Biograf des Papstes).

Das Staatssekretariat (seit Langem mit den beiden Sektionen für die „außerordentlichen", d.h. die politischen, und die „ordentlichen", d.h. administrativen Angelegenheiten) hatte 1954 ca. 80 Mitarbeiter, meist Prälaten (davon nur 10 Nicht-Italiener auf unteren Rängen). Der Heilige Stuhl unterhielt 56 Nuntiaturen und Delegaturen; 48 Botschaften und Gesandtschaften waren beim Vatikan akkreditiert. Komplette kirchliche Hierarchien errichtete Pius XII. in China (wo sie aber seit 1950 von den nun regierenden Kommunisten unterdrückt wurde; der erste, 1946 ernannte chinesische

Kardinal floh nach Taiwan), in Südafrika, in mehreren, damals noch Frankreich und Großbritannien als Kolonien zugehörenden Regionen Afrikas, in Birma und in den skandinavischen Ländern.

Pius XII. hatte wie kaum ein Papst vor ihm auf politische Umwälzungen und ideologische Herausforderungen zu reagieren und hat das in seinen ersten Jahren durchaus realistisch, dann aber zunehmend reaktionär getan. Die von den Päpsten behauptete Kompetenz zur Interpretation des Naturrechts wurde dabei extensiv ausgeübt und in die ebenfalls naturrechtlich begründete Gewissensfreiheit erheblich eingegriffen. Den Kult um seine Person hat Pius auch in peinlich anrührender Weise gefördert. Er lebte ganz abgehoben, empfing nur wenige Mitarbeiter und gewährte gelegentlich Audienzen. Im Schatten des Autokraten konnten auch zwielichtige Figuren aufsteigen.

Pius XII. hat sich sehr überschätzt. Er wollte offenbar sowohl die doktrinäre Tradition Pius' IX., Pius' X. und Pius' XI. wie die diplomatische Tradition Leos XIII., Benedikts XV. und in gewissen Grenzen ebenfalls Pius' XI. in seiner Person vereinigen. Aber selbst sehr papsttreue Bischöfe empfanden wachsenden Unmut über ihre Entmachtung durch vatikanische Behörden, und gerade der Absolutheitsanspruch Pius' XII. ließ manchen von ihnen und dazu die historisch informierte Minderheit der Katholiken an die bischöflichen und synodalen Strukturen zurückdenken, die ebenso zur Geschichte ihrer Kirche gehören wie das Papsttum. Gerade auch die Ökumeniker litten unter römischen Verhärtungen. Im letzten Jahrzehnt Pius' XII. hat ein „streng römischer, absolutistischer Pontifikatsstil seine höchste Aufgipfelung erreicht, aber auch sein Ende gefunden" (Georg Schwaiger, 1985)[160]. Zugleich identifizierte sich der Hl. Stuhl politisch mit dem Westen.

Pius XII. hatte als erster Papst Ausgrabungen unter der Confessio der Peterskirche angeordnet, welche die Existenz des Petrusgrabes beweisen sollten.[161] Von einem solchen wird seit dem Abschluss der Grabungen (1951) in Rom (und besonders in der Literatur für Pilger und Besucher) oft und gern gesprochen. Aber die Ergebnisse sind kontrovers diskutiert worden. Genereller Konsens besteht nur über die Kontinuität der Kultstätte seit ca. 160–180 n. Chr.

Exkurs: Debatten um Pius XII.

Insgesamt galt Pius XII., als er am 9. Oktober 1958 starb, weltweit als großer Papst. Das Ansehen des Heiligen Stuhls hatte er sowohl durch seine Bemühungen um Verhinderung und Begrenzung des Zweiten Weltkriegs wie durch seine Hilfe für Verfolgte, Flüchtlinge und Gefangene erheblich gesteigert. Auch der vom Heiligen Stuhl, welcher lange auf eine Internationalisierung Palästinas gehofft hatte, noch nicht anerkannte Staat Israel kondolierte, und dessen Außenministerin, Frau Golda Meir, schrieb: „Der Papst erhob seine Stimme, um die Verfolger zu verurteilen und Mitleid mit den Opfern zu erweisen."

Aber schon bald regte sich eine erste, innerkatholische Kontroverse, in der dem verstorbenen Papst die Überziehung seiner kirchlichen Macht vorgeworfen wurde, und diese Kritik ist in die konziliare Bewegung eingegangen (vgl. Kap. VI).

Und dann folgte die zweite, bis heute andauernde Kontroverse um Nachgiebigkeit von Papst und Vatikan gegenüber rechten Diktaturen, mit angeregt schon durch das Konkordat mit Spanien (1953), in Deutschland dann durch den Streit um die Weitergeltung des Reichskonkordats (1956/1957). Rolf Hochhuth steigerte sie 1963 zu dem Vorwurf, dass Pius XII. zum Völkermord geschwiegen hätte. Damit erhielt die Debatte jene unsachliche Schärfe, welche infolge der seitherigen geschichtspolitischen Neuorientierungen noch zugenommen hat. Aber dass die Urteile über das Dritte Reich und dessen Zeitgenossen mit dem größeren zeitlichen Abstand davon immer härter ausfallen, bedeutet durchaus nicht, dass sie gerechter geworden sind. Im Jahr 2000 hat Heinz Hürten die zugrundeliegenden Fakten nachgezeichnet: *Pius XII. und die Juden (Kirche und Gesellschaft* 271). Winfried Becker hat die Debatte als solche analysiert: *Papst Pius XII. und sein „Schweigen" über den Holocaust* (in: *Kirchliche Zeitgeschichte* 18, 2005, 40–67). Vorausgegangen war die ebenfalls konzise Studie von José M. Sanchez, *Pius XII. und der Holocaust. Anatomie einer Debatte* (2002), welche die Widersprüchlichkeiten Pius' XII. deutlich anspricht, aber die Erinnerung an ihn „über Anklage und Verteidigung hinaushebt" (Konrad Repgen, *FAZ* 8. Oktober 2002). Walter Brandmüller hat an einem konkreten Beispiel die päpstlichen Hilfsmaßnahmen dargestellt: *Holocaust in der Slowakei und katholische Kirche*, 2003.

Aber auch weiterhin waren sehr polemische Bücher erschienen: John Cornwell (*Der Papst, der geschwiegen hat*, 2001) und Daniel Jonah Goldhagen (*Die Katholische Kirche und der Holocaust ...*, 2002) bezichtigten Pius XII. aufgrund verfälschender Übersetzung eines Münchener Nuntiaturberichts von 1919 des Antisemitismus; beide lasen aus dem Reichskonkordat eine darin nirgends zu findende päpstliche Billigung nationalsozialistischen Unrechts heraus, und Goldhagen dehnte den Antisemitismus-Vorwurf ausgerechnet auf Pius XI. aus. Nur akkusatorisch argumentierte auch Susan Zuccotti (*Under his very windows. The Vatican and the Holocaust in Italy*, New Haven/London 2000), in dem sie die aus den Fakten erwiesene Rettungsabsicht des Papstes leugnet.

Aus den Diskussionen seit den Büchern von Cornwell und Goldhagen sind die gerecht abwägenden Beiträge des Schweizer Publizisten und Rom-Interpreten Hanno Helbling hervorzuheben (*Neue Zürcher Zeitung* 20. November 1999,

8. Oktober 2002). Im ersten heißt es abschließend: „Die Schuld des Papstes liegt nicht in einer mehr oder weniger falschen, auch nicht in einer ganz falschen Politik, sondern darin, dass er den religiös begründeten Absolutheitsanspruch seines Amtes in kein Verhältnis zu seiner Politik brachte, oder umgekehrt: dass er nicht erkannte, wie sehr jener – unter anderem moralische – Absolutheitsanspruch diese Politik hätte relativieren müssen." Um gerechtes Urteil bemüht sich auch Christoph Strom, *Die Kirche im Dritten Reich*, 2011. Die Debatte ist keineswegs nur zwischen deutschen und anglo/amerikanischen resp. jüdischen Historikern geführt worden. Hingewiesen sei deshalb noch auf: Jacques Nobécourt, *Le Vicaire et l'Histoire*, Paris 1964; ders., in: *Dictionnaire historique*, 1570–1577; Paul Poupard, *Un pape, pour quoi faire?* Paris 1980; Giovanni Miccoli, *I dilemmi e i silenzi di Pio XII*, Milano 2000.

Die seit Cornwells Buch erneut verschärften Kontroversen um Pius XII. haben dazu geführt, dass seine zuerst von Paul VI. angeregte und dann unter Johannes Paul II. vorbereitete Seligsprechung hinausgeschoben worden ist. Aber Benedikt XVI. war stets Verehrer Pius' XII. geblieben (vgl. J. Kard. Ratzinger, *Aus meinem Leben* ..., 1998, 64 f.). Er hat Ende 2008, zum 50. Todestag Pius' XII., durch das Päpstliche Komitee für Geschichtswissenschaften eine ihn rühmende Ausstellung organisieren lassen (in Rom, Berlin und München)[162] und sodann im Dezember 2009 „die heroischen Tugenden" Pius' XII. (und Johannes Pauls II.) offiziell konstatiert und damit eine wichtige Voraussetzung für die Seligsprechung erfüllt. Wegen Pius XII. folgten darauf weitere, eigentlich unnötige Kontroversen mit jüdischen Institutionen. Mordechai Lewy hat darin eindringlich auf antijüdische Denkmuster des Papstes verwiesen: F.A.Z. 26. März 2010, S. 9.

Robert Leiber hatte schon 1963 das Verhalten und die Motive Pius' XII. im Zweiten Weltkrieg sachlich gewürdigt

(*LThK*[2] Bd. 8, 542ff.), aber gelegentlich auch durchblicken lassen, dass der Verstorbene kein Heiliger gewesen sei. Dabei konnte man es belassen. Aber seit Pius XII. ist die Heiligsprechung päpstlicher Vorgänger zu einem Mittel vatikanischer Geschichtspolitik geworden.

VI. Die Päpste des Zweiten Vatikanischen Konzils: Johannes XXIII. (1958–1963) und Paul VI. (1963–1978)

Der Tod Pius' XII. (9. Oktober 1958) und die Wahl Johannes' XXIII. (28. Oktober 1958) haben die tiefste Zäsur in der neueren Geschichte der katholischen Kirche heraufgeführt: vom päpstlichen Absolutismus zur Kollegialität im Konzil, von römischen Monopolen zum Dialog mit Theologen anderer Tradition, mit den anderen Konfessionen und mit den Juden.

Pius XII. hatte ja nichts Neues geschaffen, sondern den Konzentrationsprozess perfektioniert, den seit Beginn des 19. Jahrhunderts die meisten Päpste gesteuert hatten (vgl. hier Kap. III bis V). Auf Aufklärung, Revolution und Liberalismus reagierten sie mit autoritärer Defensive und doktrinären Zuspitzungen von 1832 bis 1870, von 1907 bis 1950 resp. 1954.

Johannes XXIII.[163] und Paul VI.[164] haben keine der Definitionen des vorausgegangenen Jahrhunderts grundsätzlich in Frage gestellt; der Vorwurf von Pius-Brüdern und anderen Reaktionären, dass sie mit der Tradition gebrochen hätten, ist daher falsch. Sie waren aber davon überzeugt, dass jene Definitionen ihre Identität wahrenden Aufgaben erfüllt hätten und dass die katholische Kirche nach der Mitte des

20. Jahrhunderts ganz anders, auf den Kern der christlichen Lehre konzentriert auftreten müsse. Dazu bedurfte es eines „historischen Kompromisses" zwischen Tradition und Moderne, welchen Johannes allerdings weiter konzipierte als sein partiell kurialer Tradition verbunden gebliebener Nachfolger.

Kardinal Roncalli wollte jedenfalls nicht an der letzten Epoche der Kirchengeschichte festhalten, sondern an deren „lange Dauer" mit episkopalen und synodalen Elementen anknüpfen. Und von dieser „langen Dauer" verstand der Historiker Roncalli weitaus mehr als der Jurist Pacelli.

Sogleich und radikal änderte Johannes XXIII. den päpstlichen Stil. Pius war ein unnahbarer Hierarch im Vatikan gewesen. Johannes wirkte als Priester und Bischof von Rom, zudem, wie Alberto Melloni, Biograf und Mitherausgeber der 2008 präsentierten Tagebücher des Papstes[165], hervorgehoben hat, als geistlicher Lehrer. Er sprach nicht mehr nur zu den Menschen, sondern mit ihnen.

Knapp drei Monate nach seiner Wahl, am 25. Januar 1959, überraschte Johannes XXIII. zunächst die in Rom anwesenden Kardinäle mit der Ankündigung eines allgemeinen Konzils, in seinem Tagebuch wird er von einer „Ispirazione" sprechen. Schon diese Ankündigung gab den Bischöfen ihre Mitverantwortung für die Kirche insgesamt zurück und eröffnete einen breiten Prozess der Diskussion und der Reflexion über Kirche und Christentum in der säkularisierten Welt.[166] Während „Traditionalisten" wie Kardinal Ottaviani glaubten, dass es nach dem Ersten Vatikanum keines neuen Konzils mehr oder höchstens einer Einbestellung der Bischöfe zur gemeinsamen Akzeptanz päpstlicher Entscheidungen bedürfe, griff er auf diese alte Form gesamtkirchlicher Meinungs- und Entscheidungsbildung zurück. Die Konzilsfrage hat den Grundsatzkonflikt zwischen dem Papst und dem Chef des Hl. Offiziums ausgelöst, welcher den ganzen Pontifikat durchzogen hat.

Ottaviani bestand auf der päpstlichen Regierungsmacht und Lehrautorität im Sinne des Dogmas von 1870 und der seitherigen Enzykliken! Er hatte in der Kurie (z. B. die Tit. Erzbischöfe Pietro Parente und Dino Staffa, P. Tromp S. J.) und in ebenso traditionalistischen Episkopaten (so Spanien, starke Fraktionen in Italien und Polen, in Nord- und Südamerika) viele Anhänger. Ottavianis Hl. Offizium ist (im Sinne seines Mottos *Semper Idem*) das vatikanische Zentrum dieser Rechten geblieben, an der schon damals auch das von Johannes XXIII. ferngehaltene OPUS DEI mitwirkte.

Es war konsequent, dass Johannes keine Fortsetzung des 1870 nur suspendierten Konzils wollte, sondern ein neues Konzil neuen Typs, welches, anders als jenes und die meisten früheren, keine neuen Dogmen oder Verurteilungen aussprechen sollte. Vielmehr sollten die alten Wahrheiten in vereinfachter Weise verkündet und der Ort der Kirche in der Welt neu und freiheitlich bestimmt werden. Das war viel mehr als die eine oder andere Lehrentscheidung!

Damit eng verbunden waren ein weltweit den Ausgleich zwischen Reichen und Armen einforderndes soziales Engagement (zuerst formuliert in der Enzyklika *Mater et magistra*, 15. Mai 1961), der Verzicht auf autoritative Weisungen an die Politik und die Förderung von Entspannungs- und Reformpolitik. Die Kirche sollte sich im Konzil komplett erneuern[167], sie sollte barmherzig und optimistisch wirken. Von den immer wieder vor Modernismen und Relativierungen warnenden „Unglückspropheten", wie er Ottaviani und dessen Anhänger apostrophierte, grenzte er sich entschieden ab.

Johannes XXIII. hat das Zweite Vatikanische Konzil (1962–1965) initiiert und mit einer seit 1870 nicht mehr für möglich gehaltenen Freiheit ausgestattet. Paul VI. hat es strukturiert und zu einem einigermaßen guten Ende geführt, dabei aber auch durch Konzessionen an die Traditionalisten das große Projekt des Vorgängers eingrenzend abgeschwächt[168]. Er hat die Konzilsidee in die päpstliche Kirchenkonzeption integriert.

Johannes XXIII. und Paul VI. haben beide den europäischen Entspannungsprozess der Sechziger- und Siebzigerjahre gefördert und auch dadurch gerade in progressiven und dem Vatikan gegenüber eher kritischen Kreisen das päpstliche Ansehen gemehrt. Die neue Einfachheit, die Johannes vorgelebt hatte, hat Paul zur Norm erhoben. Beide Konzilspäpste waren wie Pius XI. Lombarden, ihrer nie ganz von Rom abhängigen Heimat eng verbunden. Davon abgesehen, konnten Herkunft und Studiengang nicht unterschiedlicher sein; sie bezeugen den für die katholische Elitenbildung typischen Interklassismus.

Zwei Biografien

Angelo Giuseppe Roncalli, 1881 im kleinen Dorf Sotto il Monte bei Bergamo geboren, stammte wie Pius X. aus einer armen, kinderreichen Kleinbauernfamilie. Als Zwölfjähriger kam er ins bischöfliche Seminar, konnte danach nur 1902–1904 in Rom studieren, wo er sich mit einigen der „Modernisten" anfreundete; aus Ottavianis Umgebung wurde ihm später nachgesagt, er sei selbst ein solcher gewesen und beinahe verurteilt worden. 1904 Priester, wurde Roncalli Sekretär seines Bischofs Giacomo M. Radini Tedeschi, der (wie Della Chiesa in Genua) zu den wenigen dialogfähigen Bischöfen im damaligen Italien gehörte und der ihm jene pastorale Sensibilität vermittelte, die ihn lebenslang ausgezeichnet hat. Daneben hat Roncalli kirchengeschichtliche Studien betrieben, so über den großen Reformer Carlo Borromeo. Im Weltkrieg Militärseelsorger, wurde er 1921 Präsident des päpstlichen Missionswerkes für Italien und 1925 Visitator, dann Delegat in Bulgarien; von 1935 bis 1944 war er Delegat für Griechenland und die Türkei, mit Sitz in Istanbul. Nicht eigentlich Diplomat, kümmerte er sich auf diesen isolierten Posten um die kleinen katholischen Gemeinden und schloss Freundschaft mit Orthodoxen, über die er die Einheit der Kirche in einer in Rom noch abgelehnten Dimension erfahren hat; auch mit Anglikanern und Juden verstand er sich gut.

Ende 1944 sandte Pius XII. den eigentlich von ihm weniger geschätzten Roncalli von einem der letzten auf den ersten Posten der vatikanischen Diplomatie, als Nuntius nach Paris. Denn dort bedurfte es gegenüber der ultimativen Forderung General De Gaulles nach Abberufung aller Bischöfe, die mit der Regierung in Vichy kollaboriert hatten, jener Mischung aus Offenheit, Liebenswürdigkeit und Improvisation, die Roncalli eigen war; er war damit erfolgreich. Von Istanbul aus hatte er griechischen Juden geholfen, nun setzte er sich für deutsche Kriegsgefangene ein. Vor allem erlebte er in Paris eine zweite Horizonterweiterung: durch Kontakte zu rechten wie linken (sozialistischen) Politikern, durch die Erfahrung der gesellschaftlichen Säkularisierung wie theologisch-pastoraler Neuansätze, die der Vatikan noch verhindern wollte, denen aber auch der Nuntius anfangs skeptisch begegnete. Als er mit 72 Jahren 1953 Kardinal und Patriarch von Venedig wurde, richtete er seinen ersten Gruß an „die Kleinen, die Armen, die Leidenden und die Arbeiter" (Paris, 16. Januar 1953, *Anni di Francia 2*, 642 f.). In einem Hirtenbrief von 1956 interpretierte er die Bibel als Grundlage für das Leben der Christen und für die Erneuerung der Kirche; schon ganz im Sinne „seines" Konzils (Melloni, *Papa Giovanni*, 118–126). Wie nur wenige andere Bischöfe, so Montini in Mailand und Lercaro in Bologna, zeigte er Verständnis für jene von Pius XII. und Kardinal Ottaviani abgelehnte „Öffnung nach links", die sich in der Democrazia Cristiana anbahnte; 1957 begrüßte er, was damals ungewöhnlich war, den sozialistischen Parteikongress in seiner Bischofsstadt.

Giovanni Battista Montini, geboren 1897 in Concesio bei Brescia, gehörte einer großbürgerlichen Familie in Brescia an, die führend im dort seit den 1880er-Jahren erstarkenden Sozialkatholizismus war. Sein Vater Giorgio Montini war Advokat, Verleger und Gemeinderat, d. h. einer derjenigen, die den italienischen Katholizismus aus dem päpstlich verordneten Ghetto herausführen wollten; sein Bruder Ludovico wurde Senator der Democrazia Cristiana.

Montini wurde wegen schwacher Gesundheit seit 1911 von Hauslehrern unterrichtet; und dank der Protektion des mit seiner Familie befreundeten Bischofs konnte er nach der Matura (1910) zu Hause weiter studieren. Erst nach der Priesterweihe (1920) ging er nach Rom ins lombardische Seminar und widmete sich dort, an der Gregoriana wie an der staatlichen Sapienza, sowohl der Theologie wie der Literatur. Schon vorher hatten Kontakte zu einer Niederlassung französischer Benediktiner bei Brescia seine Nähe zur französischen Kultur (und zunächst auch zum Ordensleben) begründet. In Rom trat er auch der Vereinigung der katholischen Jungakademiker (FUCI) nahe, deren langjähriger Seelsorger er wurde. Im Umgang mit ihnen, darunter nicht wenigen künftigen DC-Politikern (so Aldo Moro), hat der eigentlich scheue Einzelgänger viel vom praktischen, wohl auch vom familiären Leben gelernt. Auch schloss er Freundschaft mit reformistischen Priestern, so mit Giulio Bevilacqua.

Seit 1923 war Montini Dr. iur. can., aber schon vorher hatte ihn der Substitut Pizzardo (damals sein Gönner, 30 Jahre später sein konservativer Gegner) in die päpstliche Diplomatenakademie und dann ins Staatssekretariat geholt, in dem er, abgesehen von einer kurzen Verwendung an der Nuntiatur in Warschau, über 30 Jahre tätig gewesen ist. 1931 hatte ihn der Vatikan aus der FUCI abgezogen, nachdem er von den Faschisten, mit denen man es nicht verderben wollte, heftig angegriffen wurde (Nachfolger war der autoritär gesinnte Mons. Roberto Romea geworden, der später zum „Partito Romano" Pius' XII. gehörte). 1937 wurde Montini Substitut, als solcher im Zweiten Weltkrieg u. a. für die Hilfswerke zuständig, 1952 Pro-Staatssekretär. 1954 von der konservativen Equipe Pius' XII. aus dem Vatikan verdrängt (vgl. Kap. V), wurde er Erzbischof von Mailand und wirkte dort, von der kurialen Rechten misstrauisch beobachtet, sowohl als sozialer Seelsorger wie als Inspirator kultureller Dialoge, also ganz anders als Pacelli. Erst Johannes XXIII. ernannte ihn, wie früher gesagt, Ende 1958 zum Kardinal.

Roncalli war bäuerlicher Realist, Montini bürgerlicher Intellektueller; der eine herzlich und spontan, der andere reserviert und reflektiert. Beide hatten sie nichts von Pacellis pseudo-imperialen Attitüden! Aber Paul hat gelegentlich seine Macht auch mit einer Härte eingesetzt, welche an Pius X. und Pius XII. erinnert. Das bekamen noch nicht wieder (wie dann unter Johannes Paul II.) theologische Dissidenten zu spüren, wohl aber Kardinäle wie Lercaro und Mindszenty, die seinen politischen Direktiven widerstanden. Von den beiden Konzilspäpsten hat der erste das Kardinalskollegium, der zweite die römische Kurie (aufgrund konziliarer Anregungen) reformiert, jedoch auch erheblich vergrößert, dazu die Bischofssynoden eingeführt. Roncalli und Montini ergänzten einander und wussten das.

Johannes' Anfänge

Da Pius XII. seit 1953 keine Kardinäle mehr ernannt hatte, zählte das Kollegium bei seinem Tod nur 54 Mitglieder, von denen zwei noch vor Beginn des Konklaves gestorben sind. Die Mehrzahl neigte wieder einmal zu einer Neuorientierung mit einem umgänglicher auftretenden Papst, wünschte aber auch, dass diese nicht radikal ausfalle. Montini, der nicht wenigen als „natürlicher" Kandidat erschien, war nicht Kardinal und darum praktisch nicht wählbar; Anhänger Pius' XII. brachten im Vorfeld des Konklaves die Kandidaturen Siris, Lercaros und Ruffinis ins Spiel. Als ernsthafte Kandidaten erwiesen sich in dem kurzen Konklave (25.–28. Oktober 1958) aber nur zwei Kardinäle: der Armenier (!) Gregor Petrus Agagianian, seit 1946 in Rom, und Roncalli, welcher sich weniger durch dezidierte theologische Meinungen als durch seine offene, unkonventionelle Persönlichkeit deutlich vom verstorbenen Papst unterschied. Für ihn sprach zudem, dass er sowohl pastorale wie diplomatische Erfahrungen hatte. Auch war Roncalli fast 77 Jahre alt; man erwartete ein kurzes Pontifikat, in dem die gewünschte Neuorientierung gründlicher vorbereitet werden könnte; zudem hofften konservativere Kardinäle, dass sie Roncalli, der sich kurialen Direktiven nie offen widersetzt hatte, beeinflussen könnten. Kurzzeitig wurde ihm jedoch von Gegnern eine schwere Diabetes-Erkrankung angedichtet.

Roncalli, der im 11. Skrutinium die notwendige Mehrheit erreichte, zeigte aber schon durch seine von der Pius-Tradition Distanz nehmende Namenswahl[169] und durch die unmittelbare Spiritualität seiner ersten Reden (so bei seiner „Krönung" über Bibel und Eucharistie), dass er das päpstliche Amt ganz anders verstand als seine Vorgänger.

Zum ersten Mal seit Pius IX. (1846) nahm Johannes XXIII. alsbald persönlich „Besitz" von seiner Kathedrale S. Giovanni in Laterano[170] und fuhr seitdem oft in die Stadt, um Kirchen, Krankenhäuser und Gefängnisse zu besuchen.[171] Mit einfachen Leuten konnte er immer noch ebenso gut umgehen wie mit Kardinälen und Ministern.

Schnell normalisierte er die Zustände in der Kurie, indem er die von Pius vakant gelassenen Ämter besetzte; so, wie schon erwähnt, das Staatssekretariat mit dem konservativen Realisten Domenico Tardini[172], und die regelmäßigen Audienzen der Amtsleiter wieder einführte. Engster Mitarbeiter des neuen Papstes im Staatssekretariat wurde jedoch der in Kap. V erwähnte Mons. Dell'Aqua (1903–1972, ebenfalls

Lombarde, der Roncallis Attaché in Istanbul gewesen war). Sechs Jahre später betraute ihn Paul VI. mit der Reform der Kurie; 1968 ist er Kardinal und Generalvikar von Rom geworden. Ebenfalls noch 1958 begannen Ergänzung und Verjüngung des Kardinalkollegiums. Johannes XXIII. ernannte in fünf Konsistorien insgesamt 55 Kardinäle (davon 23, darunter Montini, schon im November 1958!), wodurch die von Sixtus V. festgelegte Höchstzahl (70) im Sinne breiterer weltkirchlicher Präsenz erstmals überschritten worden ist.

Schon darin zeigten sich die Konturen des zu Beginn dieses Kapitels skizzierten Reformismus; der dazu gehörende Wille zur „Entspannung" zwischen West und Ost beruhte auch auf der nüchternen Einsicht, dass der Antikommunismus Pius' XII. für die Kirche in den nach 1945 von Stalin unterworfenen Ländern nichts erbracht hatte. Aber die Intentionen des Papstes mussten auch politische Widersprüche auslösen. Man denke nur an den katholischen Staatsmann Konrad Adenauer, der von Johannes ebenso sehr enttäuscht war, wie er sich von Pius XII. verstanden und indirekt unterstützt gefühlt hatte.

Dabei war das Hauptanliegen des neuen Papstes zugleich konservativ und erneuernd: „die zeitgemäße Verkündigung des Evangeliums" („aggiornamento")![173] Alle lebensfähigen Elemente der Tradition sollten verständlicher gemacht, aber der Ballast des ultramontanen Jahrhunderts sollte beiseitegeräumt werden. Mit pastoraler und versöhnlicher Intention übte Johannes XXIII. darum sein Lehramt aus. Von seinen insgesamt acht Enzykliken waren die wichtigsten *Mater et magistra* (15. Mai 1961), in der er die traditionelle katholische Soziallehre konkretisierte und um die Forderung nach Ausgleich zwischen reichen und armen Nationen erweiterte; sowie *Pacem in terris* (11. April 1963), in der er nicht mehr nur die Katholiken, sondern „alle Menschen guten Willens" ansprach, den Frieden zwischen allen Völkern postulierte und als Instrumente dazu eine effektive überstaatliche Autorität sowie kontrollierte Abrüstung empfahl. Wegen der italienischen Politik sympathisierte Johannes XXIII. mit dem linken Flügel der DC (Amintore Fanfani, Aldo Moro), welcher auf eine Mitte-Links-Koalition (seit 1962/63) hinarbeitete. Am 25. Januar 1959 hatte Johannes XXIII. nicht nur das Konzil, sondern auch eine römische Diözesansynode und die Neubearbeitung des Kirchenrechts angekündigt. Eine römische Synode hatte es seit 1461 nicht gegeben; damals hatte sie der große deutsche Reformer (und Philosoph) Nikolaus von Kues abgehalten, der von 1458 bis zu seinem Tode 1464 „Legatus Urbis" des ebenso bedeutenden Humanisten-Papstes Pius II. (s. Kap. II) war.[174] Die Synode (24. bis 31. Januar 1960) fiel allerdings unter den Händen traditionalistischer Prälaten durchaus beharrend aus; und die Revision des Kirchenrechts, welche zunächst die Beschlüsse des Konzils abwarten musste, hat sich bis 1983 hingezogen und dabei im Sinne Johannes Pauls II. starke neozentralistische Züge angenommen; sie wurde weithin zur Negation der innerkirchlichen Reformanliegen des Konzils, so der Kollegialität der Bischöfe und der Mitverantwortung der Laien[175] (s. Kap. VII, VIII).

Johannes XXIII. und sein Konzil

Epochal war, wie gesagt, bereits die Ankündigung des Konzils, und als solche wurde sie aufgenommen.[176] Die Vorbereitung des Konzils, dessen erste Tagungsperiode (11. Oktober bis 8. Dezember 1962), sodann die Vorsorge für die zweite Periode, welche erst nach seinem Tode stattgefunden hat, haben Johannes' Pontifikat geprägt. Vor dem 25. Januar 1959 hatte der Papst sich nur mit wenigen Freunden beraten und selbst Kardinal Tardini erst spät eingeweiht. Auch weiterhin wirkten nur einige Vertraute ständig an dem großen Projekt mit, so der höchst aktive Sekretär des Papstes, Loris Capovilla[177], die Monsignori Dell'Acqua und Gustavo Testa aus dem Staatssekretariat und Pater Bea (1959 Kardinal)[178]. In dem Maße, in dem der Plan konkretisiert wurde und gegen die Einwände der Ottaviani-Fraktion ausformuliert werden musste, hörte der Papst auch auf auswärtige, besonders auf frankophone Kardinäle, deren Sprache er beherrschte, so auf Paul Emile Léger (Montreal), Pierre M. J. Veuillot (Angers, Paris) und ebenso auf Leo-J. Suenens (Mecheln-Brüssel). Seit dem Beginn der zentralen Vorbereitungskommission wurden die Kontakte zu Montini enger. Während des Konzils erwarb sich Julius Döpfner (München-Freising) das besondere Vertrauen des Papstes, nachdem zu Beginn Josef Frings (Köln) wichtige Anregungen gegeben hatte.

Signifikant für seine Kombination von eigener Initiative und Rezeption von Anregungen anderer war Johannes' Haltung zu den Juden. Schon 1959 löschte er die sie kränkende Formulierung aus einer (in allen katholischen Kirchen öffentlich vorgetragenen) Karfreitagsfürbitte. Ein gutes Jahr später, nach einem „interessanten" Gespräch mit dem jüdischen Publizisten Jules Isaac, erbat er sofort von Bea eine Studie zum Antisemitismus[179], die dieser gern ausgeführt hat. Damit begann der schwierige, weil ebenfalls auf traditionalistischen Widerstand stoßende Weg zur Konzilserklärung *Nostra aetate* (28. 10. 1965), welche das Verhältnis zum jüdischen Volk (und zu den nicht-christlichen Religionen insgesamt) neu und positiv umschrieben hat. Isaac hatte auch bei Pius XII. vorgesprochen, war aber von ihm höflich abgewiesen worden. Hätte Pacelli einen Schritt in die Richtung getan, welche sein Nachfolger eingeschlagen hat, so wäre dem Hl. Stuhl viel an Kritik und Streit erspart geblieben.

Der Papst kannte, wie gesagt, nicht nur die negativen Kräfte seiner Zeit, sondern ebenso die in der katholischen

Kirche seit Langem erwachsenen, aber niedergehaltenen Kräfte einer Erneuerung mit biblischen und liturgischen, pastoralen und ökumenischen Intentionen. Sie wollte er einbinden und zugleich mit dialogwilligen Kräften außerhalb der eigenen Kirche zusammenarbeiten. In Gesprächen mit zahlreichen, auch unerwarteten Besuchern, die wegen seiner Initiativen nach Rom kamen, lernte er sie nun besser kennen.

Am deutlichsten hat Johannes XXIII. seine Absichten in drei oft zitierten Reden im Sommer/Herbst 1962 ausgesprochen, d. h. kurz vor dem Konzil und zu dessen Eröffnung. Am 25. Juli plädierte er für eine Kirche, welche den Menschen an sich diene, nicht nur insofern, als sie katholisch seien. Am 11. September sprach er, einem Entwurf von Suenens folgend, von der „Kirche aller, besonders der Armen". Am 11. Oktober (*Gaudet mater Ecclesia*) führte er aus, dass die alten Wahrheiten in neuer Form zu verkünden seien, dass die Kirche dadurch die religiösen Interessen der Menschen steigern und dass sie barmherzig handeln solle. Diese Rede, welche von Alberigo und Melloni analysiert worden ist, beruhte auf wochenlangen Lektüren: sowohl der Eröffnungsreden zu früheren Konzilen wie der Briefe von Bischöfen, die den Papst in jenen Wochen der großen Hoffnungen erreichten.

Die Verwirklichung des Konzilsplans war allerdings zunächst dadurch erschwert worden, dass der Papst sie schon aus praktischen Gründen kurialen Prälaten anvertraute, welche mehrheitlich wie Ottaviani dachten. Den Vorsitz der ersten vorbereitenden Kommission (seit Mai 1959) erhielt der gegenüber dem Plan des Papstes ambivalente Kardinal Tardini, und der betraute mit dem Vorsitz der Unterkommissionen die Sekretäre der entsprechenden vatikanischen Kongregationen; als Generalsekretär des Konzils setzte er den konservativen Prälaten Pericle Felici durch. Der Papst hatte jedoch die Weisung erteilt, dass Bischöfe aus allen Ländern und Theologen aller Richtungen beteiligt würden; und er hat sowohl auf der Ausführung dieser Weisung bestanden als auch dafür gesorgt, dass in der zentralen Vorbereitungskommission (seit Juli 1960) reformistische Meinungen und Schulen vertreten waren. Sie hatten es dort noch schwer[180], konnten aber z. B. die kuriale Tendenz, Enzykliken und Ansprachen Pius' XII. in Konzilsdokumente zu integrieren, abwehren. Auf dem Konzil sind die Reformer aber, anders als 1869/70, zur Mehrheit geworden. Der Papst hatte schon 1960 durch die Errichtung des Sekretariats für die Einheit der Christen (die erste der ca. zehn im Zusammenhang des Konzils neu entstandenen vatikanischen Behörden) unter der Leitung von Kardinal Bea ein bald stark gewordenes Gegengewicht zu Ottavianis „Hl. Offizium" geschaffen. Im selben Sinne hat er in den drei zitierten Reden dem Konzil den Weg gewiesen.

Am Zweiten Vatikanischen Konzil haben zunächst 2540 „Konzilsväter" teilgenommen, von denen über 1000 aus Europa, knapp 1000 aus beiden Amerikas kamen, dazu ca. 380 aus Afrika und ca. 300 aus Asien. Ort war wieder die Peterskirche, die dieses Mal in ihrem ganzen Umfang gebraucht wurde. Den Kern der Reformer bildeten Europäer, darunter (insofern ähnlich wie 1869/70) die jeweilige Mehrheit des deutschsprachigen und des französischsprachigen Episkopats, außerdem einige Amerikaner. Von den über 300 Italienern hielten nur wenige zu ihnen, vor allem Kardinal Lercaro, der sich besonders für die Liturgiereform engagiert hat.

Johannes XXIII. hat ermöglicht, dass reformistische Kardinäle wie Alfrink (Utrecht), Bea, Frings, Lercaro, Liénart (Lille) und Suenens die erste Konzilssession prägten. Konkret hat er nur zweimal eingegriffen, beide Male im Sinne der Reformer. Unmittelbar nach dem Beginn unterstützte er den für den gesamten weiteren Verlauf mitentscheidend gewordenen Vorstoß der Kardinäle Frings und Liénart für eine freie Wahl zu den Konzilskommissionen: nicht aufgrund der von der Kurie vorbereiteten, sondern aufgrund neuer, zwischen den Bischöfen und den Bischofskonferenzen erarbeiteter Listen. Einen Monat später sorgte er dafür, dass die von der Kurie vorbereiteten, ganz im bisherigen Stil gehaltenen Entwürfe, so der des Hl. Offiziums über die Glaubensquellen (Schrift und Tradition, mit starker Betonung letzterer, d. h. deren neuerer lehramtlicher Auslegung!) nicht überarbeitet, sondern zurückgezogen und dass stattdessen neue Texte unter Beteiligung nicht-kurialer Theologen erarbeitet werden konnten. Dies hatte die Mehrheit der Bischöfe gefordert, dafür aber nicht die nach der Geschäftsordnung erforderlichen zwei Drittel der Stimmen aufgebracht. Der neuen Kommission standen Bea und Ottaviani gleichberechtigt vor.

Der Papst war zu Ende der ersten Konzilssession unheilbar krank (Magenkrebs) und wusste das. Um Kontinuität zu sichern, ernannte er darum für die Zeit nach der ersten Session eine Kommission zur Koordinierung der weiteren Arbeiten unter Kardinal Cicognani. Am 6. Januar 1963 beschwor er alle Bischöfe in einem eindringlichen Schreiben zur Fortsetzung des Konzils. Ebenfalls in seinem letzten Lebensjahr berief Johannes XXIII. eine von vielen Konzilsvätern gewünschte Kommission zum Studium von Bevölkerungswachstum und Geburtenregelung. Das war der erste und bisher einzige päpstliche Versuch zu kritischer Prüfung des sexualmoralischen Rigorismus seiner beiden Vorgänger; obwohl Paul VI. diesen zunächst aufgriff, ist er fünf Jahre später, mit seiner Enzyklika *Humanae Vitae,* gescheitert.

Johannes XXIII., dessen letzte Krankheit und Tod (3. Juni 1963) eine mit dem Ende Johannes Pauls II. durchaus bereits vergleichbare Resonanz fanden, hatte die Selbstmarginalisierung der katholischen Kirche beendet und die päpstliche Macht in einem bis dahin nie erreichten Ausmaß zu moralischer Macht umgeformt. Auf dieser Basis hat sein diplomatisch versierterer Nachfolger eine neuartige Position in der sich langsam verfestigenden Staatengemeinschaft (UNO) erreicht. Vor allem hatte Johannes XXIII. bewiesen, dass das päpstliche Amt trotz der seit 1870 durchgesetzten Machtfülle menschlich ausgeübt werden kann, und damit einen Maßstab gesetzt, an dem seine Nachfolger sich messen lassen müssen. Indem er die Kollegialität der Bischöfe und, was noch wichtiger war, die Freiheit der Gewissen akzeptierte, hatte er sich sogar – als einziger Papst der Neuzeit – zu einer Minderung seiner Macht bereitgefunden. Die vatikanische „Rechte", immer noch personifiziert in den Kardinälen Ottaviani, Ruffini und Siri, hatte unter ihm viel von ihrer früheren Macht verloren. Nach seinem Tod konnte sie die Wahl des von ihm favorisierten Montini nicht mehr verhindern, wohl aber im Vorfeld eine Zusage partieller Berücksichtigung ihrer Positionen erreichen.[181] Die Ambivalenz des nächsten Pontifikats, welche schon ein gutes Jahr später in der den päpstlichen Primat betonenden *Nota praevia* zur Kirchenkonstitution und fünf Jahre später in der Enzyklika *Humanae Vitae* spektakulär zu Tage trat, war also vorprogrammiert. Montini, der seine Gegner ja bestens kannte, glaubte, ihnen entgegenkommen zu müssen, um Papst zu werden und das Konzil als solches weiterführen zu können.

Paul VI. und die Fortsetzung des Konzils

In einem nur zweitätigen Konklave wurde Kardinal Montini am 21. Juni 1963 (im 6. Skrutinium) mit 58 von 80 Stimmen zum Papst gewählt. Soviel man weiß, waren seine Wähler konziliare, vorwiegend europäische (im Kern französische und deutschsprachige, dazu nun auch italienische) sowie amerikanische Kardinäle; außer ihm hatten der Traditionalist Siri und die konsequenteren Reformer Lercaro und Suenens Stimmen erhalten. Montini nannte sich weder Pius noch Johannes, sondern wählte den Namen des großen Missionars unter den Aposteln; wohl ohne Bezug auf den 1605 gewählten letzten Papst dieses Namens. Er trat ebenso einfach auf wie sein Vorgänger; so verzichtete er auf die Tiara, die seit dem 13./14. Jahrhundert vor allem die Herrschaft der Päpste symbolisiert hatte und auch nach 1870 und 1929 weiter benutzt worden war. Sie blieb aber bis zu Benedikt XVI. noch Teil des päpstlichen Wappens. Im Rahmen seiner Kurienreform hat Paul den pseudobarocken Hofstaat des Vatikans größtenteils abgeschafft und die verbleibenden Reste sehr vereinfacht.

Schon am Tag nach seiner Wahl hatte Paul VI. vor den Kardinälen die Fortsetzung des Konzils zur wichtigsten Aufgabe seines Pontifikats erklärt. In seiner ersten Enzyklika (*Ecclesiam suam*, 1964) sprach er von Reform und Dialog als zentralen Aufgaben, vom ökumenischen Dialog und von der Begegnung mit der modernen Kultur.

Der inzwischen 80-jährige Staatssekretär Cicognani wurde bestätigt, erhielt jedoch in den Prälaten Agostino Casaroli und Giovanni Benelli[182] ranghohe Mitarbeiter, die dem Papst näherstanden. Paul VI. regierte selbst, auch nachdem 1969 der französische Kardinal Jean Villot (seit 1967 Präfekt der Kongregation für den Klerus) als erster Nichtitaliener und Nicht-Diplomat Nachfolger Cicognanis geworden war; ein zweiter Franzose, der dem Papst seit Langem nahestand, war der Publizist Jean Guitton.[183]

Auf der ersten Session des Konzils hatte sich Kardinal Montini zurückgehalten; nach Abstimmung mit seinen Beratern Giulio Bevilacqua, Carlo Colombo und Giovanni Colombo wollte er es nicht einfach fortsetzen, sondern von der Begeisterung des Anfangs zu vertiefter Reflexion und zu realistischen Konsequenzen führen. Im Mittelpunkt sollten die Lehre von der Kirche und deren innere Erneuerung, dazu der Dialog mit der modernen Welt stehen. Nachdem die zweite Konzilssession alsbald für den Herbst 1963 (29. September bis 4. Dezember) angesetzt und durch die Berufung von vier Moderatoren (Kardinäle Agagianian, Döpfner[184], Lercaro und Suenens) eine Straffung eingeleitet war, hat Paul VI. sein Konzept in drei Reden vorgetragen und darin auch deutlicher als sein Vorgänger erklärt, dass „Aggiornamento" nicht Aufgabe von Prinzipien oder Nachgiebigkeit gegenüber modernem Pragmatismus bedeute, sondern Erkennung und Anwendung neuer Medizinen gegen alte Krankheiten, wobei er die Gefährlichkeit des atheistischen Marxismus hervorhob (bei gleichzeitiger Anbahnung seiner Ostpolitik!). Aber ausdrücklich bekannte er sich zum Barmherzigkeitspostulat Johannes' XXIII.

Paul VI. war, wie gesagt, in einer wegen des Gegensatzes zwischen Reformern und Traditionalisten äußerst schwierigen Situation gewählt worden; er blieb entschlossen, zwischen beiden Parteiungen so zu vermitteln, dass das Programm der einen für die anderen annehmbar, d. h. eben auch, dass es abgeschwächt wurde! Noch im Herbst 1963 kündigte der Papst aber die Reform der römischen Kurie an! Damit reagierte er auch auf die Kritik, welche viele Bischöfe an deren bisheriger, nicht selten repressiver Regierungspraxis übten. In diesem Zusammenhang hat Kardinal Frings am 8. November 1963 einen der ärgsten Machtmissbräuche, die geheime und parteiliche Verfahrensweise des Hl. Offiziums, scharf gerügt und gefordert, dass dort niemandes Schriften zensiert oder verurteilt werden dürften, ohne dass er (oder sein Bischof) vorher gehört werde, die Gründe der Zensur erfahre und dazu Stellung nehmen könne. Ottaviani war empört. Aber Paul VI. bat Frings um konkrete Vorschläge und verordnete zwei Jahre später (im Zusammenhang seiner Kurienreform) eine Umstrukturierung des Hl. Offiziums, welches dabei seine Sonderstellung als „oberste Kongregation" verlor.[185] Sie mutierte zur Kongregation für die Glaubenslehre, erhielt jedoch nach Ottavianis Pensionierung 1968 mit dem kroatischen Kardinal Franjo Seper erneut einen konservativen Leiter, welcher aber nicht so stark wurde wie sein Vorgänger. Wer einer Häresie verdächtig ist, wurde seitdem wenigstens gehört, bekam aber nicht das Recht, sich einen Verteidiger auszusuchen. Alsbald nach der Wahl Johannes Pauls II. begannen wieder Verurteilungen. Insgesamt wurde auch weiterhin nicht klar zwischen Untersuchungsführern, Anklägern und Richtern unterschieden. Der Absolutismus wurde also nur gemildert, doch nicht durch moderne Rechtstaatlichkeit ersetzt.

Aus dem päpstlichen Willen zur Vermittlung mussten in einer Situation, die auch von übertriebenen Reformerwartungen und generell von einer Euphorie der Entspannung (mit der Rezeption Johannes' XXIII. als Parallelfigur zu John F. Kennedy, Präsident der USA seit 1961, ermordet 22. November 1963) geprägt war, Missverständnisse entstehen. Und das galt ebenso für die politischen Aktionen des neuen Papstes. Denn Montini war seit seinen Auseinandersetzungen mit dem Faschismus und dann um die Democrazia Cristiana ein ausgesprochen politischer Denker, der noch entschiedener als sein Vorgänger sowohl die Reformpolitik der von Aldo Moro geführten linken Mitte Italiens wie die internationale Entspannung fördern wollte.

Durch die konziliare Diskussion der bischöflichen Kollegialität war zudem eine Situation entstanden, welche durchaus an die von den neueren Päpsten aus dem kirchlichen Gedächtnis verdrängten Reformkonzilien von Konstanz und Basel erinnerte. Aber seit Ende der zweiten Session des Konzils hat Paul VI. dessen Leitung mehr und mehr an sich gezogen und dadurch sowohl für dessen zügigen Fortgang (dritte Session 14. September bis 21. November 1964, vierte Session 14. September bis 8. Dezember 1965) wie für die Vermeidung kompletter Brüche mit der pianischen Tradition gesorgt. Im November 1964 ließ er das dritte Kapitel der Kirchenkonstitution *Lumen gentium* über die Kirche mit einer nicht zur Diskussion gestellten *Nota explicativa praevia* versehen, welche den päpstlichen Lenkungsprimat bekräftigte. Der Sekretär des Konzils, Mons. Felici (1967 Kardinal), agierte wie oft auch bei dieser Gelegenheit faktisch als Sekretär des Papstes.

192

Zugleich demonstrierte der Papst bereits, dass und wie er (und nicht etwa eine Repräsentanz der Bischöfe) konziliare Anregungen realisierte. 1964/65 errichtete er zwei weitere Sekretariate für den Dialog mit Nicht-Christen und Nicht-Glaubenden, zudem die Bischofssynode, freilich nur als Beratungsorgan des Papstes (Motuproprio *Apostolica sollecitudine* 15. September 1965).

Ebenfalls 1964/65 begann der Papst (was trotz einer Pilgerfahrt Johannes' XXIII. nach Assisi und Loreto vor Konzilsbeginn immer noch ungewöhnlich war) zu reisen: zuerst „ad origines" nach Jerusalem, wo er mit dem ökumenischen Patriarchen Athenagoras I. zusammentraf (erste Begegnung von Papst und Patriarch seit 1439!) und zugleich Kontakte zu Israel/Palästina knüpfte; sodann nach New York zu den UN, die er als „Aula Magna" der Welt begrüßte und denen er sich als Mann ohne weltliche Macht, aber als Träger einer großen historischen Erfahrung und als engagierter Partner im Bemühen um Menschenrechte und Frieden präsentierte. Die Reisen Pauls VI. wirkten umso mehr, als es (anders als dann bei Johannes Paul II.) wenige (insgesamt neun) blieben. 1969 folgte sein Besuch beim Ökumenischen Rat der Kirchen in Genf, nachdem 1967 der anglikanische Primas Arthur Michael Ramsey den Vatikan besucht hatte. Die damit beginnenden ökumenischen Öffnungen des Vatikans, vor 1958 undenkbar, blieben freilich mehr auf die strukturell ähnlicheren orthodoxen als auf die reformatorischen Kirchen (abgesehen von der ebenfalls bischöflich verfassten anglikanischen) ausgerichtet. 1967 kam Paul VI. erneut mit Athenagoras zusammen, nun in Istanbul (Konstantinopel) und in Rom, nachdem Papst und Patriarch schon am 8. Dezember 1965, dem Tag der Beendigung des Konzils, erklärt hatten, dass sie die früheren wechselseitigen Exkommunikationen „vergessen lassen wollten".

Auch Paul VI. wurde (für einige Zeit) populär, trotz der schon erwähnten, die bischöfliche Kollegialität einschränkenden Nota praevia vom November 1964 und der Proklamation Marias zur „Mutter der Kirche", welche Exegeten und Ökumeniker enttäuschte. Der Papst wollte damit wohl rechte Theologen beruhigen, welche eine stärkere Betonung der Mariologie in den Konzilstexten gewünscht hätten. Aber das Konzil als solches, auf dem weiterhin frei diskutiert wurde, wirkte positiv. Auch begleitete der Papst es mit weiteren Bekenntnissen zum Frieden, zum Pluralismus der Meinungen, zur sozialen Verpflichtung des Eigentums und zur Entwicklungshilfe für arme Länder, dies vor allem in seiner von Konservativen als revolutionär empfundenen Enzyklika *Populorum progressio* (1967).

Das Zweite Vatikanische Konzil hat 16 vom Papst approbierte Texte verabschiedet: vier Konstitutionen (Gesetze), neun Dekrete (Verfügungen) und drei Erklärungen, davon die epochalen über die Religionsfreiheit und über die nicht-christlichen Religionen (samt der ebenfalls zwischen den beiden Konzilsparteien heftig umstritten gewesenen Neubewertung des Judentums).[186] Die wichtigsten Ergebnisse waren:

die *Reform der Liturgie*, welche diese vereinfachte und in die Sprachen der Menschen übertrug (neben dem Lateinischen, welches nicht ganz verdrängt werden sollte), sodass diese endlich wieder komplett verstanden, was sie in ihrer Kirche erlebten; an die Stelle des Opfers, das Mitglieder einer „Kaste" von Priestern allein vollzogen hatten, trat der Mahl-Gottesdienst der gesamten Gemeinde –

das schon in der Liturgiereform angelegte neue Selbstverständnis der Kirche als *„Volk Gottes"* (nach Geh. Offb. Kap. 21), dessen sämtliche Mitglieder grundsätzlich gleichwertig sind, d. h. Distanzierung von jenem Klerikalismus, der sich seit dem 11./12. Jahrhundert entwickelt hatte –

die *Postulate bischöflicher Kollegialität* mit der Stärkung der Ortskirchen und der *Selbstbestimmung* mit dem Appell an das persönliche Gewissen –

die *Öffnung der Kirche zur Welt*, mit dem Willen, für die Einheit der Menschen, für soziale Reformen und für den Frieden zu wirken –

die *Öffnung zu den anderen christlichen Konfessionen* (so in der Konstitution über die Kirche I 8 durch Abschwächung römischer Monopolansprüche) und zu den nicht-christlichen Religionen, wobei der Glaube Israels als bleibendes Fundament des eigenen Glaubens anerkannt wurde –

die *Anerkennung der Religionsfreiheit* als Menschenrecht.

Konziliarer Prozess und retardierende Entscheidungen

Damit präsentierte sich die katholische Kirche ein knappes Jahrzehnt nach dem Tode Pius' XII. ganz neuartig als Kraft der Kompromisse zwischen Selbstbewahrung, Konzentration auf das Wesentliche des christlichen Glaubens und Öffnungen zu den Menschen der Moderne, und das war weitgehend das Werk der beiden Konzilspäpste.

Doch neben der konziliaren Absage an Autoritarismus und Abgrenzung stehen Ambivalenzen, wie sie uns durch dieses ganze Buch begleiten; und wieder betreffen sie die Macht der Päpste. Denn zu der insgesamt befreienden und vertiefenden Konstitution über die Kirche gehörte die erwähnte *Nota Praevia Explicativa*, welche den Primat des Papstes komplett bekräftigte und klarstellte, dass jeder Bischof außer der Weihe der rechtlichen Einsetzung durch den Papst bedürfe. Selbst damit wären allerdings Bischofswahlen (wenn man denn die proklamierte Selbstständigkeit der Ortskirchen ernst nähme) durchaus vereinbar. Und in der insgesamt die Würde des Menschen und die Bereitschaft zum Dialog bekundenden Konstitution über die Kirche in der Welt von heute (*Gaudium et spes*) wurde zwar auch die Ehe erstmals umfassend gewürdigt, aber die drängende Frage der

Empfängnisverhütung unter Hinweis auf die entsprechenden Aussagen Pius' XI. und Pius' XII. der Entscheidung des Papstes überlassen.

Ambivalent wirkte auch die bei Konzilsende erfolgte päpstliche Ankündigung von Seligsprechungsprozessen für Johannes XXIII. und Pius XII. (an Stelle der von vielen Konzilsvätern gewünschten spontanen Seligsprechung Johannes'), gedämpft ermutigend die Schaffung der Bischofssynode. Immerhin hatte ihre Bestätigung in der Konzilskonstitution über die Bischöfe am 28. Oktober 1965 die Kontinuität des konziliaren Prozesses in Aussicht gestellt. Aber diese Synode erhielt, wie schon gesagt, keine Entscheidungsbefugnisse, sondern soll vielmehr nur den Papst beraten. Er bestimmt ihre Zusammensetzung und ihre Themen, er ernennt ihren bei seiner Kurie angesiedelten Generalsekretär. Im Herbst 1967 ist die Synode zum ersten Mal zusammengetreten, nachdem das päpstliche Staatssekretariat ihre Satzung formuliert hatte! Die Synode ist also viel weniger als ein Konzil.[187]

Die mit großen Hoffnungen begleitete Kommission zum Studium von Bevölkerungswachstum und Geburtenregelung (1963–1966) kam mehrheitlich zu dem Urteil, dass Antikonzeption als solche nicht sittlich verwerflich sei; und ebenso urteilte mit qualifizierter Mehrheit die daraufhin 1966 von Paul VI. berufene Kommission von Bischöfen und Theologen. Ihre Mehrheit, in der Kardinal Döpfner und die deutschen Moraltheologen Bernhard Häring CSSR[188] und Josef Fuchs SJ führend waren, empfahl darum dem Papst, die Wahl der Methode den Ehepaaren zu überlassen. Sie war der Überzeugung, dass die Empfängnisregelung höchstens sehr indirekt zum kirchlichen Glaubensgut gehört und dass aufgrund dessen die Kirche von Ehepartnern nur verlangen darf, dass sie lebenslang zusammenbleiben und Kinder haben (wollen). Aber Kardinal Ottaviani verteidigte die Lehre der Pius-Päpste und behauptete, dass durch Distanzierung davon die päpstliche Autorität als solche, die ohnehin durch das Konzil geschwächt sei, unterminiert werde. Dass dies ganz im Gegenteil eine bald eingetretene Folge erneuter Übertreibung dieser Autorität sein konnte, kam ihm und seinen Freunden anscheinend nicht in den Sinn.

Paul VI. hat der Minderheit, welche von außen z. B. durch Kardinal Siri energisch unterstützt wurde, nachgegeben und am 25. Juli 1968 die Enzyklika *Humanae Vitae* veröffentlicht, nach der jeder eheliche Akt auf die Erzeugung menschlichen Lebens hingeordnet bleiben muss und in der jede aktive Empfängnisverhütung als in sich unsittlich bezeichnet wurde; ganz entsprechend der päpstlichen Naturrechts-Doktrin seit dem 19. Jahrhundert.[189] Zwar bemühte die Enzyklika sich auch um eine über *Casti connubii* hinausgehende Würdigung von Liebe und Ehe. Aber ihre zentrale Aussage war ein Machtspruch, der sich über die ernsthafte Diskussion komplexer menschlicher und gesellschaftlicher Probleme hinwegsetzte und durch die undifferenzierte Ablehnung verantwortlicher Geburtenplanung letztlich den Kampf gegen die um sich greifende Abtreibung erschwert hat. Die Überbevölkerung der armen Regionen der Welt wurde indirekt gefördert. Der Papst erinnerte daran, dass das kirchliche Lehramt bereits mehrmals („pluries") in diesem Sinne entschieden habe, und zitierte dafür den nachtridentinischen Katechismus (Bellarmin) und die Aussagen neuerer Päpste seit Pius IX. Er behauptete auch, dass seine Beurteilung der menschlichen Vernunft entspreche.

Ein ähnlicher Machtspruch war 1967 (also im gleichen Jahr wie *Populorum progressio!*) in der Enzyklika *Sacerdotalis coelibatus* vorausgegangen, welche gegen alle in den Jahren des Konzils erneut erhobenen Einwände für die lateinische Kirche am Pflichtzölibat der Priester festhielt.[190] Dabei hatten die Reformer nicht die Abschaffung des Zölibats gefordert, sondern vorgeschlagen, auch verheiratete Männer („viri probati", d. h. ausgewiesene Ehemänner und Familienväter) zum Priesteramt zuzulassen. – Nur die unter Johannes XXIII. eingeführte Praxis der Dispens vom Zölibat, d.h. der sog. „Laisierung" von Priestern auf deren Antrag, wurde in der Enzyklika bejaht. Johannes Paul II. hat sie brüsk abgeschafft.

So hat es die traditionalistische Fraktion im Vatikan 1964/65 und 1967/68 verstanden, den konziliaren Reflexionsprozess in wichtigen Punkten abzuwiegeln und die päpstliche Macht, und das hieß ihre eigene Macht, über Bischöfe und Priester und über die Gewissen der Katholiken erneut herauszustellen. Sie hätte zufrieden sein können. Doch wurde seit 1968 deutlich, dass bei vielen Katholiken inzwischen ein Freiheitsbewusstsein entstanden war, welches sich zumindest in Ansätzen auch auf konziliare Texte berufen konnte. Die Forderung nach Dezentralisierung und Demokratisierung wurde öfter und lauter erhoben. Der Exodus aus Klöstern, Seminaren und geistlichen Ämtern, der längst begonnen hatte, nahm noch erheblich zu; und der Widerspruch gegen *Humanae Vitae* überstieg bei Weitem die Befürchtungen, welche der Papst selbst in den Schlussabschnitten der Enzyklika ausgesprochen hatte.

Mehrere Bischofskonferenzen, so die deutsche und die österreichische, hatten im Sommer 1968 zu beruhigen versucht, indem sie zwar Respekt vor der päpstlichen Entscheidung anmahnten, aber das persönliche Gewissen als oberste Instanz für die konkreten Konsequenzen anerkannten[191]; und Paul VI. hat dazu immerhin geschwiegen. Aber seit 1974/75 (*Quaestio de aborto, Persona humana*) hat er den Rigorismus von *Humanae Vitae* erneut bekräftigt, und erst recht und noch öfter hat das Johannes Paul II. getan.

Zusätzlich verschärfend hat die 1968er-Bewegung gewirkt, welche zunächst nur demokratisierend, aber bald kulturrevolutionär auftrat. Sie erfasste auch katholische Studenten, Jungakademiker und manche Theologen, welche sich auf das Konzil beriefen. Der Kontrast zu ihnen hat konservativere

Theologen, manche Bischöfe und auch Laien (besonders solche, die die Liturgiereform verunsichert hatte) zur Abkehr vom Konzil bewogen, worauf die Traditionalisten nur warteten. Wie oft in der Geschichte provozierte ein Radikalismus einen anderen. Emblematisch war Joseph Ratzingers Abkehr von früheren offeneren Positionen.[192] Doch zunächst hat sich damals eine in der neueren Geschichte der katholischen Kirche unerhörte innere Spaltung vollzogen, welche der Macht der Päpste neuartige Grenzen setzte. Denn einerseits hat der Vatikan der Sexualmoral seit *Humanae Vitae* eine immer größere, über ihren historischen Ort in der Moraltheologie weit hinausgehende Bedeutung angeredet; aber andererseits praktizieren viele Katholikinnen und Katholiken ihren Widerspruch gegen die Verbote der Enzyklika, indem sie sich nicht daran halten und trotzdem in der Kirche bleiben. Sie widersprachen also dem Papst und freuten sich über die Reformen des Konzils – das musste die Abwehrhaltung der Rechten noch steigern. Der Vatikan begann, Reformer durch Vasallen zu ersetzen. So war es symptomatisch, dass die Nachfolger der Kardinäle Frings und Döpfner 1969 resp. 1977 Joseph Höffner und Joseph Ratzinger wurden, zwei Männer, die inzwischen entschiedene Gegner des konziliaren Prozesses waren. Höffner hat das OPUS DEI und konkret dessen römische Studienzentren energisch, auch finanziell gefördert. Da es sich tarnte, mit vielen Namen und neutralen Adressen agierte, war das wachsende Ausmaß seiner Tätigkeit schwer erkennbar.

Reformen

Die Reform der römischen Kurie hatte Paul VI. schon 1964/65 begonnen; mit der Durchführung betraute er den bis zur Rücksichtslosigkeit energischen Mons. Benelli. Sie erbrachte einerseits eine Straffung, denn mehrere Behörden wurden zusammengefügt, längst unnötig gewordene Institutionen abgeschafft, so die Garden mit Ausnahme der Schweizergarde (neben der weiterhin die Gendarmeria pontificia für die Sicherheit zuständig ist); andererseits eine Erweiterung durch Kommissionen und „Räte" für neue Aufgabenbereiche. Ihre Mitglieder werden vom Hl. Stuhl ernannt!

Das Staatssekretariat wurde leitende Zentralbehörde, nun unterteilt in die beiden Sektionen für die „allgemeinen Angelegenheiten" und für die „Beziehungen zu den Staaten". Unter dem Kardinalstaatssekretär, der seitdem wie ein Ministerpräsident fungiert und auch dem „Rat für die öffentlichen Angelegenheiten der Kirche" (1967 anstelle der Kongregation für die außerordentlichen Angelegenheiten) vorsteht, ist für die erste Sektion weiterhin der Substitut, für die zweite ein Sekretär (manchmal als „Außenminister" bezeichnet) zuständig, beide Titular-Erzbischöfe.[193] 1960 hatten im Staatssekretariat ca. 100 Geistliche und ca. 10 Laien gearbeitet, es gab 54 Nuntien und Delegaten. 2000 waren allein in der ersten Sektion ca. 130 Personen tätig, darunter ca. 30 Laien (davon sechs Frauen) und ca. zehn Ordensfrauen; in der zweiten Sektion ca. 45, darunter 10 Laien (zwei Frauen) und fünf Ordensfrauen. Es gab nunmehr über 110 Nuntien und Delegaten (davon inzwischen 40 Nicht-Italiener), von denen jeder im Durchschnitt zwei Mitarbeiter des diplomatischen Dienstes hat; etliche sind für mehrere Länder zuständig. Der Hl. Stuhl unterhielt 16 Vertretungen bei internationalen Organisationen.

1960 hatten ca. 50 Staaten diplomatische Beziehungen zum Hl. Stuhl. Bis 2000 stieg ihre Zahl auf ca. 145, von denen aber über 65 ihren Botschafter bei einem der europäischen Staaten beim Hl. Stuhl mit akkreditieren. Neben dem Staatssekretariat bestanden 2000 noch neun Kongregationen (1960: 13), in die nun neben den Kardinälen auch Bischöfe berufen werden; drei Tribunale (Pönitentiarie, Rota, Signatura) und zwei Ämter (Cancelleria, Camera), die beiden neuen Präfekturen (seit 1967) für die wirtschaftlichen Angelegenheiten und für das Vermögen des Heiligen Stuhls, sodann die teils aus den erwähnten neuen Sekretariaten hervorgegangenen „Räte" (insgesamt elf), so die für die Einheit der Christen und den interreligiösen Dialog, für die Laien und für die Familie, deren Präsidenten und oberste Mitarbeiter nach wie vor Prälaten waren und bis heute geblieben sind, sowie das Sekretariat der Bischofssynode.[194]

Aber mehr noch als durch die Reform der Kurie (samt der damit einhergehenden Abschaffung oder Beschneidung von Privilegien und Insignien) ist Paul VI. durch die energische Durchführung der Konzilsentscheidungen zum Reformpapst großen Stils geworden. Am direktesten wirkte in diese Richtung die Liturgiereform, welche insgesamt einen Mittelweg zwischen Ursprünglichkeit und Moderne wies. Denn einerseits verwies sie auf liturgische Überlieferungen des Neuen Testaments und der Alten Kirche, und andererseits genügte sie dem Anspruch des modernen Menschen auf Verständnis und Partizipation. An diesen Grundsätzen orientierten sich sowohl die Messbücher für die einzelnen Sprachgebiete (für die deutschen 1965, 1970, 1975) wie das neue lateinische Missale Pauls VI. (1970).[195] Zudem akzeptierte die erneuerte Liturgie Formen (z. B. Wortgottesdienste), die denen in anderen Konfessionen ähnlich waren, und wirkte damit auch ökumenisch. Aber gerade das passte den rechten Kritikern nicht!

Finanzprobleme

Die Erweiterung der römischen Kurie, die größere internationale Präsenz, die vielen Reisen infolge der Sitzungen der neuen Kollegialorgane (darunter von Mitgliedern aus ärmeren Ländern, welche die dafür anfallenden Kosten nicht selbst tragen können) und erst recht die päpstlichen Reisen haben die Ausgaben des Vatikans erheblich erhöht. Und dasselbe taten umfangreiche Baumaßnahmen Pauls VI. wie der Umbau des Lateranpalastes zur Aufnahme der römischen Diözesanverwaltung, die dadurch notwendige Konzentration aller Kunstsammlungen im Vatikan, der Bau der großen Audienzhalle durch Pier Luigi Nervi (Paul VI. war auch in Fragen der Kunst der einzige „moderne" Papst) oder die Neugestaltung der dabei raketensicher ausgestatteten päpstlichen Wohnung. Noch stärker als zuvor appelliert man daher seitdem an die Spendenbereitschaft der Katholiken, welche ihnen unter Johannes Paul II. 1983 im neuen CJC (Can. 222 § 1) geradezu zur Pflicht gemacht wird!

Paul VI. hatte endlich im Sinne von *Populorum progressio* eine Neuorientierung der vatikanischen Investitions- und Anlagenpolitik angeordnet; sie sollte nicht länger, wie seit den Anfängen unter B. Nogara, maximalen Gewinn erbringen, sondern moralischen Kriterien entsprechen. 1968–1972 erfolgten deshalb umfangreiche Umstrukturierungen, welche die Einnahmen, auch wegen gleichzeitiger Inflation in Italien, erheblich verminderten. Die Verwaltung der Finanzen wurde in den neuen Präfekturen aber wieder, wie vor 1929, Geistlichen übertragen, von denen der Titular-Erzbischof Paul C. Marcinkus, ein Amerikaner litauischer Herkunft, an der Spitze des IOR (seit 1969) eine zwielichtige Rolle gespielt hat.[196] Er arbeitete mit den Mailänder Bankiers Michele Sindona und Roberto Calvi, deren Imperium (zunächst um den Banco Ambrosiano) 1974/75 resp. 1982 zusammengebrochen ist. Dabei wurde das Sparkapital vieler katholischer Anleger, darunter einfacher Leute (so bei der Banca Cattolica del Veneto), vernichtet, Kompetenz und Integrität des Vatikans wurden in Frage gestellt. Das Misstrauen rührte auch daher, dass der IOR seine Aktionen stets geheim gehalten hatte; erst nach peinlichen Enthüllungsgeschichten hat der Vatikan seit ca. 1970 erstmals Zahlen genannt und 1975 sein Aktivvermögen mit 100–150 Millionen Dollar bezeichnet. Unter Johannes Paul II., der insgesamt die Finanzen robust zu sanieren und für seine politischen Ziele in Polen einzusetzen wusste, sind endlich offizielle Bilanzen veröffentlicht worden.

Immens ist auch der Immobilienbesitz des Vatikans in Rom und Umgebung, dessen Wert in den letzten 30 Jahren (u. a. durch Umbauten, Umwidmungen von Klöstern in Hotels und durch Neuvermietungen) noch erheblich gesteigert werden konnte. Dabei profitiert der Heilige Stuhl zusätzlich von italienischen Steuerprivilegien; und das gilt auch für die Immobilien der Orden, über deren großen Umfang es keine exakten Angaben gibt; ihre Kapitalien verwaltet der IOR. Filialen anderer katholischer Banken kommen in Rom nicht zum Zuge. Die Steuerprivilegien kamen nämlich unter den Mitte-Rechts-Regierungen Silvio Berlusconis (seit 1994) auch den Häusern der Orden (und aller geistlichen Stiftungen) und den diese benutzenden Organisatoren des Pilgerwesens zugute, für welches der Hl. Stuhl eine eigene, ebenfalls von einem Titular-Erzbischof geleitete Behörde unterhält (*Peregrinatio ad Petri Sedem*).

Unter den Bischöfen reicher Diözesen, die dem Hl. Stuhl schon in der Krise nach 1975 zu Hilfe kamen, hatte sich in Deutschland ebenfalls Kardinal Joseph Höffner hervorgetan; zu jenen, welche auf voller Entschädigung der Sparer aus kirchlichem Vermögen bestanden, der Patriarch von Venedig, Albino Luciani (1978 Johannes Paul I.). Höffner hatte jedoch auch professionelle Verwaltung gefordert.

Ostpolitik

Es bleibt von der „Ostpolitik" Johannes' XXIII. und Pauls VI. zu reden, die von vielen betroffenen Bischöfen und von westlichen Regierungen, nicht nur von denen in Washington und Bonn, mit großer Skepsis beobachtet wurde. Aber sie gehörte zum pastoralen Gesamtkonzept und zum Entspannungswillen, welche beide Päpste in den Enzykliken *Pacem in terris* 1963 und *Populorum progressio* 1967 formulierten.[197] Und sie entsprach auch durchaus einer älteren Tradition, wie der mit ihrer Ausführung betraute Prälat, später Kardinal Casaroli, öfter betont hat. Denn der Heilige Stuhl hatte oft mit Regierungen, die weltanschaulich ganz konträr zu ihm standen, verhandelt – so mit denen Hitlers und Stalins (!) –, um in deren Ländern die kirchlichen Strukturen zu erhalten oder wiederherzustellen. Pius XII. hatte das nach der Bolschewisierung Ost-Mitteleuropas nicht mehr versucht. Aber als er starb, war die Lage der katholischen Kirche in den betroffenen Ländern schlechter denn je. Viele Bischofssitze waren vakant, nicht wenige, darunter prominente Bischöfe im Gefängnis; Ungarns Primas Mindszenty, der beim Aufstand von 1956 eine Symbolfigur nationaler Freiheit geworden war, konnte seitdem nur durch Asyl in Budapests US-Botschaft erneuter Verhaftung entgehen. Manche Diözesen wurden von Vikaren geleitet, welche die Regierungen aufgedrängt hatten. Religion und Kirche waren aus der Öffentlichkeit verdrängt. Für die kleine katholische Minderheit in der UdSSR gab es überhaupt keine Hierarchie mehr; in der Ukraine war die unierte Kirche mit der orthodoxen, die dem Staat gehorchte, zwangsvereinigt worden.

Johannes XXIII. wollte retten, was zu retten war. Paul VI. hat dann auch auf diesem Gebiet die Ansätze seines Vorgängers rationalisiert und konsequent ins päpstliche Regierungssystem integriert.

Johannes XXIII. hatte über das neue Einheitssekretariat (Kardinal Bea, Mons. Willebrands) Kontakte zur russisch-orthodoxen Kirche angeknüpft, welche sogar eine Delegation zum Konzil schickte. Er erreichte zudem, dass aus den meisten kommunistischen Ländern Bischöfe am Konzil teilnehmen konnten und dass der ukrainische Metropolit Josyf Slipyi aus langjähriger Haft 1963 nach Rom entlassen wurde (1965 Kardinal, gest. 1984). Dort hat er aber, wie bald auch die Kardinäle Mindszenty, Wyszynski und Bengsch, eindringlich vor Konzessionen an die kommunistischen Regierungen gewarnt. Denn diese dachten durchaus nicht an die Gewährung kirchlicher Freiheit, wollten vielmehr den Vatikan für ihre, auf Schwächung des Westens berechnete Entspannungspolitik instrumentalisieren, dazu (wie es Napoleon mit Pius VII., Bismarck mit Leo XIII. versucht hatte) zur Domestizierung ihrer Ortskirchen benutzen.

Aber päpstliche Kirchenkonzeption und der Wille zu größerer internationaler Präsenz führten dazu, dass Paul VI. sich über solche Warnungen hinwegsetzte. Wie z. B. schon Leo XIII. wollte er konkordatäre Verabredungen und komplettierte Episkopate unter der Aufsicht päpstlicher Nuntien erreichen. Doch dazu musste er den kommunistischen Regierungen die „Entpolitisierung" des Klerus zugestehen und manche von deren Kandidaten als Bischöfe akzeptieren. Wegen der an der Ausübung ihrer Ämter gehinderten Erzbischöfe Beran (Prag) und Mindszenty (Gran resp. Esztergom) fand er sich zu Lösungen wie mit Slipyi bereit. Beran ist 1965 als Kardinal nach Rom gegangen (gest. 1969). Aber Mindszenty bestand lange auf seinem Recht und ging erst 1971 aufgrund einer Vereinbarung, deren ihn zum Schweigen verpflichtende Auflagen ihm von den Vertretern des Papstes nicht mitgeteilt wurden, ins Exil; nur kurz nach Rom und dann nach Wien, wo er, obwohl nun fast 80-jährig, wieder pastoral und publizistisch tätig geworden ist. Da er seine den Kommunisten äußerst peinlichen Erinnerungen zur Veröffentlichung vorbereitete[198], hat der Papst ihn 1974 seines Amtes enthoben.

Ebenso hart war er sechs Jahre zuvor mit Kardinal Lercaro, einem der Moderatoren des Konzils (!), verfahren, nachdem dieser im Vietnamkrieg die USA härter kritisiert hatte, als dem Papst lieb war. Beide Kardinäle mussten der Macht des Papstes weichen, weil sie seinem politischen Konzept widersprachen.

Besonders energisch haben sich die Bischöfe Polens und der DDR vatikanischen Verhandlungen mit ihren Regierungen widersetzt. Der polnische Episkopat unter dem Primas Stefan Wyszynski brauchte keine Hilfe aus Rom; er war stark, weil die Kirche gesellschaftlich tief verwurzelt war und als Hüterin nationaler Kontinuität auftrat. Nur Karol Wojtyla (Krakau, seit 1867 Polens zweiter Kardinal) stellte sich ganz auf den Kurs Pauls VI. ein und wurde darum von diesem hoch geschätzt; seinen kämpferischen Antikommunismus kehrte er erst später heraus. Die wenigen Bischöfe in der DDR waren zwar in schwacher Position, konnten aber wie die sie unterstützenden westdeutschen Bischöfe gegen die von Ost-Berlin geforderte und in Rom erwogene Errichtung einer eigenen Kirchenprovinz auf das Reichskonkordat verweisen, an das der Vatikan gebunden war, solange die Bundesrepublik an seinen diesbezüglichen Bestimmungen festhielt.

Aber als der deutsch-polnische Normalisierungsvertrag im Juni 1972 ratifiziert wurde, bestimmte der Heilige Stuhl sogleich die bereits vorbereitete Eingliederung der früheren deutschen Ostgebiete in die polnische Kirchenorganisation; und nach der Ratifizierung des deutsch-deutschen Grundlagenvertrags im Juni 1973 begann Erzbischof Casaroli Verhandlungen mit der DDR. Johannes Paul II. hat sie alsbald nach seiner Wahl im Herbst 1978 beendet. Zwar bestand auch er darauf, dass letztlich der Heilige Stuhl für und über die Ortskirchen zu entscheiden habe; aber Konzessionen an kommunistische Regierungen wollte er gerade nicht.

Im Sinne seines Gesamtkonzepts hatte Paul VI. es als großen Erfolg betrachtet, dass der Heilige Stuhl auch auf sowjetischen Wunsch an der großen Konferenz über Sicherheit und Zusammenarbeit in Europa (KSZE, Helsinki Juli 1973 bis August 1975) beteiligt wurde. Aber bei begleitenden Besuchen des polnischen Außenministers Olszowski im Vatikan und Erzbischofs Casaroli in Warschau hatte sich erneut erwiesen, dass die polnische Regierung weniger an die Normalisierung der kirchlichen Verhältnisse dachte, sondern in voller Übereinstimmung mit Moskau (und dem dortigen Umgang mit der orthodoxen Kirche!) die moralische Unterstützung des Vatikans für die kommunistische Auslegung von Koexistenz und Entspannung erreichen wollte. Ähnlich agierte auch die DDR.

So standen wie im ganzen Pontifikat Pauls VI. auch in seiner Ostpolitik Erfolge und Misserfolge nahe beieinander. Immerhin gelang es ihm, in Ost-Mitteleuropa die strukturellen Voraussetzungen kirchlichen Lebens zu festigen. Aber über Einwände der mit den konkreten Situationen vertrauten Episkopate hat Paul VI. sich öfter hinweggesetzt, als für die Sache gut war und als mit der soeben vom Konzil zumindest prinzipiell postulierten bischöflichen Kollegialität vereinbart war. Und ob die von ihm so hoch bewertete diplomatische Präsenz des Vatikans der Evangelisierung dient, ist eine Frage, mit der man erneut auf die Grundproblematik des zeitgenössischen Papsttums stößt. Doch jedenfalls ist dessen internationale Präsenz durch die Ostpolitik Pauls VI. bestärkt worden. Die Möglichkeiten des Heiligen Stuhles, den modernen Gesellschaften seine Standpunkte zu Frieden und Gerechtigkeit, zu Ehe und Familie und zu den neuen Fragen der Bioethik mitzuteilen, sind seitdem immens gewachsen. Wenn sie trotzdem nicht den gewünschten Konsens finden, so liegt das an dem doktrinären Rigorismus, mit dem Johannes Paul II. und Kardinal Ratzinger sie zunehmend belastet haben.

Seit ca. 1970 war auch die innerkirchliche Kritik am Papst stärker geworden. Nach *Humanae Vitae* war sie von enttäuschten Reformern gekommen, so in Deutschland besonders heftig auf dem Katholikentag in Essen (September 1968). Wegen der Liturgiereform und der Beschreibung der Kirche als „Volk Gottes", der Religionsfreiheit und der Ostpolitik kam sie aber bald ebenso heftig von rechten Reformskeptikern[199]; sie hielten dem Konzil und dem Papst vor, damit wesentliche Elemente des spezifisch Katholischen aufzugeben. Die traditionalistische Protestbewegung um den französischen Erzbischof Marcel Lefèbvre (seit 1969 BRUDER-SCHAFT ST. PIUS X.) erstarkte.[200] Aus dem Optimismus des Konzils wurde die Krise der nachkonziliaren Kirche, aus Paul VI. ein „Papst im Widerstreit" (David A. Seeber, 1972). Er hat unter dieser Krise gelitten, aber seinen Kurs geduldig fortgesetzt. Obwohl nun eher pessimistisch, blieb Montini (in den eingangs skizzierten Grenzen) Reformer. 1970/75 hatte er einschneidende Bestimmungen zur Papstwahl erlassen; 1977 gab er dem römischen Vikariat eine neue Ordnung und begann noch mit der schon im Konkordat von 1929 vorgesehenen Reduzierung der zahlreichen, oft auf die Spätantike zurückgehenden kleinen Bistümer Mittelitaliens, welche 1986 abgeschlossen worden ist. Zu den ihm weiterhin notwendig erscheinenden Abgrenzungen gehörte, dass er 1976 den Erzbischof Lefèbvre, der inzwischen im Seminar seiner Bruderschaft in Econe (Schweiz) vorkonziliare Priesterausbildung organisierte und Weihen erteilte, suspendiert hat. Für die Traditionalisten begann damit – bis zur Rehabilitierung ihrer Bischöfe durch Benedikt XVI. 2009, also nur für 33 Jahre – ein ähnlicher Weg wie ein Jahrhundert zuvor für die Altkatholiken, welche sich auch als Wahrer der Tradition verstanden hatten. Von welchem Punkt an solche Wahrung schismatisch wird, bestimmt in der katholischen Kirche spätestens seit 1870 allein der Papst.

Die letzte Lebenszeit Pauls VI. ist zusätzlich dadurch belastet worden, dass die von ihm engagiert geförderte Mitte-Links-Politik in Italien („Compromesso storico") zunächst nicht zu der von ihm erstrebten sozialstaatlichen Stabilisierung des Landes, sondern zu weiterer Stärkung des Kommunismus und 1977/78 zu einer Radikalisierung führte, dessen prominentestes Opfer Montinis Freund Aldo Moro geworden ist. Vergebens hatte der Papst ihn durch einen dramatischen Appell an die radikal-kommunistischen Entführer zu retten versucht, drei Monate nach dessen Ermordung ist auch er am 6. August 1978 gestorben.

Paul VI. hatte die Kurie reformiert, den konziliaren Prozess ins päpstliche System integriert und die vatikanische Weltpräsenz erheblich gesteigert. Insofern hat er die Macht der Päpste neuartig stabilisiert, dabei aber meistens mit einer Mischung aus Maß und Respekt vor anderen Meinungen gehandelt.

Insgesamt hatte die katholische Kirche, wie schon gesagt, unter den beiden Konzilspäpsten den Weg zur Konzentration auf den Kern des Christlichen eingeschlagen, sie war menschlicher und moderner geworden, interessanter als je zuvor im 20. Jahrhundert. Durch ihren Einsatz für Menschenrechte und Religionsfreiheit hatte sie geradezu „Bürgerrecht" in der modernen Welt erworben. Aber der 1870 begründete Absolutismus war nur gemildert. Schon unter Paul VI. sammelten sich in der katholischen Kirche, keineswegs nur im Vatikan, die Kräfte, welche einen solchen Prozess des „Aggiornamento" in der Theologie und in der Struktur der Kirche bremsen oder rückgängig machen wollten. Der „Partito Romano" wirkte weiter, und die doktrinäre Leitlinie führte von Alfredo Ottaviani über Franjo Seper zu Joseph Ratzinger, flankiert von Männern wie Höffner und Hengsbach (Essen), Siri, Wojtyla und Wyszynski. Die konziliare Begeisterung hat nicht lange angehalten, und die Mehrzahl der Katholiken zieht anscheinend eine starke Führung der eigenen Verantwortlichkeit vor.

Von oben verbreitete sich eine Taktik, welche dann Johannes Paul II. perfekt beherrscht hat. Mit großen Worten bekannte man sich zum Konzil; aber mit vielen kleinen Schritten suchte man dessen befreiende Wirkungen innerhalb der katholischen Kirche einzuschränken oder rückgängig zu machen. Insofern hat Ottaviani gesiegt!

VII. 1978: Johannes Paul I. und die Anfänge Johannes Pauls II.

Der Tod Pauls VI. und die postkonziliare Unruhe haben es der Rechten im Vatikan und unter den Kardinälen ermöglicht, erneut eine Zäsur heraufzuführen. Die beiden Konklaven, welche am 25./26. August (wiederum bei glühender Hitze) und am 14./16. Oktober 1978 stattgefunden haben, waren aufgrund der Reform Pauls VI. die ersten ohne die über 80-jährigen Kardinäle.[201] Von den 132 Kardinälen (davon 111 von Paul VI. ernannt) waren daher nur 115 zur Wahl berechtigt. Selbst der Dekan Confalonieri konnte nicht teilnehmen; die Wahlen leitete der Staatssekretär Villot in seiner Eigenschaft als Camerlengo. Im August traten 112, im Oktober 111 Kardinäle zusammen; zur Mehrheit brauchte man also mindestens 74 Stimmen (1963: 54). Im ersten Konklave genügten vier Wahlgänge, im zweiten waren es acht.

Über 30 Kardinäle (darunter erstmals Höffner und Ratzinger) gehörten zur „Rechten" im engeren Sinne und waren darum unzufrieden mit den Kompromissen Pauls VI. Sie wollten vom konziliaren Prozess alles unterdrücken, was weiter „demokratisierend" wirken konnte; sie haben die Stimmung in der Sixtinischen Kapelle zunehmend geprägt. Nur noch ca. 15 Kardinäle dachten konsequent reformistisch.

Die Gewählten waren sehr verschieden, und das beruhte offenbar auf unterschiedlichen, zwischen August und Oktober nach Rechts gerückten Mehrheiten. Der knapp 66-jährige Albino Luciani, Patriarch von Venedig, war ganz Bischof und Seelsorger; in sympathischster Weise verkörperte er die damals von der Säkularisierung noch wenig betroffene italienische Provinz, konkret (als dritter Papst im 20. Jahrhundert) das mehrheitlich konservative Veneto; er kam aus einer von dessen ärmsten Gebirgszonen. Er galt als „weder progressiv noch konservativ"; er war unbedingt friedlich gesinnt. Der 58-jährige Karol Wojtyla, Erzbischof von Krakau, der erste nicht-italienische Papst seit 455 Jahren, der erste slawische überhaupt und der jüngste seit 140 Jahren, war prominenter Repräsentant des autoritären, patriotisch durchwirkten polnischen Katholizismus, der im Widerstand gegen zwei atheistische Diktaturen selbst kämpferische Züge angenommen hatte. Wojtyla war ebenso politischer Akteur wie charismatischer Bischof; in Europa und in den USA bereits erfahren und polyglott, während Luciani außer italienisch nur (einigermaßen) französisch sprach. Beide bekannten sich zum Konzil. Doch Luciani nahm dieses und besonders dessen Kollegialitätspostulat ernster als der Nachfolger, welcher die Berufung auf das Konzil nach außen eher benutzt hat, um im Inneren den päpstlichen Primat zu befestigen. Wie die meisten Bischöfe aus dem Ostblock war er daran gewöhnt, dass die Kirche unter starken Führern geschlossen auftrat. Freiheit wurde nur als Freiheit vom kommunistischen Staat verstanden! Seit ca. 1970 war Wojtyla dem OPUS DEI verbunden.

Aber sowohl Wojtyla als auch Luciani strahlten, anders als zuletzt Paul VI., Optimismus aus.

Zunächst hatte noch die lange Tradition der italienischen Päpste gewirkt, an der nicht nur die italienischen Wähler, insgesamt immer noch 30, festhalten wollten. Doch die Mehrzahl der Kardinäle wollte vor allem einen Papst, der die

Reformen des Konzils nur noch maßvoll fortführte. Schon im August wurde auch die Wahl eines Nichtitalieners erwogen. Reformistische Publizisten, aber auch einige Kardinäle, dachten jedoch noch an einen konsequenten Ökumeniker oder an einen Papst aus Lateinamerika, welcher „die Kirche der Armen" repräsentiert hätte. Man sprach von Suenens (der daraufhin von Siri heftig attackiert wurde) und vom Brasilianer Paolo E. Arns. Auch der Name Wojtylas war bereits ins Spiel gebracht worden, wahrscheinlich vom Wiener Kardinal Franz König, der zwar dialogischer dachte als sein Krakauer Kollege, aber erfolgreich für engere Verbindungen zu den Episkopaten der kommunistischen Nachbarstaaten wirkte. Kardinäle aus Lateinamerika und aus der Dritten Welt waren sogleich an Luciani interessiert. Dieser erhielt nach Aufzeichnungen eines Kardinals schon im ersten Skrutinium 23, im zweiten 53 Stimmen. Sein weiterer Aufstieg habe auf seiner Zusage beruht, den so stark gewordenen Benelli nicht zum Staatssekretär zu ernennen. Siri, der wieder als „Rechtsaußen" auftrat, habe im ersten Wahlgang sogar 25 Stimmen erzielt, diese aber nicht steigern können.

Giovanni Benelli, den *Paul VI.* 1977 durch Ernennung zum Erzbischof von Florenz und zum Kardinal deutlich herausgestellt hatte, hatte sich als Beherrscher und Reformer des vatikanischen Apparats viele Gegner geschaffen. Gegen ihn, den „rechteren" Montinianer, wurde darum die Kandidatur des „linkeren" Kardinals Sergio Pignedoli aufgebaut, welcher Montini auch kulturell nahegestanden hatte und internationale Erfahrungen besaß; u. a. war er ein Pionier des Dialogs mit dem Islam. Aber Benelli hat ihn so rücksichtslos bekämpft, dass beide Schaden nahmen; überhaupt berichtet Melloni von heftigen Parteiungen und Intrigen. Die Mehrzahl der Kardinäle wollte weder Benelli noch den von einigen „Rechten" favorisierten Siri; und viele wollten jedenfalls keinen Montinianer, weil sie genug hatten von Kurienreform und Ostpolitik, von der vatikanischen Finanzkrise und vom Pessimismus der letzten Jahre. Als „guter Hirte" und Garant ruhiger und durchsichtiger Verwaltung wurde darum so schnell Kardinal Luciani gewählt. Auch die mächtigen Kardinäle Felici (früherer Generalsekretär des Konzils) und Villot wirkten für ihn, weil sie sowohl Benelli wie Siri verhindern wollten. Luciani glaubten sie beeinflussen zu können.

Der Papst des Sommers 1978: ein menschenfreundlicher Seelsorger

Albino Luciani[202], geboren 1912 in Agordo, einem Bergdorf bei Belluno, stammte aus armer Familie, der drei Kinder kurz nach der Geburt gestorben waren. Sein Vater war Saisonarbeiter, auch im Ausland, zuletzt in einer Glashütte in Murano, und antiklerikaler Sozialist; doch seine fromme Mutter bestärkte ihn im frühen Wunsch zum geistlichen Beruf. Wie Pius X. und Johannes XXIII. besuchte Luciani als Schulen nur geistliche Seminare, konnte aber an der Gregoriana weiter studieren, wo er mit einer im römischen Sinne konventionellen Dissertation zur Seelenlehre Antonio Rosminis abschloss. 1935 Priester, unterrichtete er seit 1937 im Seminar zu Belluno. 1947 kam er in die Verwaltung der Diözese Belluno-Feltre, seit 1954 war er Generalvikar. 1958 wurde er, von Johannes XXIII. gefördert, Bischof des Nachbarbistums Vittorio Veneto, 1969 Patriarch von Venedig, 1973 Kardinal.

In allen seinen Ämtern blieb Luciani einfach und besonders den armen Leuten verbunden. Dazu bestand er auf redlicher Verwaltung. Über *Humanae Vitae* war auch er nicht glücklich gewesen, hatte aber nicht widersprochen. Auch warnte er vor „falschem Pluralismus" und vor der Befreiungstheologie.

Aber er überzeugte viele, auch junge Menschen durch sein Beispiel und seine einfache klare Sprache. Seine zuerst als Zeitungsartikel veröffentlichten „Briefe" an historische oder fiktive Persönlichkeiten (1976 als Buch veröffentlicht: *Illustrissimi*, deutsch: *Ihr sehr ergebener Albino Luciani, Briefe an Persönlichkeiten*, 1978) bezeugen Menschlichkeit und vielseitige Bildung. In Venedig redete er den Unternehmern ins Gewissen, in der Krise katholischer Banken bestand er auf Entschädigung der kleinen Sparer (Kap. VI).

Mit dem ganz ungewöhnlichen Doppelnamen Johannes Paul suchte Luciani sich in die Kontinuität beider Konzilspäpste zu stellen. „Humilitas" war seine Devise, seine Amtseinführung (3. September 1978) ließ er weiter vereinfachen und verzichtete auf den Pluralis majestatis; der Kurie versicherte er sofort, dass nun fünf Jahre lang keine weiteren Veränderungen erfolgen sollten (vielleicht hatte er auch das zuvor seinen Wählern versprechen müssen). Aber er hatte stets in überschaubaren Einheiten gewirkt (selbst das Patriarchat Venedig zählte nur knapp 400.000 Katholiken), der Vatikan und die Diplomatie waren ihm fremd. Im Grunde trat er so freundlich und auch so unkonventionell auf wie Johannes XXIII. Aber vielleicht ist die Diskrepanz zwischen seiner Lebensform und der vatikanischen Realität über seine Kräfte gegangen, ohnehin war er nicht sehr gesund. Gegenüber einem Vertrauten bekundete er den Willen zur Veränderung; aber was er damit konkret meinte, wissen wir nicht. Dennoch spricht vieles dafür, dass er die Lehren des Konzils loyal befolgt hätte.[203] In Reden und Predigten bekannte der neue Papst sich zum „Aggiornamento" und nahm auch zu aktuellen politischen Konflikten deutlich Stellung, warnte aber vor übertriebenen Hoffnungen auf politische oder soziale Befreiung. Der Entwurf einer Rede an die an den postkonziliaren Diskussionen kontrovers beteiligten Jesuiten soll eine Mahnung zur Einigkeit und zum Hören auf das Lehramt gewesen sein. Der Papst wollte sich möglichst schnell in alle Aufgaben einarbeiten, begann auch sofort mit dem Erlernen weiterer Sprachen. Als Kardinal Villot, den er als

Staatssekretär bestätigt hatte, zur Schonung seiner Kräfte riet, antwortete er mit dem nüchternen Bonmot der Römer: „Morto il Papa se ne fa un altro" (Wenn der Papst tot ist, wählt man einen anderen).

Am frühen Morgen des 29. Septembers 1978 wurde Johannes Paul I. tot in seinem Bett gefunden (von einer den üblichen Espresso anreichenden Ordensfrau, was man dann zu verheimlichen suchte, weil eine Frau in der Nähe des Papstes nicht zum offiziellen Bild passt, welches der Vatikan von ihm verbreitet). Der leitende Arzt der Vatikanstadt diagnostizierte einen am späten Abend eingetretenen Herzinfarkt und hielt eine Autopsie nicht für erforderlich. Dies und die äußerst ungeschickte Mitteilung des ohnehin schockartig wirkenden Todes des Papstes haben die Legende von seiner Ermordung aufkommen lassen, welche der britische Journalist David A. Yallop in seinem schnell in viele Sprachen übersetzten Buch *In God's Name* (1984) verbreitet hat. Auch von einem heftigen Disput mit Villot am Abend des 28. September war die Rede. Die Trauer um den Papst, der keine Macht gesucht hatte, hatte sich weltweit verbreitet, ca. 100.000 Menschen kamen zu seinen Exequien. Man begrub ihn in den Vatikanischen Grotten in der Nähe Marcellus' II., der 1555 drei Wochen nach seiner Wahl gestorben war.

Der Papst des Herbstes 1978: Glaube und Macht, Politik und Propaganda

Die Konstellationen für die Neuwahl waren im Oktober 1978 äußerlich im Wesentlichen dieselben wie acht Wochen zuvor. Die Leitung hatte wieder Villot, welcher sogleich nach Lucianis Tod gesagt hatte, dass man nun nicht nur unter Italienern suchen sollte; und so dachten auch andere Kardinäle. Sie kannten sich inzwischen besser, und offenbar war die Rechte erstarkt. Wieder traten Benelli und Siri in den

216

Vordergrund, doch Letzterer machte sich zusätzlich Feinde, indem er unmittelbar vor Beginn des Konklave Kritik an Papst Luciani übte und die immer noch mächtige Kurie insgesamt angriff. Auch sehr konservative Kardinäle sahen sich daraufhin nach einem anderen, auch für die Mitte der Wähler annehmbaren Kandidaten um, und der wurde Wojtyla. Auf ihn hat anscheinend Kardinal König wieder deutlich hingewiesen.[204] Ratzinger hatte zum Konklave eine Erklärung gegen den Marxismus (und indirekt gegen den Kurs Pauls VI.) verfasst, die besonders den osteuropäischen Kardinälen wie den Nordamerikanern gefiel. In Wojtylas Arsenal passte sie bestens. Den Marxismus hat Ratzinger 1978 ebenso prinzipiell als Hauptfeind diagnostiziert wie 2005 den Relativismus.

Eine breite Gruppierung von Mitteleuropäern, Franzosen und US-Amerikanern (um John Krol, den aus Polen stammenden Erzbischof von Philadelphia) hat Wojtyla gewählt. Das Opus Dei hat zum ersten Mal kräftig mitgewirkt (was keiner der Beteiligten zugegeben und kaum einer der Beobachter bemerkt hat), außerdem wohl von außen der amerikanische Präsidentenberater Zbigniew Brzezinski (s. S. 219). Die deutschen Kardinäle waren auch im Interesse der deutsch-polnischen Aussöhnung für ihn. Auch einige prominente Italiener wie Colombo (Mailand, Freund Montinis) und Pappalardo (Palermo) erkannten, dass es keines Italieners mehr bedurfte, um Benelli und Siri zu verhindern; und einen Italiener, welcher der Mehrheit so sympathisch gewesen wäre wie im August Luciani, gab es nicht.

Der Erzbischof von Krakau soll im achten Skrutinium fast 100 Stimmen erhalten haben. Trotz der an Luciani anschließenden Namenswahl präsentierte er sich ganz anders als die beiden Vorgänger: dynamisch und selbstbewusst, durchaus noch jugendlich, die Menschen direkt ansprechend und gewinnend, dies auch, weil er viele von ihnen, so die Römer, sogleich in ihrer eigenen Sprache anredete. Zum neuen, bald geschickt verbreiteten Papstbild gehörte auch, dass Wojtyla das Leben kannte, dass er in seiner Jugend Arbeiter, Sportler und Schauspieler gewesen, seitdem Schriftsteller geblieben war. Karol Wojtyla war ebenso Mitteleuropäer wie Pole. 1920 in Wadowice geboren, stammte er aus der Krakauer Region, welche bis 1918 zu Österreich gehört hatte und von Wien im Allgemeinen gut behandelt worden war. Der Blick ging von Krakau über Wien nach Rom; Wojtyla dachte historisch und war davon überzeugt, dass der römische Katholizismus Romanen, Germanen und West-Slawen zu einer für Europa grundlegenden Einheit verbunden hatte, deren noch lebensfähige Kräfte wie gegen den Nationalsozialismus nun gegen den Kommunismus und ebenso gegen den westlichen Konsumismus einzusetzen seien. Die Seligsprechung des letzten österreichischen Kaisers Karl (2004) ist auch in dieser Perspektive zu sehen.

Wojtylas Vater, bei dem Karol allein nach dem frühen Tod der Mutter aufgewachsen war, war bis 1918 k. u. k., dann polnischer Polizei-Offizier gewesen; 1938 zogen Vater und Sohn nach Krakau. Der dortige, der deutschen Besatzung mit großem Geschick widerstehende Erzbischof Adam Fürst Sapieha hat Wojtyla mit anderen Studenten insgeheim in der Theologie ausbilden lassen und ihn 1946 nach Rom geschickt, wo er mit einer Dissertation über den spanischen Mystiker Johannes vom Kreuz (gest. 1591) Doktor der Theologie wurde. 1951 promovierte er in Krakau ein zweites Mal. Gleichzeitig Vikar, habilitierte er sich mit einer Studie über den Philosophen Max Scheler (gest. 1928), der zu den Begründern neuzeitlicher Anthropologie gehört und zeitweise für (katholisch-)religiöse Erneuerung gewirkt hatte.

Wojtyla lehrte erst in Krakau und seit der Schließung der dortigen theologischen Fakultät an der katholischen Universität Lublin. 1958 wurde er Weihbischof, 1963 Erzbischof von Krakau, 1967 Kardinal. Wegen seiner taktisch gemeinten Verhandlungsbereitschaft, durch die er sich vom härteren

Primas Wyszynski unterschied, erlaubte die polnische Regierung ihm Reisen ins Ausland. In Rom referierte er 1974 bei einer großen Tagung des OPUS DEI, in Wien schloss er Freundschaft mit Franz König, in den USA mit Zbigniew Brzezisnki.

Der polnische Episkopat wurde damals wegen seiner konstanten Opposition gegen das kommunistische Regime in der ganzen katholischen Welt bewundert. Aber Polens Bischöfe insgesamt dachten autoritär, besonders in Familien- und Gesellschaftspolitik ganz konservativ, dazu sehr marianisch, d. h. anders als die Mehrheit der Reformer auf dem Konzil. Doch die Wahl des polnischen Papstes erhöhte das Prestige der römischen Kirche, weil sie eine nicht an einen der beiden politischen Blöcke gebundene Internationalität bewies. Man könnte Wojtylas Wahl sogar als einen späten Erfolg der Ostpolitik Pauls VI. bezeichnen, der ihn wegen seiner Anpassung daran sehr geschätzt hatte.

Aber für Wojtyla war die Überwindung des Kommunismus ein unbedingtes Hauptanliegen; er verstand sich deswegen gut mit Brzezinski, welcher die Religion als Waffe gegen die UdSSR einsetzen wollte. Wojtylas vehementer Antikommunismus ist auch ein Hauptmotiv dafür geworden, dass er die dagegen einzusetzende Macht der Kirche, d. h. des Papstes, so weit wie möglich zu stärken und alle zum Dialog mit dem Marxismus bereiten Theologen zu unterdrücken suchte, von den Jesuiten bis zu den Befreiungstheologen; gerade darin traf er sich mit Kardinal Ratzinger.

Als Wojtyla zum Papst gewählt wurde, waren seit dem Tode Pius' XII. gerade 20 Jahre vergangen; dass sein Pontifikat so bestimmend werden würde wie das Pacellis und ihm auch inhaltlich immer näherkommen würde, haben die meisten Beobachter nicht vorausgesehen. Er war entschlossen, den 1958 begonnenen Prozess kirchlicher Erneuerung auf einer vom Papst zu bestimmenden Linie festzuhalten, welche gewiss mit seinen rechteren Wählern abgesprochen war. Montinis Selbstzweifel kannte er nicht.[205] Zwar bekannte auch er sich zum Konzil (was Siri nicht getan hätte), betonte aber energisch, dass der Papst dieses zu interpretieren habe. Nach draußen erklärte Johannes Paul II. jedoch sogleich, dass die Kirche nicht Macht für sich, sondern Gerechtigkeit und Menschenwürde und darum gerade auch Religionsfreiheit fordere. In seiner ersten Enzyklika *Redemptor hominis* (4. März 1979, *AAS* 71, 257–324) trat er bereits als Verteidiger jeglicher Religion auf. Er ist der Promotor des interreligiösen Dialogs geworden (Treffen in Assisi 1986, 1993, 2000). Mit seinen Postulaten erhob er einen eminent politischen Anspruch, zunächst und konkret gegenüber den regierenden Kommunisten. Sie wagten nicht zu verhindern, dass der Papst schon im Sommer 1979 nach Polen reiste; er wurde zum Inspirator der sich seitdem stärker regenden Freiheitsbewegung! Deren Führer Leszek Walesa (Solidarnosc) hat im Vatikan oft Hilfe erbeten und erhalten; moralische wie finanzielle, von der die an kirchliche Zwecke denkenden Spender nichts erfuhren. Es sollen auch Gelder aus dunklen Quellen angenommen und nach Polen weitergeleitet worden sein. Ähnlich wie Johannes XXIII. als Parallelfigur zu John F. Kennedy aufgetreten war, wurde Johannes Paul II. der Verbündete Ronald Reagans (Präsident der USA 1981–1989). 1984 wurden diplomatische Beziehungen zwischen dem Hl. Stuhl und den USA aufgenommen. Mit dem Attentat am 13. Mai 1981 hatten kommunistische Politiker diese Entwicklung, die letztlich mit zu ihrer Entmachtung beigetragen hat, vergeblich zu verhindern versucht.

Offenheit nach außen, Zentralismus in der Kirche

Aber von Anfang an war der Pontifikat Johannes Pauls II. von der durch ihn noch zugespitzten Ambivalenz päpstlichen Handelns geprägt. Denn während er nach außen für Pluralismus plädierte, hat er im Inneren der gesamten Kirche, wie zuvor in Polen, auf Geschlossenheit bestanden und diese bald mit ähnlicher Härte wie Pius XII. erzwungen. Hans Küngs Suspension (1979) war symptomatisch! Ähnlich ging die Glaubenskongregation gleichzeitig gegen Bernhard Häring vor, weil er weiterhin *Humanae Vitae* kritisierte; sodann gegen den französischen Theologen Jacques Pohier O. P. und bald auch schon gegen Leonardo Boff. Auch der damals bekanntere niederländische Dominikaner Schillebeeckx wurde mangelnder Orthodoxie bezichtigt. In Italien wurde seit 1980 in mehreren Schritten die unter dem Historiker Alberto Monticone konziliar erneuerte AZIONE CATTOLICA gleichgeschaltet, obwohl zwei bedeutende Kardinäle, Anastasio A. Ballestrero (Turin) und Carlo M. Martini (Mailand), sie unterstützten; sodann die Bischofskonferenz selbst, an deren Spitze Ballestrero ein unbedingt papsttreuer Sekretär, Mons. Camillo Ruini, beigegeben wurde. Als Kardinal und Präsident der Konferenz (seit 1991) hat Ruini eine ähnliche, aber noch stärkere Rolle wahrgenommen als Joachim Meisner in Deutschland.

Das fundamentalistische OPUS DEI[206] erhielt größeren Einfluss. Seine Erhebung zur Personalprälatur (1982) war ein tiefer Einschnitt in die territoriale Struktur der katholischen Kirche. Aber selbst über diese kann der Papst im Interesse seiner Macht, hier der noch engeren Anbindung einer Elite von Prätorianern, verfügen. Und insgesamt ist die die „normalen" Pfarrer und Gemeinden deklassierende päpstliche Förderung neuer autoritärer „Bewegungen" immer weitergegangen.[207] Die meisten stehen auch politisch rechts, so in Italien COMMUNIONE E LIBERAZIONE, finanziell ähnlich präsent wie das OPUS DEI, aber gesellschaftlich viel stärker.

Der fördernden Sympathie Johannes Pauls II. erfreuten sich auch die Kongregation der LEGIONÄRE CHRISTI (samt der viel Geld sammelnden Laienorganisation REGNUM CHRISTI) und deren Gründer und tyrannischer Oberer Marcial Maciel Degollado, welcher sich ungehindert als Freund des Papstes präsentierte. Die Legionäre unterhalten streng abgeschottete Schulen und Seminare, in denen sie für antimoderne, kämpferische Kirchlichkeit wirken. Ihre Statuten (samt einem Schweigegebot!) wurden 1983 resp. 2004 vom Papst approbiert, in Deutschland wurden sie vom Kölner Kardinal Meisner gefördert.[208] Den Jesuiten dagegen begegnete Johannes Paul II. sogleich mit wachsendem Misstrauen. Denn sie hatten sich unter ihrem spanischen General Pedro Arrupe (seit 1965) mehrheitlich in den konziliaren Prozess eingebracht. Als Arrupe 1981 schwer erkrankte, drängte ihnen der Papst darum einen „persönlichen Delegaten" aus der vorkonziliar gebliebenen Minderheit des Ordens (Paolo Dezza) auf.[209]

Aus dem OPUS DEI holte der Papst sich schon 1979 als Leiter des vatikanischen Presseamtes den spanischen Mediziner und Psychiater Joaquin Navarro-Valls, welcher das Bild des dynamischen Papstes wirkungsvoll vermittelt hat. Noch mehr hat Johannes Paul II. selbst für die Vermittlung seiner Botschaften gesorgt; dem gründlichen Aktenstudium Pauls VI. zog er es vor, zu den Menschen (weniger mit ihnen) zu sprechen: stets im Stil autoritär-plebiszitärer Konsensstiftung, welche mit mündiger Partizipation im Sinne des letzten Konzils nichts zu tun hat. Bestens eigneten sich dazu die zu „Apostolischen Besuchen" hochstilisierten Reisen des Papstes (bis 2000 insgesamt 190)[210], die „Weltjugendtage" (seit 1984) und ebenso die gleichfalls inflationär vermehrten Selig- und Heiligsprechungen (über 1300 resp. 480, nachdem es in der ganzen langen Zeit von ca. 1600 bis 1978 knapp 1000 resp. 300 gewesen waren), 1983 wurden die Verfahren vereinfacht.[211] Die Reisen und die Jugendtage erbrachten eine globale Präsentation, vermittelten aber auch den Eindruck, dass der Papst die katholische Botschaft authentischer verkündet als Bischöfe und Priester. Aber über Einwände mancher Bischöfe setzte der Vatikan sich hinweg, und für den jeweiligen Moment verschafften diese Veranstaltungen dem Papst ein breites Publikum, doch Nachhaltigkeit wurde trotz immensem Aufwand nicht erreicht. Zu Bischöfen wurden zunehmend Geistliche ernannt, die sich durch die päpstlichen Auftritte nicht zurückgesetzt, sondern geehrt fühlten: Vasallen, wie schon im vorigen Kapitel gesagt. Denn Johannes Paul und seine Helfer auf diesem Gebiet (darunter in Italien und Deutschland die Kardinäle Ruini und Meisner) wollten wieder Bischöfe, welche mehr als Funktionäre des Papstes denn als Repräsentanten ihrer Ortskirchen handeln.[212] Das intellektuelle Niveau des Episkopats hat darüber deutlich abgenommen. Die deutsche Kirchenkrise von 2009/2010 war auch eine Folge dieser Personalpolitik, denn wem verdankte z. B. ein von der Basis nicht gewünschter, aber unbedingt „recht"-gläubiger Bischof wie der 2010 aufgrund skandalöser Vorwürfe zurückgetretene Walter Mixa seinen Aufstieg, wenn nicht den Kardinälen Ratzinger und Meisner?[213]

Und jede Heiligsprechung bekundet den für Nicht-Katholiken unannehmbaren päpstlichen Anspruch, über die betreffende Person ein definitives, Gottes Gericht authentisch wiedergebendes Urteil auszusprechen. Die von Pius XII. begonnene Einbeziehung zeitgenössischer Päpste in diese Heiligsprechungspolitik dient, wie früher gesagt, der Beatifizierung des eigenen Systems. Antiökumenisch musste auch die gesteigerte Marienverehrung wirken.

Den in den Jahren des Konzils durch vielfache Diskussionen über die Ämter in der katholischen Kirche gemilderten Papstkult hat Johannes Paul II. nicht nur wieder aufgegriffen und eingesetzt, sondern ihm neue mediale Qualität verschafft. Denn 1983 wurde (neben dem 1986 neu organisierten, weltweit präsenten Radiosender) das vatikanische Fernsehzentrum gegründet, welches seitdem die Bilder von den Auftritten des Papstes in die ganze Welt sendet.[214] Sie werden wie „Events" wahrgenommen.

Kardinal Villot war der Meinung gewesen, dass an die Seite des polnischen Papstes ein italienischer Staatssekretär gehöre; doch Johannes Paul II. reagierte ebenso nobel und beließ ihn im Amt. Villot starb schon 1979. Nachfolger wurde Erzbischof Casaroli (zugleich Kardinal), der aber nun gemäß der neuen politischen Ausrichtung gehandelt hat.[215] Zu den positiven Leistungen im Sinne der erwähnten Offenheit nach außen gehörte das neue Konkordat mit Italien (1984, Regierung Craxi), in dem der Hl. Stuhl auf die Privilegien von 1929 verzichtete.

Mit Umbesetzungen in seiner Umgebung ließ der Papst sich Zeit, holte aber sogleich etliche polnische Geistliche in den Vatikan, in dessen immer noch italienischer Mehrheit sie wegen ihrer Durchsetzungskraft nicht sehr beliebt geworden sind. Dirigiert wurden sie von dem 1978 erst knapp 40-jährigen Krakauer Sekretär Wojtylas, Stanislaw Dziwisz, der ähnlich machtbewusst auftrat wie sein Chef, unter dem er, seit 1998 Titularbischof, bis zum Präfekten des Päpstlichen Hauses aufgestiegen ist. 2005 ernannte Benedikt XVI. ihn zum Kardinal und Erzbischof von Krakau.

Das Attentat am 15. Mai 1981, dessen schlimme Folgen Johannes Paul II. mit Größe ertrug, erzwang eine fast halbjährige Unterbrechung; doch seit Oktober desselben Jahres konnte er sein Amt wieder voll wahrnehmen. Wenige Wochen später ernannte er den damals 54-jährigen Kardinal Ratzinger zum Präfekten der Kongregation für die Glaubenslehre, zugleich zum Präsidenten der Bibelkommission und der Internationalen theologischen Kommission[216]. Durch ihn erhielt der Neo-Konservatismus des Papstes die von ihm gewünschte kulturelle und theologische Fundierung, denn ebenso energisch wie der Papst setzte Ratzinger auf die neuen Bewegungen und damit auf rigoristische Eliten; aus ihnen holte man auch die Nachfolger für reformistische Bischöfe in Lateinamerika. Symptomatisch war schon die vatikanische Zurückhaltung gegenüber dem von Paul VI. ernannten Erzbischof von San Salvador, Oscar Romero, dem man zu direkte Opposition gegen repressive Politik vorhielt; er ist 1980 ermordet, aber noch nicht als Märtyrer seliggesprochen worden! Dass um dieselbe Zeit die Glaubenskongregation bereits misstrauisch auf den brasilianischen Reformer und Publizisten Leonardo Boff OFM schaute, wurde schon erwähnt; 1984 erging die erste Sanktion gegen ihn. Die Kirchen Lateinamerikas wurden nun unter maßgeblicher Beteiligung Ratzingers systematisch von Freunden der Befreiungstheologie „gesäubert". Keiner der ihr zuneigenden Bischöfe (darunter eine spirituelle Jahrhundertfigur wie Dom Helder Camara) wurde Kardinal; wieder einmal wurde, wie bei der Emarginierung der „Modernisten" unter Pius X., manches persönliche Unrecht verübt. Auch die Konstellationen waren ähnlich wie damals: Nicht einfach der Hl. Stuhl, sondern eine von ihm ermutigte und organisierte, internationale rechte Gruppierung steht gegen die Reformer; und ähnlich war auch die Methode geblieben: autoritäre Defensive, Denunziationen anstatt Diskurs! Von den Prälaten aus Lateinamerika, welche die vatikanische Repressionspolitik aktiv mitgestalteten, seien stellvertretend vier genannt: Alfonso López Trujillo (1935–2008, seit 1979 Erzbischof von Medellin, seit 1990 Kardinal in Rom), Juan Luis Cipriani (geb. 1943, Priester des OPUS DEI, seit 1999 Erzbischof von Lima, 2001 Kardinal), Dario Castrillón Hoyos (geb. 1929) und Jorge Medina Estévez (geb. 1926), beide seit 1998 Kardinäle und Präfekten der Kongregationen für den Klerus resp. für den Kult und die Verwaltung der Sakramente.[217]

Die Restauration des pianischen Systems, über deren zentrale Aspekte im folgenden Kapitel berichtet wird, hatte begonnen, und der Papst handelte seit 1982 noch entschiedener als zuvor; er hatte den Schock des Attentats überwunden, und nach dem kurz danach erfolgten Tod des Kardinal-Primas Wyszynski brauchte er sich auf keiner Ebene mehr als „Zweiter" zu fühlen. Schon 1980 war die Arbeit am neuen *Codex Juris Canonici* intensiviert worden. Der Papst allein berief die Mitglieder der dafür errichteten Kommission; die Schlussredaktion erfolgte in seiner engsten Umgebung, darunter Ratzinger. Nicht das Konzil wurde darin kodifiziert, sondern dessen kuriale Zähmung.

VIII. Aspekte der Restauration

Im Zentrum dieser Restauration standen und stehen die erneute Befestigung des päpstlichen Primats und die Re-Klerikalisierung der Kirche, partielle Abkehr vom ökumenischen Prozess sowie ein genereller Hierarchismus, welcher Theologen, Priester und Laien wieder, wie unter Pius XII., im Sinne aller Aussagen des päpstlichen Lehramts zu disziplinieren sucht. Signifikante Beispiele wurden im vorigen Kapitel erörtert.[218] Autoritäre Defensive wie vor dem Konzil! Den systematischen Beginn markierte der *Codex Juris Canonici* von 1983 für die Lateinische Kirche[219] (s. Kap. I, VI, VII), welcher zentrale Postulate des Konzils wie die Kollegialität der Bischöfe mit dem Papst oder ortskirchliche Eigenständigkeit in zentralistischer Richtung uminterpretiert hat. Symptomatisch war die erneute Festschreibung des päpstlichen Monopols zur Ernennung der Bischöfe (Can. 377), aber z. B. auch, dass den Laien in Can. 767 wieder generell das Recht zum Predigen in der Messe abgesprochen wurde, welches einige Bischofskonferenzen ihnen nach dem Konzil gewährt hatten.

1985 wurde in Rom ein Studienzentrum des Opus Dei gegründet und schon 1993 zur päpstlichen Universität erhoben.[220] Die Hochschulen der alten Orden hatten sehr lange auf eine solche Rangerhöhung warten müssen. Die kirchliche Öffentlichkeit erfuhr nur wenig von solchen Präferenzen (und z. B. gar nichts davon, dass Kardinal Höffner die römische Hochschule des Opus Dei aus den reichen Mitteln seiner Diözese kräftig mitfinanzierte). Und die groß aufgezogenen päpstlichen Gottesdienste in der erneuerten Liturgie sowie die vielen Bekenntnisse zum Konzil lenkten auch ab von den doktrinären Korrekturen daran. Der Codex von 1983 wurde unter diesem Aspekt höchstens unter Spezialisten erörtert; und dass er so manchen synodalen Beschluss aus den Jahren nach dem Konzil (so über die Kompetenzen neuer Gremien) modifizierte oder kassierte, erfuhren die Betroffenen erst nach und nach bei konkreten Anlässen. Aber alle Katholiken konnten in dem 1992 von Johannes Paul II. präsentierten „Katechismus der katholischen Kirche" (deutsche Ausgabe 1993) lesen, dass ihnen erneut ein formalistisches und mehr am kirchlichen Lehramt als am Evangelium ausgerichtetes „Regelwerk" an die Hand gegeben wurde, welches mit der auf dem Konzil postulierten mündigen Christlichkeit nur wenig zu tun hatte. Nicht wenige Theologen haben dieses bloße Regelwerk kritisiert, aber die kirchliche Öffentlichkeit hat sich wenig darum gekümmert.[221]

Die Bekräftigung des päpstlichen Primats

Der *Codex Juris Canonici (CJC)* von 1917[222] hatte ein kurzes und ganz am Dogma von 1870 ausgerichtetes Kapitel „über den Römischen Pontifex" enthalten (Can. 218–221). Can. 218 hatte bestimmt, dass dieser „als Nachfolger des hl. Petrus im Primat die oberste und volle Jurisdiktionsgewalt über die ganze Kirche" hat[223] und dass „diese Jurisdiktionsgewalt eine wahrhaft bischöfliche, ordentliche und unmittelbare über alle Kirchen, alle Hirten und alle Gläubigen" ist. Can. 219 hatte behauptet, dass der Papst mit der Annahme seiner legitim vollzogenen Wahl „kraft göttlichen Rechts" die volle Amtsgewalt erlangt.

Das Zweite Vatikanische Konzil hatte die längst fällige historische Reflexion angestoßen, aber dieser hat sich der Vatikan unter Johannes Paul II. wieder ebenso versagt wie ein Jahrhundert davor unter Pius IX. Die medial inszenierten

Schuldbekenntnisse im „Heiligen Jahr" 2000 lenkten davon eher ab, weil sie Personen und Fakten aus weit zurückliegenden Perioden betrafen (ob diese dabei historisch richtig beurteilt wurden, sei dahingestellt!)[224]. Aber eine die Anregungen des Konzils aufnehmende Reflexion der jüngeren Vergangenheit (deren genaues Gegenteil die Seligsprechungen Pius' IX., ebenfalls 2000, und Johannes Pauls II., 2011, sind) hätte Retuschen der erst darin erreichten Ausdehnung eigener Macht nahelegen können, und die wollte man vermeiden. Der Codex von 1983 hat darum die Macht des Papstes im vollen Umfang von 1870 und 1917 in seinem Kapitel „über den Römischen Pontifex und das Bischofskollegium" (Can. 330–341) bestätigt, ja noch erweitert. Was darin auf den ersten Blick als wenigstens verbale Konzession an das Kollegialitätspostulat aussieht, ist in Wirklichkeit ein die Geschichte verfälschender Trick zu seiner Umgehung. Die Canones 330 und 331 bestimmen nämlich, die fragmentarische biblische Überlieferung wiederum kühn interpretierend, dass „wie nach Anordnung des Herrn der hl. Petrus und die übrigen Apostel ein Kollegium bildeten, so auch der Römische Pontifex als Nachfolger Petri und die Bischöfe als Nachfolger der Apostel miteinander verbunden sind"; und dass der Bischof der „Römischen Kirche" das „Haupt des Bischofskollegiums, der Stellvertreter Christi und der irdische Hirte der gesamten Kirche" ist, mit denselben Konsequenzen wie im Codex von 1917. Nach Can. 333 § 2 hat der Papst allein „zu bestimmen, ob er sein Amt persönlich oder im kollegialen Verband ausübt"; und nach Can. 337 § 3 ebenso, in welcher Weise „das Bischofskollegium seine Aufgabe hinsichtlich der Gesamtkirche kollegial ausüben soll". Das pluralistisch gemeinte Konzept des Kollegiums wurde also zu einem Instrument päpstlicher Regierungsmethodik uminterpretiert.

1917, als niemand mit einem ökumenischen Konzil rechnete, war diesem immerhin noch ein eigenes Kapitel (Can.

222–229) gewidmet, in dem zwar seine Abhängigkeit vom Papst im Sinne des Tridentinum und des Ersten Vatikanum ausgeführt, ihm aber „die höchste Gewalt über die Gesamtkirche" zuerkannt wurde. Doch 1983 wurden die (wenigen) Canones über das Konzil (337 § 1, 338–341) in die über das Bischofskollegium integriert. Das Konzil ist seitdem nur noch einer von mehreren Modi, in denen der Papst die Bischöfe an der Kirchenregierung beteiligen kann; andere, wie die von ihm noch abhängigere Bischofssynode (Can. 342–348, vgl. hier Kap. I und VI), sind für ihn und für die Kurie bequemer.

Vom neuen fiskalischen Zentralismus[225] war schon die Rede. Dass Can. 1271 die Forderung nach bischöflichen Finanzleistungen für den Heiligen Stuhl mit „dem Band der Einheit und der Liebe" begründet, zeigt nur, dass der Vatikan nicht ehrlicher handelt als die meisten Regierungen, wenn sie Steuern einführen oder erhöhen wollen. Aber diese müssen ihren Steuerbürgern immerhin Rechenschaft über die Verwendung der Gelder geben. Der Hl. Stuhl veröffentlicht nur summarische Bilanzen; und genaue Angaben über sein immenses, in den letzten Jahrzehnten noch erheblich gewachsenes Vermögen erhält man nur aus kritischen Analysen von außen.[226] Die meisten Spenden kommen aus Italien, Deutschland und den USA. Im Sinne des Can. 1271 hat der Hl. Stuhl im Jahre 2008 aus der Weltkirche ca. 21 Millionen Euro erhalten.

Aus der obersten Jurisdiktionsgewalt des Papstes ergibt sich ebenso, wie eingangs erwähnt, dass er „die Bischöfe frei ernennt oder die rechtmäßig gewählten bestätigt" (1983 Can 377 § 1, 1917 Can. 329 § 2, 332). Bei den Beratungen über die Auswahl von Kandidaten hat nach dem neuen Codex (Can. 377 § 3) der päpstliche Nuntius oder Delegat das entscheidende Wort. Eine effiziente Mitwirkung der Ortskirchen, wie sie unter Rückgriff auf die Geschichte auf dem Zweiten Vatikanischen Konzil und in dessen Umkreis angeregt worden war, bleibt also ausgeschlossen.[227]

Schon seit dem 19. Jahrhundert hatten die damals wenigen päpstlichen Nuntien den Hl. Stuhl bei der Auswahl besonders papsttreuer Bischöfe unterstützt (vgl. Kapitel III). Aber nun, zwei Jahrzehnte nach dem doch eher antizentralistisch intendiert gewesenen Konzil ist der inzwischen weltweit präsenten vatikanischen Diplomatie diese Aufgabe offiziell übertragen worden. Die Nuntien üben sie aus, indem sie aus rechtskatholischen Kreisen Informationen einholen und diese der vatikanischen Kongregation für die Bischöfe weiterleiten. So können Geistliche, die über das päpstliche Lehramt oder über die vatikanische Sexualmoral freier denken und reden als offiziell erlaubt, vorweg von der Kandidatur für höhere Ämter ausgeschlossen werden. Das vatikanische Monopol auf die Ernennung der Bischöfe ist die stärkste Waffe des Zentralismus und das entscheidende Hindernis für eine Reform der katholischen Kirche. Erinnern wir uns an Hontheims Maxime: „Olim non erat sic".

Die Nuntien sollen nun auch die nationalen Bischofskonferenzen überwachen. Denn durch das Motuproprio *Apostolos Suos* (21. Mai 1998)[228] wurden diese Konferenzen, welche seit dem Konzil selbstständige Gremien geworden waren, für alle lehramtlichen Aussagen fest an vatikanische Vorgaben gebunden. Als Begründung dieses weiteren Schrittes zur Entmachtung der „Kollegen" diente wieder die unhistorische Behauptung, dass die Apostel als Kollegium unter der Leitung Petri gehandelt hätten. *Apostolos Suos* bekräftigte die Machtpolitik, welche Johannes Paul II. (und Kardinal Ratzinger) auf der Grundlage des *CJC* schon 1988 mit der Konstitution *Pastor bonus* eingeleitet hatten; sie stärkte die Stellung der päpstlichen Kurie gegenüber den Bischöfen erheblich und begründet das mit deren Dienst an der Einheit der Kirche.[229] Auf der Bischofssynode im Oktober 2001 ist dagegen jedoch eine stärkere Beteiligung des Episkopats an der Regierung der Gesamtkirche gefordert worden. Doch der Papst beließ es in seiner abschließenden Stellungnahme *Pastores gregis*

(16. Oktober 2003) bei einer bloß verbalen Anerkennung der Kollegialität.[230] Am zentralistischen Regierungskurs änderte sich nichts, und das haben die meisten Bischöfe sich gefallen lassen. Die Einsprüche weniger, so von Karl Lehmann und Carlo M. Martini, blieben erfolglos.

Eine Barriere gegen den Ökumenismus

Noch Pius XII. hatte, wie in Rom seit der Gegenreformation üblich, die Identität der von Christus gestifteten Kirche mit der römisch-katholischen Kirche behauptet, so in der Enzyklika *Mystici corporis Christi* (1943, vgl. Kap. V).

Auf diesem Monopolanspruch hatte die Mehrheit des Zweiten Vatikanischen Konzils nicht beharren wollen. In der Konstitution über die Kirche *Lumen gentium* (I 8) wurde eine versöhnliche Formel gefunden (vgl. Kap. VI). Der Text war lange umstritten, aber die Mehrheit der zuständigen theologischen Kommission verwarf das „est" der totalen Identifikation von christlicher und römischer Kirche[231] und schrieb stattdessen, dass die Kirche Jesu Christi „verwirklicht ist (subsistit in) in der katholischen Kirche, welche vom Nachfolger Petri und den Bischöfen in Gemeinschaft mit ihm geleitet wird. Das schließt nicht aus, dass außerhalb ihres Gefüges vielfältige Elemente der Heiligung und der Wahrheit zu finden sind, die als der Kirche Christi eigene Gaben auf die katholische Einheit hinwirken".[232] Im Rahmen der Kirchengeschichte seit dem 16. Jahrhundert war dieser so kompliziert klingende Satz epochal, denn damit wurde den anderen christlichen Konfessionen erstmals kirchlicher Charakter zuerkannt. Noch drei Jahrzehnte nach dem Zweiten Vatikanischen Konzil wurde der zitierte Text von Antonio Acerbi in der Neuauflage des *Lexikons für Theologie und Kirche*[233] in Hinblick auf die Ökumene als „Etappe für weiteres Voranschreiten" bezeichnet, und so war er auch intendiert. Aber auch solchem „Voranschreiten" wurde durch Johannes Paul II. und Kardinal Ratzinger vorgebeugt, indem der *CJC* von 1983 nur den ersten Satz des Konzilstextes rezipierte, ohne jeden Hinweis auf den zweiten. Can. 204 § 2 lautet: „Haec ecclesia ... subsistit in Ecclesia catholica, a successore Petri et Episcopis in eius communione gubernata" („Diese Kirche ... ist in der katholischen Kirche verwirklicht, die von dem Nachfolger Petri und den Bischöfen in Gemeinschaft mit ihm geleitet wird"). Und dieser Satz ist fortan konsequent zur theologischen Selbstdarstellung der katholischen Kirche benutzt worden.

Can. 204 § 2 diente als Grundlage sowohl für die Aufsehen erregende Erklärung *Dominus Jesus* der Glaubenskongregation Kardinal Ratzingers (August 2000) wie für die „Antwort" derselben Kongregation unter dessen Nachfolger Levada (Juli 2007), in denen erneut behauptet wird, dass die (angeblich) von Christus gestiftete Kirche nur in der katholischen Kirche umfassend verwirklicht ist. Das kann man nur, indem man den vollständigen Text aus *Lumen gentium* verschweigt, und das ist ebenso unhistorisch wie das Faktum, dass man die Anfragen, welche die römische Antwort vom Juli 2007 provoziert haben (sollen?), nicht mitteilt. Insgesamt kam also aus dem Vatikan wieder „Altes und Repetitives"[234]; die ökumenischen Initiativen des letzten Konzils wurden verschwiegen, die anderen Konfessionen in Abwehrhaltung gedrängt.

Ein neuer Antimodernisteneid?

Vor dem Empfang der höheren Weihen und vor dem Antritt qualifizierter kirchlicher Ämter war bis zum Zweiten Vatikanischen Konzil ein Eid auf das tridentinische Glaubensbekenntnis, dazu seit 1910 der Antimodernisteneid (s. Kap. IV) abzulegen. Die tridentinischen Zuspitzungen und erst recht

die Denkverbote von 1910 waren aber mit den Freiheitspostulaten des Zweiten Vatikanischen Konzils und selbst mit
deren einschränkender Rezeption durch Paul VI. nicht zu
vereinbaren, und deshalb legte die Glaubenskongregation
1967 einen wesentlich vereinfachten und auf den Glauben
der alten Kirche zentrierten Eid vor.[235] Außer dem Bekennt-
nis der beiden ersten ökumenischen Konzilien von Nikaia
(325) und Konstantinopel (381) enthielt er (in nur sechs Zei-
len) die Verpflichtung zu allem, was über Glauben und Sitte
von der Kirche entweder durch feierliche Definition oder
durch das ordentliche Lehramt erklärt wird, besonders zur
Kirchen- und Sakramentenlehre, zum Messopfer und zum
päpstlichen Primat.

Doch diese, alles Wesentliche festhaltende Formel Pauls
VI., welche zeigt, dass mit seinen Kompromissen der Weg des
Konzils durchaus fortgesetzt werden konnte, genügte Johannes Paul II. und Kardinal Ratzinger nicht. „1989 wurde ...
auf außergewöhnliche Weise ein besonderer Treueid (mit Formel) eingeführt ..."[236]

Der Text, den die Glaubenskongregation mit Wirkung ab
dem 1. März 1989 veröffentlichen ließ[237], besteht aus einer
Vorbemerkung mit Verweis auf Can. 833 des neuen CJC^{238},
dem Glaubensbekenntnis (wie 1967), nun mit ausführli-
chem und inhaltlich gravierendem Anhang sowie einem
neuen Treueid.

Der Anhang zum Glaubensbekenntnis enthält die Verpflichtung auf die gesamte „authentische" Lehre des Papstes
und des Bischofskollegiums. Der neue Eid schließt die Disziplin der Gesamtkirche und alle kirchlichen Gesetze ein;
„christlicher Gehorsam" ist den Entscheidungen der Hierarchie insgesamt zu leisten, damit die „apostolische Aktion im
Namen und Auftrag der Kirche in deren Gemeinschaft ausgeführt wird"; sie ist also stets von oben zu dirigieren. Die
päpstliche Bestätigung der neuen Formeln ließ Kardinal Ratzinger im September 1989 erneut offiziell mitteilen[239]; nun

hinzufügend, dass die von den Bischofskonferenzen zu besorgenden Übersetzungen der Billigung durch die Glaubenskongregation bedürfen. Die Kirche wird also ein weiteres Mal mit dem Papst identifiziert, welcher durch seine Kurie seine „Kollegen" bürokratisch kontrollieren lässt!

Im Mai 1990 ist seitens der Glaubenskongregation eine ausführliche „Instruktion über die kirchliche Berufung der Theologen" gefolgt.[240] Sie äußert zwar Verständnis für die theologische Forschung und auch für mögliche Konflikte zwischen intellektuellen Einsichten von Theologen und dem Lehramt, von dem jedoch gesagt wird, dass es den „definitiven Charakter" des Glaubensgutes „vor Abweichungen und Irrtümern zu schützen hat". Das bedeutet ein weiteres Mal extreme Distanz zur historisch-kritischen Methode, von der Kardinal Ratzinger sich 1989 wegen des Bibelverständnisses auch in einem eigenen Aufsatz polemisch abgesetzt hat.[241]

Der Eid von 1989 richtet sich nicht wie der von 1910 gegen einzelne Lehren. Aber er bekräftigt, ja verschärft dessen Grundhaltung und ist zusammen mit der Instruktion wegen der Theologen ein Disziplinierungsinstrument, welches den Grundsätzen moderner Wissenschaft, außerdem konkreten Aussagen des letzten Konzils widerspricht.[242]

Beharren auf dem Zölibat – patriarchalischer Umgang mit den Frauen

Von Pauls VI. Enzyklika *Sacerdotalis Caelibatus*[243] wurde schon gesagt (Kap. VI), dass sie ein von den Traditionalisten im Vatikan erwirkter Machtspruch war, welcher die im Umkreis des Konzils geführte Debatte um Pflichtzölibat oder Priesterehe autoritativ zu beenden suchte. Zwar verschweigen die Redakteure nicht, dass es in der modernen Gesellschaft Probleme um den Zölibat gibt, aber mit keinem davon setzen sie sich ernsthaft auseinander. Das können sie auch nicht, weil sie

(wie in anderen Enzykliken und auch in Aussagen zu Frauen-
fragen) als Quellen nur Bibelstellen, Kirchenväter und Thomas von Aquin, dazu päpstliche und konziliare Dokumente
heranziehen. Kein Gegner des Pflichtzölibats kommt zu
Wort. Die von monastischen Vorstellungen bestimmt gewesene historische Situation, in der er im 11./12. Jahrhundert in
der Lateinischen Kirche Gesetz wurde, wird nicht erwähnt.[244]
Ohne Angabe von Quellen wird behauptet, dass der Zölibat
schon in der frühen Kirche als Ideal oder als Wunsch gegol-
ten habe, sodann immerhin zugegeben, dass die östlichen
Kirchen ihn nicht auferlegt haben. Aber insgesamt geht es
um die fromm (z. B. mit dem Hinweis auf die Jesusnachfolge
und die Fürbitte Marias) verbrämte Aufrechterhaltung einer
mittelalterlichen Struktur, welche zweifellos einige positive
Wirkungen auf den priesterlichen Dienst haben kann, welche
aber auch die Priester isoliert und sie abhängiger von der
Macht der Kirche, zudem ihren Unterhalt billiger macht, als
wenn sie verheiratet wären.

Ganz im selben Sinne, dabei noch härter, hat dann Johannes Paul II. öfter gesprochen und gehandelt.[245] Auch dass inzwischen zahlreiche Gemeinden ohne Priester, d. h. ohne
sonntägliche Feier der Eucharistie, sind, hat ihn nicht von
seiner nicht vom Dogma gebotenen Intransigenz abgebracht. Und die Verweigerung der Dispensen zur „Laisierung" von Priestern, welche Paul VI. immerhin gewährt
hatte, hat diese Intransigenz noch verschlimmert und viele
menschliche Tragödien verursacht.

Nach Can. 277 § 1 *CJC* haben die Kleriker „Enthaltsamkeit
um des Himmelreiches willen" zu wahren; deshalb sind sie
zum Zölibat verpflichtet, der „eine besondere Gabe Gottes
ist ..."[246] So setzt man sich über die Geschichte und über
die von vielen Problemen belastete Realität hinweg!

Nach Can. 1024 „empfängt die heilige Weihe gültig nur
ein getaufter Mann ..." Auch diese Regel ist vom Vatikan
unter Johannes Paul II. oft eingeschärft worden[247]; beson-

ders in Reaktion auf die Forderung nach Zulassung von Frauen zu geistlichen Ämtern und auf die entsprechenden Schritte anderer bischöflich strukturierter Kirchen (Anglikaner und Altkatholiken).[248] Die Abweisung dieser Forderung (durch die Glaubenskongregation schon 1976[249]) war umso leichter gefallen, als sie vom Konzil noch nicht erhoben worden war. Zur Begründung wird immer wieder (bis zu Benedikts XVI. *Licht der Welt*, 2010, 178 f.) gesagt, dass Jesus nur Männer zu Aposteln berufen hat und dass die Kirche an sein Vorbild gebunden ist. Aber das ist nur vordergründig richtig. Die Anwendung der historisch-kritischen Methode könnte ebenso gut zu dem Schluss führen, dass das Amt des Priesters nicht identisch ist mit dem des Apostels und dass Jesus in seiner jüdischen Umwelt keine Frauen berufen konnte und dass deshalb sein diesbezügliches Nicht-Handeln keine unveränderliche Regel begründen kann. Verschwiegen wird, dass es in der alten Kirche geweihte Diakoninnen gegeben hat![250]

Ein äußerst umfangreiches „Apostolisches Schreiben" *Mulieris Dignitatem* über die Berufung und Würde der Frau[251] hat Johannes Paul II., schon dadurch dessen Perspektive zeigend, zum Fest Mariä Himmelfahrt im „Marianischen Jahr" 1988 veröffentlicht; es ist nicht nur wegen der üblichen Redundanzen ein ärgerliches Dokument. Denn es erkennt gönnerhaft die Gleichheit von Mann und Frau im Mensch-Sein an und mahnt die Männer, die Frauen nicht auszubeuten. Aber in altertümlicher Weise warnt es die Frauen davor, sich männliche Eigentümlichkeiten anzueignen, und vermittelt nur ein biblisch-paternalistisches Bild, in das die Lebenswirklichkeit der Frauen und der Familien nicht hineinpasst. Keine von ihnen kommt zu Wort, keine ihrer vielen Tätigkeiten in der Kirche wird erwähnt. Stattdessen gibt es Kapitel über „Frau – Gottesmutter", „Eva – Maria", „Mutterschaft – Jungfräulichkeit", „Die Kirche – Braut Christi". So ist das alles hoffnungslos antiquiert. Anstatt konziliare Texte über die Verantwortlichkeit der Laien weiterzudenken, belässt der Papst es beim Dank „für alle Frauen und für jede Einzelne" und „für alle Früchte weiblicher Heiligkeit".[252] Was als Ablenkung von ernst zu nehmenden Forderungen gemeint ist, wirkt anmaßend und wie leere Rhetorik. Sie richtet nur deshalb keinen größeren Schaden an, weil solche Texte von den allermeisten Kirchenmitgliedern nicht gelesen werden.

In ganz ähnlicher Weise hat Johannes Paul II. in vielen seiner zahlreichen (und sämtlich in *Der Apostolische Stuhl* abgedruckten) Ansprachen (so bei Audienzen oder zu Gedenktagen) geredet: stets „von oben herab". Und dass der vatikanischen Oligarchie die Ausschließung der Frauen von geistlichen Ämtern ähnlich wichtig blieb wie die immer neue Bekräftigung des Primats, zeigt u. a. eine offizielle Mitteilung der Präfekten der Kongregationen für den Glauben, für den Klerus und für den Kult (Ratzinger, Castillón Hoyos und Medina Estévez) vom September 2001, in der erneut die Weihe von Frauen zu Diakoninnen verweigert wurde. Zwei italienische und ein deutscher Kardinal (Lehmann) hatten diese inzwischen angeraten.[253]

In den lehramtlichen Aussagen zum Zölibat, zum Verhältnis der Geschlechter und zu den Frauen insgesamt wird der antiquiert-reaktionäre Grundzug der kirchlichen „Innenpolitik" Johannes Pauls II. und seines obersten Glaubenshüters Ratzinger besonders deutlich. Wie Pius XI. und Pius XII. zogen sie sich vollends zurück auf ein spät geschaffenes repressives Regelwerk und auf die Selbst-Immunisierung vor jeder Kritik daran.[254]

Zu den Konsequenzen der generellen Verpflichtung auf das Lehramt gehören zwei Entscheidungen der Glaubenskongregation von 2003, in denen katholischen Politikern die Zustimmung zu Gesetzen verboten wird, welche die Familie schädigen oder homosexuelle Verbindungen legalisieren. Völlig unnötige Konflikte, so in Italien, Spanien und den USA, waren die Folgen.

Insgesamt hat die vatikanische Restauration seit den 1980er-Jahren eine erneute Selbst-Ghettoisierung der katholischen Amtskirche eingeleitet, welche Benedikt XVI. noch entschiedener fortsetzt. Durch die ungewöhnlich schnelle, insofern der Tradition widersprechende Seligsprechung seines Vorgängers (Mai 2011) hat er diese Kontinuität ausdrücklich herausgestellt[255]; und der sterile Katechismus von 1992 soll eine der Grundlagen für eine „Neuevangelisierung" sein, welche Benedikt im Oktober 2010 angekündigt hat und seitdem konkret vorbereiten lässt (s. Kap. IX).

Johannes Paul II. war zweifellos der letzte große Akteur des 20. Jahrhunderts: für die Besiegung des Kommunismus und die Überwindung antagonistischer Blöcke, für den Dialog zwischen den Religionen und die Verwirklichung der Menschenrechte. Aber im Inneren der eigenen Kirche hat er diese Rechte einer pseudohistorischen hierarchischen Ordnung unterstellt und nur diese der „apostolischen Aktion" zugrunde gelegt. Die durch das Zweite Vatikanum vielseitig bestärkte Präsenz in der modernen Gesellschaft hat seitdem kontinuierlich abgenommen und die katholische Kirche ist inzwischen innerlich gespalten. Würden der Papst und dessen bischöfliche Vasallen allein ihr Wirken bestimmen, so wäre sie insgesamt auf dem Weg zu einer „Pius-Bruderschaft".

Exkurs: Die Exkommunikation Marcel Lefèbvres (1988) – Kardinal Ratzinger und die Bruderschaft St. Pius X.

Die harte vatikanische Sanktion gegen die schärfsten Kritiker des Zweiten Vatikanischen Konzils hatte durchaus nicht im Gegensatz zum restaurativen Gesamtkurs gestanden. Dem hatte es vielmehr entsprochen, dass die Glaubenskongregation und Kardinal Ratzinger persönlich lange und geduldig mit dem dissentierenden Erzbischof verhandelt hatten (viel geduldiger als mit Vertretern der Befreiungstheologie oder anderen „linken" Kritikern!).

Aber Lefèbvre setzte sich im Juni 1988 über das päpstliche Machtmonopol hinweg, indem er, um die Fortdauer seiner Bruderschaft zu garantieren, vier ihrer Priester zu Bischöfen weihte. Daraufhin stellte das Motuproprio *Ecclesia Dei* vom 2. Juli 1988 fest, dass der Erzbischof und die von ihm Geweihten durch diesen schismatischen Akt schwerster Art der Exkommunikation verfallen seien.[256] Über den Hinweis auf die durch die Petrusnachfolge garantierte Einheit der Kirche ließ sich dafür sogar das Zweite Vatikanum zitieren. Ebenfalls mit der Bezeichnung *Ecclesia Dei* wurde aber zugleich bei der Glaubenskongregation eine Kommission für weitere Verhandlungen mit den Pius-Brüdern gegründet, welche von 1998 bis zum Abschluss ihrer Arbeiten im Jahre 2009(!) der schon erwähnte, ebenfalls ultrakonservative Kardinal *Castrillón Hoyos* leitete; man wollte die Neo-Traditionalisten nicht auf Dauer verlieren. Und diejenigen Traditionalisten, die nicht mit Lefèbvre ins Schisma gehen wollten, wurden sogleich vom Hl. Stuhl als „Priesterbruderschaft St. Petrus" anerkannt; mit der Erlaubnis, die lateinische Messe im 1962 modifizierten tridentinischen Ritus zu feiern. Der Protektor der Petrus-Brüder im Vatikan wurde und blieb Kardinal Ratzinger.

Am 13. Juli 1988 hat Kardinal Ratzinger eine Rede im fernen Chile (vor den dortigen Bischöfen, im Rahmen der inzwischen weit fortgeschrittenen Unterdrückung der „Befreiungstheologie") benutzt, um einen geradezu offiziellen Kommentar zur Causa Lefèbvre zu geben.[257]

Die Schuld für das sich nun anbahnende Schisma lastete der Präfekt der Glaubenskongregation darin nicht nur Lefèbvre, sondern ebenso denen an, welche aus den Reformen des Zweiten Vatikanischen Konzils zu weitgehende Konsequenzen gezogen und dadurch Lefèbvre Vorwände geliefert hätten. Seit seinen Erfahrungen mit der 1968er-Bewegung und mit der Würzburger Reformsynode 1971–75 hatte er sich ja in die Sorge hineingesteigert, dass auch in der katholischen Kirche wesentliche Kontinuitäten verloren gingen.[258] Und diese Sorge und damit auch sein partielles Verständnis für die Bewegung Lefèbvres hat Kardinal Ratzinger im Juli 1988 besonders prägnant ausgesprochen, vor allem im längeren zweiten Teil seiner Rede: „Überlegungen über die tieferen Ursachen des Falls Lefèbvre". Der Kardinal verwies auf negative Auswirkungen des Konzils. An erster Stelle nannte er die Liturgiereform; er beurteilte sie ähnlich, wie die Pius-Brüder es bis heute tun; anfängliche Übertreibungen verallgemeinernd. Dass die Reform von Millionen Christen als erstmals voll verständliche Vermittlung der Liturgie und zugleich als Ermöglichung aktiver Teilnahme daran dankbar empfunden wurde, hatte der Kardinal offenbar nicht bemerkt, obwohl er es in jeder römischen Gemeindekirche hätte erleben können. Denn gerade dort, wo es – wie im päpstlich konditionierten Italien – vor dem Konzil keine liturgische Bewegung gegeben hatte, hat erst dessen Liturgiereform aktive Teilnahme an der Messe ermöglicht. Doch Ratzinger schaute lieber auf die Minderheit (er spricht von „vielen Menschen"), welche „Zuflucht in der alten Liturgie suchten" wegen deren angeblicher „Bewahrung der Würde und des Heiligen". Den Reformern warf er vor, den Kult „in der Nicht-Sakralität des täglichen Lebens" angesiedelt zu haben; man habe „die priesterlichen Gewänder beiseitegelegt" und den Kirchen „den Glanz, der an das Heilige erinnert", genommen: „Wir müssen die Dimension des Heiligen in der Liturgie zurückerobern."

Im folgenden Abschnitt über den „nicht der Willkür unterliegenden Glauben und dessen Fortdauer" polemisierte Kardinal Ratzinger sodann gegen die von keinem ernst zu nehmenden Theologen vertretene Meinung, dass das Konzil „direkt als Ende der Tradition", so „als fange man ganz bei Null an" zu betrachten sei, und setzte ihr seine „Wahrheit" entgegen.

„Das Konzil selbst (hat) kein Dogma definiert und sich bewusst in einem niedrigeren Rang als reines ‚Pastoralkonzil‘ ausgedrückt." Aber auch dies war, wie hier in Kap. VI dargelegt wurde, kaum die halbe Wahrheit. Und auch das hätte man 1988 in Rom wissen können, denn noch lebten und sprachen authentische Zeugen des Konzils, und die ersten auf Quellen beruhenden Forschungen lagen vor, so von Giuseppe Alberigo der Aufsatz *Giovanni XXIII e il Vaticano II*.[259]

Alberigo (der schon aufgrund langjähriger Verbundenheit mit Kardinal Giacomo Lercaro auch bestens informierter Zeitzeuge war) hatte darin nachgewiesen, dass der Wille zum pastoralen Konzil für Johannes XXIII. gerade nicht eine Verengung, sondern eine Erweiterung des Konzilsbegriffs im Sinne umfassender Erneuerung bedeutet hatte. Verbindliche Aussagen dogmatischen Charakters waren damit durchaus vereinbar und ja auch unter Paul VI. erfolgt.

Kardinal Ratzingers öffentliche Kritik von 1988 an den Konsequenzen des Zweiten Vatikanischen Konzils, die er ganz ähnlich 1985 in den Gesprächen mit Vittorio Messori geübt hatte, enthält Argumente und Begriffe, welche die St.-Pius-X.-Brüder in ihrer Polemik gegen die nachkonziliare katholische Kirche bis heute benutzen.[260] Vergleicht man Ratzingers Darstellung indessen mit denen von Alberigo und Pesch oder mit den 2008 erschienenen Tagebuchaufzeichnungen Johannes' XXIII., so erweist sich die Ratzingers als tendenziös im Sinne der hier geschilderten Restauration seit den 1980er-Jahren. Darüber hinaus wird eine von der Tagespolemik meist nicht verstandene Kontinuität deutlich, welche 2007 zur erneuten Behauptung der Einzigartigkeit der römisch-katholischen Kirche und zur generellen Wiederzulassung der vorkonziliaren Messe, 2009 dann zur Aufhebung der Exkommunikation der Bischöfe der Pius-Bruderschaft geführt hat.

IX. Benedikt XVI. in der Kontinuität seines Vorgängers

Schon von den 153 Kardinälen des Jahres 2000 waren 126 von Johannes Paul II. ernannt, 2001 und 2003 erfolgten weitere Kreationen. Beim Tode des Papstes (2. April 2005) gab es 183 Kardinäle, davon 117 wahlberechtigt.[261] Die notwendige Mehrheit für die Papstwahl betrug also 78 Stimmen, und erstmals sollte nach 34 ergebnislosen Abstimmungen die einfache Mehrheit gelten. Längst nicht jeder Papstwähler (man denke an Martini und den Staatssekretär Sodano oder an die Deutschen Kasper und Lehmann), wohl aber die große Mehrheit von ihnen stimmte mit der Intransigenz des verstorbenen Papstes und Kardinal Ratzingers überein, und viele verdankten ihr Kardinalat dieser Übereinstimmung.

Die Kurie Johannes Pauls II. hatte die Entstehung eines die ganze Kirche repräsentierenden und stabilen Regierungsorgans, ja selbst die von Paul VI. erwogene Ausdehnung des Papstwahlrechts auf Vertreter der Bischofskonferenzen verhindert. Die Macht verblieb also auch zu Beginn des 3. Jahrtausends beim Papst und höchstens noch bei den von ihm ins Vertrauen gezogenen Kardinälen. Er regiert (wie die Monarchen des 18. Jahrhunderts) „aus dem Kabinett".[262] Der Vatikan propagiert zwar seit Leo XIII. das Subsidiaritätsprinzip als Regulativ staatlicher und gesellschaftlicher

Macht, aber auf die eigene Kirche wendet er es nicht an. Das Dogma von 1870 und dessen unter Pius XII. und dann wieder unter Johannes Paul II. immer extensiver gewordene Auslegung stehen dem entgegen.

Als Johannes Paul II. spürte, dass er nicht mehr lange leben würde, soll er in einem engen Kreis von Kardinälen dringend auf Joseph Ratzinger als Nachfolger hingewiesen haben; und das hätte in der Logik seines ganzen Pontifikats gelegen.[263] Wie diese Empfehlung sich konkret ausgewirkt hat, wissen wir (noch) nicht.[264] Aber Kardinal Ratzinger konnte sich in den für die Neuwahl entscheidenden Wochen zweimal als Garanten der Kontinuität und als entschlossenen Kämpfer gegen jede Abweichung vom Kurs der letzten 30 Jahre präsentieren: am 1. April 2005 in einem Vortrag in Subiaco über den hl. Benedikt und am 18. April in der in alle Welt übertragenen Predigt an die Kardinäle vor dem Beginn des Konklave. In Subiaco hatte er entschieden dem progressiven, auf die Aufklärung zentrierten Geschichtsbild widersprochen, die fundamentale Bedeutung des Christentums für die Geschichte unseres Kontinents dargelegt und daraus konkrete und insofern die Eigenständigkeit demokratischer Politik negierende Forderungen an die EU abgeleitet.[265] Vor den Kardinälen wandte er sich noch heftiger, auch undifferenziert gegen eine „Diktatur des Relativismus" in der zeitgenössischen Kultur und warnte davor, bereits „einen klaren Glauben" als „Fundamentalismus" abzuwerten. Diese Warnung sollte Kritik an den neuen ekklesialen Bewegungen abwiegeln, und insgesamt konnten Ratzingers Postulate der infolge der Personalpolitik des verstorbenen Papstes inzwischen eindeutig „rechten" Mehrheit der Kardinäle nur gefallen. Auch das Papstprofil, welches einige Tage zuvor der „Prediger des päpstlichen Hauses", P. Raniero Cantalamessa OFMCap (ein charismatischer, den neuen „Bewegungen" nahestehender Seelsorger und biblisch-patristisch argumentierender Denker), vor den Kardinälen entworfen hatte, passte großenteils auf deren Dekan. Er sprach von der Kirche als „beispielgebender Minderheit", von der Legitimierung der „Bewegungen", freilich im Sinne des Konzils, von Christus als einzigem Heilsbringer und auch von der Versöhnung mit inneren Minderheiten (Pius-Brüder?). Er warnte aber vor der Imitation des verstorbenen Papstes und bezeichnete die Einteilung der Kirche in die alten Patriarchate als obsolet. Manche dieser Postulate sind im ersten Jahr Benedikts XVI. erfüllt worden, nur die Mahnungen des Predigers zu einem Mehr an Kollegialität blieben ohne Folgen!

Jedenfalls war das Konklave (18./19. April 2005) gut vorbereitet, und Kardinal Ratzinger erreichte schon im vierten Scrutinium mit wahrscheinlich 84 Stimmen die erforderliche Mehrheit. Die pastoraler und dialogischer ausgerichtete Gruppe um Kardinal Martini (geb. 1927) und den ebenfalls dem Jesuitenorden angehörenden Kardinal Jorge Mario Bergoglio (Erzbischof von Buenos Aires, geb. 1936) hatte anscheinend nur bis zu 40 Kardinäle umfasst.

Der Theologe Joseph Ratzinger hatte stets systematisch, nicht historisch gedacht[266]. Der vatikanische Rigorismus seit den 1980er-Jahren, gerade auch in der Sexual- und Familienmoral, war mindestens so sehr sein Werk (vgl. den schon in Kap. I erwähnten Streit um *Donum Vitae!*) wie das Johannes Pauls II. Auch er sieht anscheinend die Kirche als „schöpferische Minderheit" mit hohen und teils asketischen, stets hierarchisch bestimmten Anforderungen an ihre Mitglieder. Die Nähe zum Opus Dei hatte sich schon aus der gemeinsamen Ablehnung der „Befreiungstheologie" in Lateinamerika ergeben.

Auf diesen Grundlagen hat Benedikt XVI., wie hier schon am Ende des I. Kapitels skizziert wurde, sein Kontinuitätsprogramm errichtet: auf der Linie des Vorgängers, jedoch ohne dessen Neigung zur Egozentrik und zur Omnipräsenz. Seit dem April 2005 ist im Vatikan wieder Ruhe eingekehrt.

Im August 2006 hat Benedikt sogar unter Berufung auf Bernhard von Clairvaux vor übertriebenem Aktionismus gewarnt. Aber ihm fehlt die menschliche Spontaneität des Vorgängers, sodass die doktrinäre Härte noch deutlicher wirkt als bei jenem.

Die Polemik gegen den Relativismus hat der Papst schon am 5. Juni 2005 im Lateran und dann sehr oft wiederholt, die gegen die Aufklärung schon vor der Bischofssynode im Herbst 2005. Der römische Primat (und das heißt stets: der Primat in seiner juridischen Festschreibung von 1917 und 1983!) wurde mehrmals und auch mit historisch fragwürdiger Begründung herausgestellt, zuletzt in *Licht der Welt*, 2010, 22 f. u. ö. Sich selbst bezeichnete Benedikt dabei, ganz im Sinne des *CJC*, als den „universalen Hirten der Kirche"; ausgerechnet nach seinem Versagen gegenüber den Pius-Brüdern (2009, s. S. 250 f.) hat er das herausgestellt. Vom Zweiten Vatikanischen Konzil spricht Benedikt seltener, beklagte aber bereits am 8. Dezember 2005 erneut dessen nach seiner Ansicht zu weit verbreitete Interpretation als „Bruch" mit der Vergangenheit und stellt ihr seine „Hermeneutik der Reform" entgegen, welche diese als Erneuerung aus der Kontinuität versteht; unter päpstlicher Führung wie schon im 16. Jahrhundert. So hatte er schon in den 1980er-Jahren argumentiert und mit der Abwertung des konziliaren Prozesses begonnen.

Die ebenfalls im Kapitel I erwähnten Stellungnahmen zu Sexualität, Ehe und Familie sowie zur Rechtsstellung nichtehelicher Gemeinschaften haben an Schärfe noch zugenommen. Der Papst selbst sagte z. B.: „Über das Leben und die Familie ist nicht zu verhandeln" (30. März 2006 bei einer römischen Tagung der Europäischen Volkspartei) oder: „Stimmt nicht für Gesetze, die gegen die Natur sind" (so beim „Family Day", Rom, März 2007). „Natur" ist dabei stets im Sinne der vatikanischen Interpretation zu verstehen; ausdrücklich spricht Benedikt öfter von der Notwendigkeit des Lebensschutzes „von der Empfängnis bis zum Tode". Der Präsident des päpstlichen Familienrates, der kolumbianische Kardinal Alfonso López Trujillo, wollte sogar alle exkommunizieren, die sich in irgendeiner Weise an Stammzellenforschung beteiligen oder davon profitieren (so in einem Interview für FAMIGLIA CRISTIANA, CORRIERE DELLA SERA 29. Juni 2006), und ein ranghoher Beamter der Glaubenskongregation, Mons. Angelo Amato (seit 2010 Kardinal), stellte nicht nur die Abtreibung, sondern auch die Pille zur Verhinderung der Einnistung auf die gleiche Stufe wie den tötenden Terrorismus (CORRIERE DELLA SERA 24. April 2007).

Gegenüber Italien war bis 2007 Kardinal Ruini weiterhin im Sinne des Papstes aufgetreten. Nachfolger wurde Kardinal Angelo Bagnasco (geb. 1943), der ruhiger agiert; aber nicht selten gibt es Friktionen mit dem Staatssekretär Bertone. Im langen italienischen Wahlkampf des Frühjahrs 2006 hatten Ruinis Positionen, verstärkt durch die Rechtslastigkeit der größten kirchlichen „Bewegungen", den Eindruck vatikanischer Sympathie für Silvio Berlusconis Mitte-Rechts-Koalition erweckt; und entsprechende Distanz zum praktizierenden Katholiken Romano Prodi, weil der mit seiner Mitte-Links-Koalition Reformen wollte und familienpolitische Forderungen aus der Gesellschaft ernst nahm, auch wenn sie der vatikanischen Linie widersprachen. Manche Beobachter befürchteten, dass der Vatikan die Grenzen zwischen Kirche und Staat grundsätzlich zugunsten der ersten zurückverschieben wolle und dass eine Konfliktsituation wie die zwischen Pius XII. und De Gasperi wiederkehre.[267] Wegen Abtreibung, Ehe, Familie und Biopolitik ist es dann zu Streitigkeiten zwischen dem Hl. Stuhl und mehreren Regierungen gekommen, besonders heftig mit Spanien (dessen Ministerpräsident Zapatero mit seinen drei Postulaten: Erleichterung der Abtreibung, schnellere Scheidung, Homo-Ehe sehr aggressiv auftrat), aber auch mit Präsident Obama, mit dem man sich allerdings 2009 bei dessen Besuch im Vatikan verständigte. Aber wegen der bioethischen Fragen hatten der Hl. Stuhl und die Mehrzahl der nordamerikanischen Bischöfe bis zuletzt zu George W. Bush gehalten.[268] Eindeutig zur politischen Rechten tendiert der Prälat (seit 2008 Titularerzbischof) Salvatore Fisichella, den Benedikt mit der Leitung der päpstlichen „Akademie für das Leben" und 2010 zudem des neuen „Rates für die Re-Evangelisierung" betraut hat.

Und im Vatikan ist seit 2005 erst recht kein Raum für neuerliche Überlegungen des die Kirche als „Volk Gottes" mit allen menschlichen Problemen verstehenden Kardinals Martini, z. B. wegen des Gebrauchs von Kondomen zur Aidsprävention. Für Deutschland setzte Benedikt im Sommer 2006 durch, dass kirchlichen Angestellten eine Mitarbeit im Verein *Donum Vitae* verboten wurde. Das bedeutet, dass auf Dissens in einer disziplinären, nicht dogmatischen Frage nun auch mit existentiellem Druck reagiert wird. Dabei steht fest, dass dank *Donum Vitae* manche Abtreibung verhindert werden konnte. Der Schutz des Lebens ist ein unbedingt richtiges Prinzip, der Einsatz dafür eine der großen Leistungen der christlichen Kirchen in einer zunehmend desorientierten Gesellschaft. Aber für die Erreichung des Ziels gibt es verschiedene Wege. Der „doctor angelicus" Thomas von Aquin, der seit Leo XIII. als wegweisend für die katholische Philosophie und Theologie gilt (s. Kap. IV 1), hatte den Beginn des eigentlich menschlichen Lebens später angesetzt als die Päpste des 20./21. Jahrhunderts; und deren Verweigerung jeglicher Sterbehilfe wird auch als Eingriff in das individuelle Selbstbestimmungsrecht und als Mangel an Barmherzigkeit empfunden.

Benedikt XVI. spricht seine Sorge um die kulturelle Dekadenz Europas auch weiterhin ebenso deutlich wie gut begründet aus. Aber sein Hierarchismus und seine Intransigenz in allen von ihm moraltheologisch für relevant gehaltenen Fragen und die kritiklose Gefolgschaft treuer

Diener (im Episkopat wie in den „Bewegungen") werden von kritisch denkenden Christen immer weniger akzeptiert. In Kap. I wurde gesagt, dass 2005 nur der Stil päpstlichen Auftretens (ein wenig) gemildert wurde. Aber schon 2007 erweckte Benedikt XVI. den Eindruck, dass er nur „Altes und Repetitives" sage (so der kluge und erfahrene Beobachter Hanno Helbling, in: NZZ 11. Juli 2007) und dass er sich vom Konzil und von dessen Menschenfreundlichkeit abwende.[269] Denn in *Sacramentum caritatis* hatte er im März 2007 die unbiblische und antiökumenische Ausschließung der Nichtkatholiken und der Geschiedenen von der Kommunion sowie die Zölibatspflicht der Priester bekräftigt. Im Juli ergingen in rascher Folge die allgemeine Wiederzulassung der vorkonziliaren Liturgie und, über die Glaubenskongregation, die erneute Betonung der Einzigartigkeit der katholischen Kirche (wie 2000 in *Dominus Jesus*). Selbst etliche Bischöfe gaben zu erkennen, dass sie diese Dokumente für überflüssig hielten. Und bei jeder Gelegenheit wiederholte der Papst seine strengen Mahnungen wegen Ehe und Familie, Abtreibung und Homosexualität, Bioethik u. Ä., zuletzt z. B. im Mai 2010 in Fatima, dann bei seinem Staatsbesuch in Spanien im November 2010, im gleichzeitig veröffentlichten, hier schon mehrmals erwähnten Buch *Licht der Welt* und vor den beim Hl. Stuhl akkreditierten Diplomaten (CORRIERE DELLA SERA 11. Januar 2011). Nicht selten versuchte er dabei, Normen des päpstlichen Lehramtes (nicht der Bibel) über staatliche Gesetze allen Bürgern aufzuzwingen, ganz wie es die Pius-Päpste getan hatten. – 2007 hatte Kardinal Martini (mutiger als z. B. die meisten deutschen Bischöfe) auf den päpstlichen Verschärfungskurs mit neuen Mahnungen zu Maß, menschlichem Verständnis und Dialog reagiert („Die Kirche soll keine Befehle erteilen, es braucht den Dialog zwischen Laizisten und Katholiken").[270] Aber er erreichte nichts. Und ebenso erging es dem ähnlich denkenden britischen Kardinal Cormac Murphy O'Connor, als er im November 2007 dem Papst eine große ökumenische Initiative, konkret die Einladung zu einem Welttreffen aller christlichen Kirchen, vorschlug. Die Antwort war, dass das eine schöne Idee sei, aber z. Zt. nicht realisierbar, „die Schwierigkeiten kämen nicht von uns".[271]

Die tiefsten Entfremdungen zwischen dem Papst und seiner intransigenten Umgebung einerseits und dem konziliar und ökumenisch gebliebenen Teil der Katholiken andererseits erfolgten 2009/2010 (s. Kap. I S. 34). Der längst wieder zum scharfen Kritiker gewordene Hans Küng sprach in einem offenen Brief an die katholischen Bischöfe im April 2010 von einem „historischen Vertrauensverlust" und forderte, wie Kardinal Martini, ein neues Konzil. „Menschen haben das Vertrauen in die Kirche verloren. Nur Reformen können helfen."[272] Aber als politisch hochrangige Katholiken, meist aus der älteren, dezidiert konziliaren Generation, im November 2010 konkret eine Revision des Zölibatsgesetzes forderten, sind sie von dem kurz zuvor zum Kardinal ernannten apologetischen Kirchenhistoriker Walter Brandmüller in hochmütigem Ton als inkompetent abgekanzelt worden.[273] Benedikt ließ es geschehen.

Die konkreten Ursachen dieser Entfremdung, die Rekonziliation der Bischöfe der St.-Pius-Bruderschaft im Januar 2009 und der das ganze Frühjahr 2010 durchziehende, sich weltweit ausbreitende Missbrauchsskandal wurden inzwischen so oft behandelt, dass hier zwei kurze Abschnitte genügen sollen.

1. Der Widerruf der Exkommunikation der vier seit 1988 als schismatisch betrachteten Bischöfe war ein persönliches Werk des Papstes (wohl vorbereitet durch Kardinal Castrillón Hoyos), nur verständlich aufgrund seiner alten Abneigung gegen die konziliare Liturgiereform und der damit verbundenen partiellen Sympathie für die Pius-Brüder (vgl. hier Kap. VIII, Exkurs). Der Papst wollte die relativ vielen Priester

der Bruderschaft in seine Kirche zurückholen und bewies dadurch, wie reaktionär er diese versteht. Denn die alte Liturgie und deren Verfechter ersetzen die Partizipation der Gemeinden wieder durch die hierarchisch vorgegebene Aktion der Priester. Sie erreichen daher – abgesehen von Ästheten, die sich an der Schönheit alter Farben und Formen erfreuen – nur Menschen mit vor-moderner Gesinnung und/oder Subalterne. Entsprechend heftig wurde der Widerspruch der „denkenden Christen". Und als bekannt wurde, dass einer der vier rekonziliierten Bischöfe, der Engländer Richard Williamson, die nationalsozialistische Judenvernichtung geleugnet hatte, erhob sich eine breite Welle „politisch korrekter" Empörung gegen den Papst[274], auf die er zunächst mit Selbstmitleid, bald aber mit entschlossener Offenheit reagiert hat.

Doch die Macht des Papstes reichte nicht aus, um die Pius-Bruderschaft zu jenen Kompromissen zu bewegen, die ihm vorschwebten. Sie sind noch härter als er, und so wurde nicht einmal der primäre Effekt der unglücklichen Aktion erreicht. Schon im Juni 2009 nahm die Bruderschaft neue Priester- und Diakonweihen vor, die der Vatikan als illegal bezeichnen musste.

2. Auf den Missbrauchsskandal, an dem die Glaubenskongregation durch frühere Vertuschungen nicht unschuldig war, hat Benedikt nach einigen Ungeschicklichkeiten und trotz einiger verbaler Entgleisungen in seiner Umgebung (Kardinal Sodano: „Chiacchieraccio" – Geschwätz – als Qualifikation der Kritik am Papst) mit aufrichtiger Anteilnahme und eindeutiger Verurteilung reagiert. Schuldige wurden aus ihren Ämtern entfernt und/oder bestraft, die Opfer nach Kräften entschädigt, manche Präventionsmaßnahmen ergriffen. Aber alles blieb im eigenen geschlossenen System. Der Papst sprach von Sünden und Sündern, von einer Beleidigung Gottes durch pädophile Priester (so der Papst am 16. Februar 2010 vor den Bischöfen Irlands, welches beson-

ders betroffen war) u.Ä. Zu einer unvoreingenommenen Reflexion der natürlichen Kraft der Sexualität und möglicher Dispositionen zu Fehlverhalten aufgrund der zölibatären Lebensform drang man nicht vor. Man gab also Fehltritte (vieler) Einzelner und Vertuschungen durch einzelne Bischöfe zu[275], nicht aber eine Mitverantwortung der Kirche als solcher, die man im Gegenteil als ungerecht angegriffen bezeichnete. So erklärte der Kardinalstaatssekretär Bertone, dass die Kritiker das Vertrauen zur Kirche untergraben und deren Struktur verändern wollten. Dagegen betonte er, dass die „Macht in der Kirche unteilbar sei", dass Letztere auf dem Primat beruhe und die Kirche „weder eine Föderation noch eine Demokratie" sei.[276] Die Frage der Macht schien ihm also wichtiger zu sein als die der Wahrheit. Und auch ein neuerliches „Nachbeben" des Skandals, im Juli 2011 in Irland, nährt Zweifel am vatikanischen Willen zu vollständiger Aufklärung.

Auf die erneute Forderung eines neuen Konzils (s. z.B. Corriere della Sera 11. März 2010) reagierte der Vatikan ablehnend, am deutlichsten dann der Papst selbst in *Licht der Welt* (85 f.).

Aber die alte Ambivalenz zwischen Doktrin und Politik wirkt weiter. Denn der strenge Lehrer und Korrektor seiner Kirche[277] hat 2009/10 die weiterhin bestens positionierte vatikanische Finanzpolitik neu und gut geordnet[278] und die Gesetze des Vatikanstaates neuen europäischen Normen anpassen lassen. Und nach außen tritt er, sofern es nicht um seine moralischen Postulate geht, ebenso dialogisch auf wie sein Vorgänger. Mit den bioethischen Forderungen an die Gesetzgebung verbindet er verbale Anerkennung staatlicher Laizität, so auf seinen Staatsvisiten, z.B. im September 2010 auf dem für den Papst schwierigen Terrain Großbritanniens. Energisch wirbt er für weitere „Verbesserung der Beziehungen und der Freundschaft mit dem jüdischen Volk" und für

„Toleranz, Respekt, Freundschaft und Frieden unter allen Völkern, Kulturen und Religionen"[279]; auch für Menschenrechte, Vermenschlichung der Wirtschaft und die Bewahrung der Natur. Er tut es in vier/fünf Sprachen! Im September 2006 hatte eine weitere interreligiöse Begegnung in Assisi stattgefunden, allerdings nachdem der dortige, wegen seiner „Öffnungen" im Vatikan suspekt gewordene Franziskanerkonvent im November 2005 durch die Einsetzung eines bischöflichen Aufsehers diszipliniert worden war.

Doch für seinen eigentlichen, den kirchlichen Bereich, sagt und lehrt dieser Papst – wie der Vorgänger – weiterhin viel „Altes und Repetitives", wobei das Erste meist keine 200 Jahre alt ist, während der Reformismus Johannes' XXIII. auf die ganze Geschichte der Kirche geschaut hatte. Aber die nun im Vatikan geplante Neuevangelisierung der entchristlichten Welt will der Papst vor allem durch die „Verbreitung und Anwendung des päpstlichen Lehramts" und den „Gebrauch des Katechismus der katholischen Kirche" (von 1992/93, s. hier Kap. VIII) erreichen. Das sind Antworten von vorgestern auf Fragen von heute.[280]

Und die Macht des Vatikans wird weiterhin benutzt, um die reaktionären Gruppen in der Kirche zu stärken, aus ihren Mitgliedern Bischöfe auszuwählen und alle diejenigen zu schwächen, welche in vollem Sinne am letzten Konzil festhalten wollen. Symptomatisch dafür ist, dass soeben (im Juli 2011) ein langjähriger enger Mitarbeiter des Kardinals Meisner, Rainer M. Woelki (geb. 1956), der zwischendurch an der römischen Universität des OPUS DEI promoviert worden war, zum Erzbischof von Berlin ernannt wurde. In seiner ersten dortigen Pressekonferenz auf das OPUS angesprochen, bezeichnete er es als „eine lebendige Gemeinschaft in der Kirche", die „einfach katholisch geblieben" sei.[281] Die fast gleichzeitige Ernennung des neuen Bischofs von Bozen-Brixen, Ivo Muser, weist in dieselbe Richtung. Das Katholische wird also in der derzeitigen Führungsschicht mit einer intransigenten und intoleranten Partei in der Kirche identifiziert, wie unter Pius IX.! Und autonome katholische Institutionen sollen wieder unter vatikanische Kontrolle kommen, vor allem, wenn dadurch viele Menschen im Sinne der römischen Interpretation des Christlichen zu beeinflussen sind. Fachlich qualifizierte Laien aus den neuen Bewegungen helfen dabei. Zurzeit geht es vor allem um die CARITAS INTERNATIONAL; und in Mailand um die die dortige Katholische Universität finanzierende Stiftung sowie um einen großen Krankenhauskomplex, der finanziell saniert werden muss, dabei aber in ein neues vatikanisches Gesundheitsimperium (Mailand, Rom, San Giovanni Rotondo) integriert werden soll.

Damit kehren wir zurück zu den aktuellen Problemen, die schon zu Ende des ersten Kapitels erörtert worden sind. Ein „kirchlicher Reformstau" wird seit Längerem konstatiert (vgl. Martin Maier SJ in: *Stimmen der Zeit* 2008, 73 f.). Und aufgrund der Zuspitzungen der letzten Jahre und deren kritischer Kommentierung – keineswegs nur durch Autoren wie Hans Küng und Franz Xaver-Kaufmann oder durch Zeitschriften wie PUBLIK-FORUM oder IMPRIMATUR – drängt sich die dort gestellte Frage nach der Versöhnung des hierarchischen mit dem demokratischen Prinzip auf. Der Historiker denkt dabei nicht an die moderne politische Demokratie, wohl aber an die vielfachen historischen Formen der Mitwirkung von Bischöfen und Synoden, auch von Priestern und Laien, gerade bei der Bestellung der Bischöfe[282], von denen die heutige Kirchenführung nichts mehr wissen will.

In einem konservativen System, welches die katholische Kirche aufgrund ihrer Geschichte ist, müssen die Rechte aller Mitglieder gewahrt werden[283]; sonst verkommt es zur Diktatur. Auf diesem Weg war die katholische Kirche unter Pius IX., Pius X. und Pius XII.; aber die jeweiligen Nachfolger haben korrigierend gewirkt und wurden dabei von innerkirchlichen Reformern unterstützt oder angeregt. Und gerade aufgrund des Zweiten Vatikanischen Konzils gehört es zum Selbstverständnis historisch informierter „erwachsener Katholiken" (als solchen bezeichnete sich Romano Prodi gegenüber den vatikanischen Pressionen auf seine Politik), dass sie der Übertreibung kirchlicher Macht und auch unzureichend begründeten Aussagen des Lehramtes widersprechen. Schließlich haben sich schon manche Enzykliken – nicht nur die von 1832 und 1864 gegen die Gewissensfreiheit (Kap. III), die von 1907 gegen den Modernismus (Kap. IV 2) und die von 1950 gegen die reformistische Reflexion der Theologie (Kap. V) – als sehr fehlbar erwiesen. Und auch die Lehraussagen Johannes Pauls II. über Zölibat und Frauen (Kap. VIII 4) sind unhistorisch resp. ideologisch geprägt. Dass heutige Bischöfe auf sie verweisen, um von ernsthaften Fragen abzulenken, bezeugt eine anti-moderne Gehorsamsmentalität. Auch die schon so oft wiederholte Absage Benedikts XVI. an den Relativismus ist wegen ihrer undifferenzierten Verallgemeinerung und ihrer kränkenden Anwendung auf innerkirchliche Kritiker nicht nur falsch, sondern gefährlich, denn dadurch wird nur aggressiver Antiklerikalismus gefördert. Ihm gegenüber bedarf es ruhigen Festhaltens am biblischen Kern der christlichen Botschaft und an deren befreiender Intention. „Durch neue Dogmen und Verschärfungen der Disziplin werden die Gläubigen nicht heiliger werden und ihre Anzahl wird sich bedeutend mindern."[284] Diese Warnung des damaligen Erzbischofs von Prag, Kardinal Friedrich Fürst Schwarzenberg, vor dem Unfehlbarkeitsdogma passt bestens auf die heutige Kirchenkrise. Denn diese beruht weitaus weniger auf der zu allen Zeiten gestellten „Gottesfrage", welche der Papst und seine Anhänger dafür verantwortlich machen, als auf ihrem System der Machtkonzentration und der damit oft verbundenen Menschenferne.

Zu guter Letzt ist zusammenfassend festzuhalten:

dass der römische Zentralismus erst in Folge der Definitionen des Ersten Vatikanischen Konzils (1869/70) im *CJC* von 1917 verfestigt worden ist,

dass die Majorität auf dem Zweiten Vatikanischen Konzil (1962–1965) eine kollegiale Kirchenstruktur wiederherstellen wollte und dafür die volle Zustimmung Johannes' XXIII. und die partielle Pauls VI. fand,

dass aber unter *Johannes Paul II.* (seit 1978) der Zentralismus voll wiederhergestellt, ja noch verstärkt worden ist.[285]

Die Macht des Papstes ist infolge des *CJC* von 1983 größer denn je; die zwar internationalisierte, aber keineswegs pluralistisch gewordene vatikanische Kurie sucht sie konsequent durchzusetzen, der Treueid von 1989 resp. 1998 ist das repressivste Mittel dazu. Der Urheber dieses Eides ist seit 2005 Papst und handelt entsprechend. Die tatkräftigste Unterstützung erhält er, wie schon sein Vorgänger, von Organisationen wie dem OPUS DEI und von den diesen affilierten, schwer durchschaubaren Priestervereinigungen, d. h. von einer internationalen reaktionären Fronde gegen die Moderne und gegen eine moderat reformierte Kirche.

Doch dieser ungeschichtliche Zentralismus hindert die Menschen an „erwachsener" Partizipation. Auch die Ökumene kann keinen „exzessiven Zentralismus" vertragen; und es ist „sinnlos …, sich zur Demokratie zu bekennen und gleichzeitig eine autoritäre Kirche zu verteidigen". Dies sagte zwar am 9. August 2006 der Primas der anglikanischen Kirche, Erzbischof Rowan Williams.[286] Aber auch der päpstliche Prediger, P. Cantalamessa, hatte am 14. April 2005 die sich auf die Papstwahl vorbereitenden Kardinäle daran erinnert, dass Kollegialität der Bischöfe „cum Petro et sub Petro" (mit Petrus und unter Petrus) stattfinden müsse, dass sie aber bisher zu sehr „sub Petro" verstanden werde.[287]

Die Konsequenz aus der Geschichte und aus deren nur an den Quellen orientierter Reflexion könnte die Wiederaufnahme des konziliaren Prozesses sein, wie ihn so unterschiedliche Mahner und Zeitzeugen wie Carlo M. Martini und Hans Küng vorschlagen – und viele andere, welche die Kurie Johannes Pauls II. und Benedikts XVI. an den Rand gedrängt hat. Um der modernen Gesellschaft wirksame Medizinen gegen Wertverlust und Orientierungslosigkeit anbieten zu können, muss das Christentum nicht gegen sie stehen, sondern in ihr wirken. Dazu braucht die katholische Kirche den geschichtlichen Sinn und den visionären Optimismus Johannes' XXIII. und den dialogischen Mitgestaltungswillen Pauls VI., außerdem einen zu Reformen fähigen Episkopat. Sie müsste sich also selbst ein weiteres Mal reformieren: durch die Einbindung des päpstlichen Primats in die Kollegialität der Bischöfe, durch deren Wahl nach einsichtigen Kriterien, durch erneute Anerkennung der Freiheit der Gewissen und der Mitwirkung der Gemeinden in allen ihre Mitglieder angehenden Fragen, durch Ökumenismus im vollen Sinne. Dazu müssten ihre Bürokratien abgebaut und ihre Finanzen offengelegt werden. Doch solche Offenheit und solcher Reformismus sind von der derzeitigen Führungsschicht der katholischen Kirche nicht zu erwarten.[288] Wer Reformen will, muss ihr ruhig widersprechen. Denn zu den Lehren der Geschichte gehört auch, dass solcher Widerspruch zum Ziele führen kann.

Etliche Päpste des 15. und 16. Jahrhunderts hatten den Humanismus gefördert, der die moderne Leitidee individueller Verantwortlichkeit gezeugt hat. Und seit der Aufklärung des 18. Jahrhunderts haben nicht erst Johannes XXIII. und Paul VI., sondern schon Benedikt XIV. und Pius VII., Leo XIII. und Benedikt XV., in Maßen auch Pius XI. das Gespräch mit der Moderne gesucht. „Zelanti" und „Unglückspropheten" hatten längst nicht immer das letzte Wort!

Anmerkungen

[1] Ernst Dassmann, *Kirchengeschichte I. Ausbreitung, Leben und Lehre in den ersten drei Jahrhunderten,* [2]2000; *Kirchengeschichte II. 1. Konstantinische Wende und spätantike Reichskirche,* 1996; *Kirchengeschichte II. 2. Theologie und innerkirchliches Leben bis zum Ausgang der Spätantike,* 1999; s. auch Karl Baus, in: Hubert Jedin (Hrsg.), *Handbuch der Kirchengeschichte,* Bd. I, 1963, 125 ff., 172 ff., 289 f., 388 ff., 399 ff.; Otto Hermann Pesch, *Dogmatik II,* 2010; Theodor Klauser, *Die römische Petrustradition im Lichte der neuen Ausgrabungen unter der Peterskirche,* 1956; Georg Denzler, *Das Papsttum. Geschichte und Gegenwart,* [3]2009; Ders./Clemens Jöckle, *Der Vatikan ...,* 2007.

[2] Franz X. Seppelt/Georg Schwaiger, *Geschichte der Päpste,* 1964 u.ö.; Horst Fuhrmann, *Von Petrus zu Johannes Paul II.,* [2]1984; Ders., *Das Constitutum Constantini,* 1968; Martin Greschat (Hrsg.), *Das Papsttum,* 2 Bde 1985, Nachdruck 1993; Klaus Schatz, *Der päpstliche Primat ...,* 1996; Bernhard Schimmelpfennig, *Das Papsttum. Von der Antike bis zur Renaissance,* 1984, [5]2005; Rüdiger Achenbach/Hartmut Kriege, *Die Päpste und die Macht,* 2002; Philipp Levillain (Hrsg.), *Dictionnaire historique de la Papauté,* Paris 1994; *Lexikon der Päpste und des Papsttums (LThK kompakt),* 2001; Josef Gelmi, *Die Päpste in Kurzbiographien* (Topos plus), [2]2005.

[3] Hubert Jedin, *Kleine Konziliengeschichte,* 1959 u.ö., Abschnitt I.

[4] Gerhard Hartmann, *Wählt die Bischöfe,* 2010, Abschnitt A.

[5] Karl August Fink, *Papsttum und Kirche im abendländischen Mittelalter,* 1981; Erich Caspar, *Das Papsttum unter fränkischer Herrschaft,* 1956; Peter Clasen, *Karl d. Gr., das Papsttum und Byzanz,* 1968.

[6] Louis Duchesne/Giovanni Miccoli, *I primi tempi dello Stato pontificio,* 2. A. Torino 1967; Richard Krautheimer, *Rom. Schicksal einer Stadt 312–1308,* 1987 (zuvor 1980 in den USA erschienen).

[7] Gerd Tellenbach, *Die westliche Kirche vom 10. bis zum frühen 12. Jahrhundert: Die Kirche in ihrer Geschichte,* Bd. 2,1, 1988; Karl Mittermaier, *Die deutschen Päpste,* Graz 1991.
Den Einfluss des römisch-deutschen Königs auf die Papstwahl hat das „Reformpapsttum" durch Dekrete von 1059 und 1179 zurück-

gedrängt. S. dazu die Einführung in Entstehung und Geschichte des seitdem zur Wahl berechtigten Kardinalskollegiums von Klaus Ganzer, *Kardinäle als Kirchenfürsten?* ...: *Stimmen der Zeit* 229 (2011), 313–323, sowie den Exkurs am Ende dieses Kapitels.

[8] Vgl. zuletzt Benedikt XVI., *Licht der Welt* ... *Ein Gespräch mit Peter Seewald*, 2010, s. bes. 22 ff., 71, 177 f. Vgl. dagegen zur Geschichte des Zölibats: Georg Denzler, *Die Geschichte des Zölibats*, 1993.

[9] Innozenz III. betrieb den vierten Kreuzzug, welcher 1204 durch die Eroberung und Plünderung Konstantinopels den Bruch zwischen Westen und Osten noch vertieft hat. Theo Kölzer, *LPP*, 157–161. – Innozenz III. berief sich, wie schon Leo IX. und Gregor VII. auf die „Konstantinische Schenkung", eine um 800 entstandene Fälschung. S. die Forschungen von Horst Fuhrmann (Anm. 2) sowie *zur debatte* 4 (2007), 25 ff.

[10] Friedrich Kempf u. a., *Handbuch der Kirchengeschichte*, Bd. III 1, 1966; Jedin, *Kleine Konziliengeschichte*, Abschnitt II.

[11] Jedin, *Kleine Konziliengeschichte*, Abschnitt III.

[12] John F. Pollard, *Money and the rise of the modern Papacy*, Cambridge 2005, Kap. 6–8; Hartmut Benz, in: Röm. Hist. Mitt. 42 (2000), 433–459. S. a. Kap. IV 4.

[13] So hat Wilhelm de Vries, Jesuit und bekannter Erforscher ostkirchlicher Traditionen, gemahnt: „Eine Überbetonung der Einheit der Kirche bringt also ihre Katholizität ernstlich in Gefahr" (*Rom und die Patriarchate des Ostens*, 1963, 1). Walter Kasper hat in einer Kontroverse mit Joseph Ratzinger diesen daran erinnert, dass die von ihm verfochtene papale Kirchenkonzeption sich erst durchsetzte „in der Abwehr des Konziliarismus, der Reformation, des modernen Staatsabsolutismus, des Gallikanismus und des Josefinismus" (*Stimmen der Zeit* 218, 2000, 795–804). Schon der bedeutendste deutsche Kritiker des Unfehlbarkeitsdogmas, Ignaz von Döllinger (Kap. III), hatte im Dogma von 1870 einen Bruch mit der aus der alten Kirche überlieferten Katholizität gesehen, und alle „Vorläufer des Ökumenismus" haben vor der Steigerung der päpstlichen Macht gewarnt.
S. zu den bis heute wirkenden Zentralisierungsprozessen des 19. Jh.s die in Anm. 72 zitierte Lit., bes. die Studien von Roger Aubert und Klaus Schatz. Denzler, *Das Papsttum* (Anm. 1), Kap. XII–XIV.; Georg Schwaiger, *Papsttum und Päpste im 20. Jahrhundert* ..., 1999. S. hier Kap. III und IV. – Reformistischer Rekurs auf die Tradition: Maximilian Liebmann (Hrsg.), *Demokratie und Kirche. Erfahrungen aus der Geschichte*, Graz/Wien/Köln 1997.

[14] Franz Schnabel, *Deutsche Geschichte im 19. Jahrhundert IV: Die religiösen Kräfte*, 1936 u. ö.; Hans Maier, *Revolution und Kirche* ..., 1975, Neuausgabe 2006.

[15] Vgl. auch dafür sein bereits zitiertes Buch *Licht der Welt*, 2010, 173–176 u. ö. S. zudem hier Kap. IX.

[16] Die konsequentesten der Dissidenten von 1870 haben infolge ihrer Ausschließung die Altkatholische Kirche gegründet, welche dank ihrer Verbindung mit einer älteren, von Rom getrennten Klein-Kirche in den Niederlanden in die apostolische Sukzession eintreten konnte. Im deutschsprachigen Raum hat sie ihre Bischofssitze in Bern, Bonn und Wien. Abgesehen von einer zeitweiligen Verstrickung des deutschen und österreichischen Altkatholizismus in den Nationalismus hat die kleine Kirche (in Deutschland ca. 25.000 Mitglieder) an ihrer bischöflich-synodalen, reformistischen Ausrichtung festgehalten. Schon 1879/80 hatten die deutschen Altkatholiken den Zwangszölibat abgeschafft und die Landessprache in die Liturgie eingeführt. 1982 wurden erstmals Frauen zu Diakoninnen, inzwischen auch zu Priesterinnen geweiht. Victor Conzemius, *Katholizismus ohne Rom. Die altkatholische Kirchengemeinschaft*, Zürich 1969. – Über antizentralistische Reformer (darunter Rosmini, Döllinger und Johannes XXIII.) informiert Conzemius auch in seinem Band *Gottes Spurensucher. Zwanzig christliche Profile der Neuzeit*, 2002.

[17] Die dessen Opposition gegen den kurialen Zentralismus umschreibenden „Gallikanischen Artikel" von 1682 beriefen sich auch auf das Konstanzer Konzil. Vgl. Leo Just, in: *LThK*² *4* (1960), 499–503; hier Kap. II.

[18] Otto Hermann Pesch, *Das Zweite Vatikanische Konzil. Vorgeschichte – Verlauf – Ergebnisse – Nachgeschichte*, Würzburg 2001; Giuseppe Alberigo (Hrsg.), *Storia del Concilio Vaticano II*, 5 Bde., Leuven 1995–2000, deutsche Ausgabe hrsg. von Klaus Wittstadt, Mainz-Leuven, bisher 4 Bde 1997–2005. S. hier Kap. VI.

[19] In den Canones 342–348 des *CJC*.

[20] Der meist über vatikanische Vorgänge sehr gut informierte Korrespondent des *Corriere della Sera* (Mailand), Luigi Accattoli, nannte am 25. Oktober 2005, d.h. zum Abschluss der Synode, die Kardinäle Edward I. Cassidy (aus Sydney, em. Präsident des päpstlichen Rates für die Einheit der Christen), Godfried Danneels (Brüssel), Lubomyr Husar (Groß-Erzbischof der Ukrainer), Karl Lehmann, Roger M. Mahony (Erzbischof von Los Angeles), Carlo M. Martini (em. Erzbischof von Mailand), Cormac Murphy-O'Connor (Erzbischof von Westminster), Mario F. Pompedda (Rom, em. Präfekt des Tribunals der Signatura Apostolica), Achille Silvestrini (Rom, em. Präfekt der Kongregation für die Ostkirchen) und Ersilio Tonini (em. Erzbischof von Ravenna), dazu Bischof John A. Dew (Wellington, Vors. der neuseeländischen Bischofskonferenz).

[21] Alberto Melloni, *Chiesa madre, chiesa matrigna (Kirche als Mutter, Kirche als Stiefmutter)*, Torino 2005. S. auch bereits Heinrich Fries, *Leiden an der Kirche*, 1989.

[22] Hartmann, *Wählt die Bischöfe*, Abschnitt C.

[23] Über Kardinal Martini s. Kap. IX; Ähnlich argumentiert Helmut Krätzl, *Ein Bischof blickt zurück*: *Stimmen der Zeit* 224 (2006), 729–741.

[24] *Licht der Welt*, 2010, 86.

[25] Abwägend urteilt Victor Conzemius: *Die Konzilspäpste Johannes XXIII. und Paul VI.*, in: Internationale katholische Zeitschrift *Communio*, 34 (2005), 551–558. S. a. Kap. VI. Vgl. zur Persönlichkeit Pauls VI. z. B. auch Karl Barth, *Gespräche 1964–1968*, 358 f.

[26] *AAS* 59 (1967), 497 f. – Die selbstherrliche Gegenposition Johannes Pauls II. findet sich besonders deutlich in seiner Enzyklika *Ut unum sint* (1995): *AAS* 87, 923 f. Vgl. aber Christoph Böttigheimer, *Der Papst – Hilfe oder Stolperstein der Ökumene?*, in: *Stimmen der Zeit* 131 (2006), 3–17.

[27] Über Roms Kandidaten für die (Erz-)Bistümer Köln und Wien, Salzburg und Chur und über die Methoden ihrer Durchsetzung in den 1980er-Jahren: Hartmann, a. a. O.; Ders., *Bischofsbestellung und Mitwirkung der Ortskirche im 19. und 20. Jahrhundert im deutschen Sprachraum*, in: Liebmann, *Demokratie und Kirche*, 73–94.

[28] Massimo Faggioli, *Tra chiesa territoriale e chiese personali. I movimenti ecclesiali …*, in: *Cristianesimo nella storia* 24 (2003). Zum OPUS DEI: Klaus Steigleder, *Das Opus Dei, Eine Innenansicht*, Zürich 1991; Peter Hertel, *Schleichende Übernahme …*, 2007, 2009; Francesco Pinotti, *Opus Dei Secreta*, Milano 2006.

[29] Giovanni Miccoli, *In difesa della fede. La Chiesa di Giovanni Paolo II e Benedetto XVI*, Milano 2007, Kap. 4. Vgl. hier Kap. VII.

[30] Die außerordentliche Härte Kardinal Ratzingers in dieser Sache und sein totales Unverständnis für die betroffenen Menschen hat kürzlich Hans Maier bezeugt, der u. a. mehr als 30 Jahre lang führende und neue Wege weisende Positionen im deutschen Laien-Katholizismus wahrgenommen und dabei auch mit Joseph Ratzinger gut zusammengearbeitet hatte: Hans Maier, *Böse Jahre, gute Jahre. Ein Leben, 1931* ff., 2011, 368–371.

[31] *AAS* 92,2, 742–765, s. bes. 757 ff.

[32] Darunter drei Sozialenzykliken *Laborem exercens* (1981), *Sollicitudo rei socialis* (1988) und *Centesimus annus* (1991) umfassen 70, 73 resp. 74 Seiten: *AAS* 73 (1981), 577–647; 80 (1988) 1, 513–586; 83 (1991) 2, 793–867. In den Anmerkungen zur ersten dieser Enzykliken wird immerhin öfter auf die Bibel als auf kuriale Dokumente des 20. Jh.s verwiesen. Aber in den beiden anderen sind Letztere (Doku-

mente des Zweiten Vatikanischen Konzils, Enzykliken früherer Päpste, eigene Enzykliken und Reden etc., Mitteilungen kurialer Behörden) in großer Überzahl. Eine Diskussion mit den modernen Sozialwissenschaften wird nirgends geführt.

[33] Vgl. Pesch, *Das Zweite Vatikanische Konzil*, 238: „Befreit uns von diesen Knöpfen und Bändern, die keiner will."

[34] Vgl. über die ursprünglichen Wahlen Bernhard Kriegbaum, *Wie wurde man in der Antike Bischof von Rom?*, in: Liebmann, *Demokratie und Kirche*, 11–28. Nur die Form einer historischen Wahl durch Repräsentanten des lokalen Klerus und benachbarte Bischöfe wird in Rom sorgfältig beibehalten, denn die Kardinäle sind ja formal die Inhaber der suburbikarischen Bistümer resp. römischer Titelkirchen oder Diakonien. – Solange die Zahl der Kardinäle auf 70 begrenzt war (bis 1958), waren deren „Titelkirchen" zumeist die alten Basiliken dieses Ranges, als solche auch architektonisch leicht zu erkennen. Beste knappe Übersicht über Roms alte Kirchen in deutscher Sprache: *Reclams Kunstführer Italien* Bd. V: *Rom und Latium*, bearb. v. Anton Henze, 1962, [4]1981, 115–279 resp. 128–257. S.a. Ganzer, *Kardinäle als Kirchenfürsten?* (Anm. 7)

[35] Offenbar schreibt es sich in diesem Stil leicht, denn der Autor brachte innerhalb eines Jahres zwei weitere Bände heraus: *Johannes Paul II. Der Mensch, der Papst, das Vermächtnis* und *Der Papst in Deutschland. Unvergessliche Begegnungen mit Benedikt XVI.*, 2005. Ähnlich, dabei wegen der Herausstellung der eigenen Nähe zu den Päpsten und deren Umgebung peinlich wirkend: Andreas Englisch, *Habemus Papam. Von Johannes Paul II. zu Benedikt XVI.*, 2005. Mit ähnlicher Tendenz, doch immerhin geschichtliche Prozesse einbeziehend, sie aber oberflächlich im rechts-katholischen Sinne interpretierend: Alexander Kissler, *Der deutsche Papst. Benedikt XVI. und seine schwierige Heimat*, 2005. – Zur Seligsprechung Johannes Pauls II. ist 2011 eine Biografie ähnlichen Stils von Michael Hesemann erschienen.

[36] Marcello Pera/Joseph Ratzinger, *Senza Radici. Europa, Relativismo, Cristianesimo, Islam (Ohne Wurzeln ...)*, Milano 2004 (s. auch Anm. 265); Jürgen Habermas/Joseph Ratzinger, *Dialektik der Säkularisierung über Vernunft und Religion ...*, 2005.

[37] S. z.B. Anon., *Contro Ratzinger*, Milano 2006; Hermann Häring, *Im Namen des Herrn. Wohin der Papst die Kirche führt*. Mit einem Vorwort von Hans Küng, 2009; Norbert Sommer/Thomas Seiterich (Hrsg.), *Rolle rückwärts mit Benedikt. Wie ein Papst die Zukunft der Kirche verbaut*, 2009; Hans Küng, *Ist die Kirche noch zu retten*, [2]2011. S.a. die weiter zurückschauende Analyse von Franz Xaver Kaufmann, *Kirchenkrise. Wie überlebt das Christentum?*, 2011.

[38] So schon Josef Lenzenweger, in: *Geschichte der katholischen Kirche*, Graz ³1995, 477; Liebmann, *Demokratie und Kirche*, 10.

[39] Literatur zur Papstgeschichte: Anm. 1 und 2. Da, von fünfen abgesehen, alle Päpste seit der Wiederherstellung der Kircheneinheit (1417) und die meisten ihrer Mitarbeiter Italiener waren, sei auch verwiesen auf die ausführlichen Artikel in: *Dizionario Biografico degli Italiani (DBI)*, Roma, seit 1960 (bisher 62 Bde) und in: *Enciclopedia dei Papi*, 3 Bde, Roma 2000. Reich an präzisen Informationen ist auch der schon erwähnte *Dictionnaire historique de la Papauté*, sous la direction de Philippe Levillain, Paris 1994. – Zur Kirchengeschichte des späten Mittelalters insgesamt: Hans-Georg Beck u. a., *HGK III, 2*, 1968/1985.

[40] Texte: *Conciliorum Oecumenicorum Decreta*, 1962, 384 f., 414 f.

[41] Wessenberg schrieb sein historisches Hauptwerk über: *Die großen Kirchenversammlungen des 15. und 16. Jahrhunderts*, 4 Bde, Konstanz 1840. Knappe moderne Darstellungen des Konzils von Konstanz und der ähnlich inspirierten Konzilien des 15. Jh.s: Jedin, *Kleine Konziliengeschichte*, 1959 u. ö. Abschnitt III; Walter Brandmüller, *Das Konzil von Konstanz*, I 1990, II 1998. S. zuletzt Maximilian Liebmann, *Kirchliche Konfliktlösung am Beispiel des Konstanzer Konzils*, in: *Diakonia* 31 (2000), 25–29.

[42] Vergebens proklamierten die in Basel verbliebenen Prälaten 1439 erneut die Superiorität des Konzils, setzten Eugen IV. ab und wählten den Herzog Amadeus VIII. von Savoyen: Felix V., den letzten „Gegenpapst" der Kirchengeschichte, welcher sich 1449 mit dem römischen Papst Nikolaus V. versöhnte. Jedin, *Kleine Konziliengeschichte*, 72–75. Zu Felix V.: Francesco Cognasso: *DBI* 2 (1960), 749–753. Zu den Päpsten des 15. und 16. Jh.s s. a. die Beiträge von Alfred A. Strnad, Erwin Iserloh und Georg Schwaiger, in: Greschat, *Papsttum* II, 39–102. – In Florenz wurde auch erstmals die Rangordnung der Patriarchate so bestimmt, dass Rom den ersten Platz vor Konstantinopel, Alexandrien, Antiochien und Jerusalem bestätigt bekam. *Conciliorum Oecumenicorum Decreta* (1962), 504. – In der Vierung des Domes von Florenz bezeugt bis heute eine große Marmorinschrift den Hochmut, mit dem die Absage der Griechen an ihre „Irrtümer" angenommen wurde. Die Griechen haben die Union zwar bald widerrufen, aber nach der türkischen Eroberung (1453) konnte Konstantinopel nicht mehr als ein mit Rom konkurrierendes christliches Oberzentrum auftreten. De Vries, *Rom und die Patriarchate des Ostens*, 1963.

[43] Hartmann, *Wählt die Bischöfe*, 24 f.

[44] Paolo Prodi, *Il sovrano pontefice* …, Bologna 1982, Nuova edizione 2006; Klaus Ganzer, *Julius II.: LPP*, 211–214.

264

[45] Klassisch gewordene Darstellungen der seitherigen Papstgeschichte: Leopold v. Ranke, *Die römischen Päpste in den letzten vier Jahrhunderten*, 3 Bde, 1834–1839, zahlreiche Neuausgaben, so 1956; Ludwig v. Pastor, *Geschichte der Päpste seit dem Ausgang des Mittelalters*, 16 Bde, 1886–1933. Gute neue Würdigungen (Lit.) in: *Lexikon des Papsttums und der Päpste*.

[46] Vgl. die berühmten Biografien der Renaissance-Künstler von Giorgio Vasari, Florenz 1550 und 1568, deren Neuausgabe im Gange ist: Berlin, seit 2004. Exemplarisch ist die breit kommentierte Michelangelo-Biografie 2009. Aus der neueren Lit.: Charles S. Stinger, *The Renaissance in Rome*, Bloomington 1985; Volker Reinhardt, *Rom. Kunst und Geschichte*, 1992; Ders., *Der unheimliche Papst: Alexander VI.*, 2005; Franz-Joachim Verspohl, *Michelangelo Buonarotti und Papst Julius II.*, 2005.
Der Kirchenstaat war um 1500 notwendig, um die Unabhängigkeit der Päpste zu garantieren, er hat sie jedoch noch dreieinhalb Jahrhunderte lang allzu sehr in die italienische und die europäische Politik involviert; bis 1846 waren viele Papstwahlen mehr von seinen als von kirchlichen Problemen konditioniert! Der Staat (s. Karte S. 61) umfasste bis 1860 resp. 1870 die Regionen Latium, Umbrien, die Marken und die Romagna (u. a. mit den Städten Ancona, Bologna und Perugia). Über den damaligen Kirchenstaat und die relative Modernität seiner Verfassung und Verwaltung: Prodi, *Il sovrano pontefice*.
Roma capitale 1447–1527, a cura di S. Gensini, Roma 1994. *Roma nel Rinascimento*, a cura di A. Pinelli, Roma 2002.

[47] Roberto Zapperi, *Die vier Frauen des Papstes. Das Leben Pauls III. zwischen Legende und Zensur*, 1997; Volker Reinhardt, *Der unheimliche Papst. Alexander VI.*, 2005; Alois Uhl, *Papstkinder. Lebensbilder aus der Zeit der Renaissance*, 2003.

[48] Über den an der Bibel orientierten Humanismus und dessen Unterdrückung unter Paul IV.: Klaus Ganzer, *Aspekte der katholischen Reformbewegungen im 16. Jahrhundert*, 1991; Ders., *Die religiösen Bewegungen im Italien des 16. Jh.s*, 2003.
Zu Reformation, katholischer Reform und Gegenreformation insgesamt: Erwin Iserloh u. a., *HKG IV*, 1967/1985.

[49] Heinrich Lutz, *Reformation und Gegenreformation* (Oldenbourg: Grundriß der Geschichte Bd. 10), 4. Aufl., durchgesehen und ergänzt von Alfred Kohler, 1997; Klaus Ganzer, *Paul III.: LPP*, 275–279. Die Wahl Trients war ein Kompromiss zwischen dem Papst, der das Konzil in Italien, und dem Kaiser, der es schon mit Rücksicht auf die Protestanten im Reich abhalten wollte.

[50] Hubert Jedin, *Geschichte des Konzils von Trient*, 4 (in 5) Bde, 1951–1982; Ders., *Kleine Konziliengeschichte*, Abschnitt IV 2; Paolo Prodi/Wolfgang Reinhard (Hrsg.), *Das Konzil von Trient und die*

Moderne, 2001 (zuvor ital., Bologna 1997). – Über die Führungsrolle der Päpste und ihrer Legaten s.a.: Pastor, *Papstgeschichte*, Bde 5–7.

Eine äußerst heftige Auseinandersetzung mit dem Konzil und dem dort bereits weithin durchgesetzten Papalismus hat seit 1612 der venezianische Staatstheologe Paolo Sarpi aus dem Serviten-Orden veröffentlicht: *Istoria del concilio di Trento*. Sarpi, der vielfache Kontakte zu Gallikanern und Protestanten unterhielt, war im 17. Jh. der stärkste literarische Gegner des Papsttums. Die Republik Venedig, die als erster italienischer Staat den neuen Machtansprüchen des Papsttums widerstand, hat ihn geschützt. Federico Chabod, *La politica di Paolo Sarpi*, in: Ders., *Scritti sul Rinascimento*, Neuausgabe Torino 1981.

[51] Die Akten der 1642 gegründeten Inquisitionskongregation („Hl. Offizium", 1965 in der neuen Glaubenskongregation aufgegangen) und der 1571 gegründeten Indexkongregation (bis 1965) sind vom Vatikan erst im letzten Jahrzehnt generell freigegeben worden. Ihrer Erforschung, die von Kardinal Ratzinger als Präfekt der Glaubenskongregation gefördert worden ist, widmen sich u.a. Marco Pizzo, Hermann H. Schwedt und Hubert Wolf.

[52] Abraham (Adolf) Berliner, *Geschichte der Juden in Rom*, 2 Bde, 1893; Willehad Paul Eckert, in: Karl Heinrich Rengstorf/Siegfried v. Kortzfleisch (Hrsg.), *Kirche und Synagoge*, II, 1970 (ND 1989), 222–243 (grundlegend für die neuere Forschung in deutscher Sprache); Thomas Brechenmacher, *Der Vatikan und die Juden ...*, 2005, Kap. 1 und 2. – Über Paul IV.: Klaus Ganzer: *LPP*, 279 ff.

[53] *Conciliorum Oecumenicorum Decreta*, 636–775.

[54] Knappe Angaben über Geschichte und Kompetenzen der päpstlichen Behörden enthält der jährlich erscheinende *Annuario Pontificio*.

[55] R. B., *Explicatio doctrinae christianae*, oft aufgelegt und übersetzt, hier nach der Kölner Ausgabe von 1720 zitiert, 43 f.: „Ecclesia est quaedam convocatio ac congregatio hominum baptizatorum, qui eandem fidem et legem Christi sub Romani Pontificis oboedientia profitentur" ... „Una vocatur (ecclesia) quia non nisi unum caput habet, nimirum Christum, et illius loco hic in terris Romanum Pontificem".

[56] S. aus der neuen Forschung: Klaus Ganzer: *LPP*, 365 ff.; Wolfgang Reinhard, *Papstfinanz und Nepotismus unter Paul V. 1605–1621* (*Päpste und Papsttum* Bd. 6 I und II), 1974; Ders. zusammenfassend in: *HZ* 283 (2006); Ders., *Paul V. Borghese ...*, 2009 (*Päpste und Papsttum* Bd. 37); Renata Ago, *Carriere e clientele nella Roma barocca*, Roma/Bari 1990; Birgit Emich, *Bürokratie und Nepotismus unter Paul V. 1605–1621* (*Päpste und Papsttum* Bd. 30), 2001; Arne Karsten, *Künstler und Kardinäle. Vom Mäzenatentum römischer Kar-*

dinalnepoten im 17. Jahrhundert, 2003; Ders. (Hrsg.), *Jagd nach dem roten Hut. Kardinalskarrieren im barocken Rom,* 2004; Ders./Volker Reinhardt, *Kardinäle, Künstler, Kurtisanen. Wahre Geschichten aus dem päpstlichen Rom,* 2004.

Der Repräsentation dienten auch die überdimensionalen Familienpaläste, welche Päpste und Nepoten vom 16. bis zum 18. Jh. in Rom errichtet haben, so Medici (Madama), Farnese, Borghese, Barberini, Pamphili, Chigi, Altieri, Odescalchi, Orsini, Corsini, Braschi, dazu aufwändige Villen am Stadtrand, so Farnese, Del Monte, Medici, Boncompagni, Aldobrandini, Borghese, Pamphili, Albani. Die „Eminenz" der römischen Kirche wurde auch dadurch herausgestellt, dass Urban VIII. 1630 diesen Titel auf die Kardinäle beschränkte (und auf die drei geistlichen Kurfürsten, damit die Wähler des Kaisers und des Papstes im Rang gleichberechtigt blieben). Als einziger Laie blieb der Großmeister des Johanniter/Malteser-Ordens „Eminenz".

[57] Klaus Ganzer, *Gallikanische und römische Primatauffassung im Widerstreit,* in: *Hist. Jahrbuch* 109 (1989). S. zu Genese und Grundsätzen des Gallikanismus auch Leo Just, in: *LThK*² 4 (1960), 499–503.

[58] Vor allem in seinem Werk: *De statu ecclesiae et legitima potestate Romani pontificis liber singularis, ad reuniendos dissidentes in religione christianos compositus,* welches 1763 unter dem Pseudonym Justus Febronius erschienen und schon 1764 in Rom indiziert worden ist. – Schon der Titel zeigt, dass Hontheim ökumenisch dachte, wie ein halbes Jahrhundert später Wessenberg und ein Jahrhundert später Döllinger. Und so dachten alle „Vorläufer des Ökumenismus", welche schon wegen dessen (historisch notwendiger) Verbindung mit antizentralistischer Einstellung von Rom mit Misstrauen verfolgt wurden (die Leitungsorgane anderer christlicher Kirchen verhielten sich ähnlich). Vgl. meine Problemskizze in: *zur debatte,* 1/2007, 18 f.

[59] Die Polemik gegen die Jesuiten ging jedoch weniger von Wien als von den bourbonischen Höfen (Paris, Madrid, Neapel, Parma) aus, welche von Clemens XIV. 1773 die Aufhebung des Ordens erreichten. Das in die Defensive gedrängte Papsttum trennte sich damit von seiner qualifiziertesten Gefolgschaft. Im Zuge der Restauration hat Pius VII. 1814 die Gesellschaft Jesu wiederhergestellt (Kap. III). Vgl. Burkhart Schneider: *LThK*² 5 (1960), 915–920.

[60] Die ultramontane Geschichtsschreibung hat den Josephinismus ganz negativ beurteilt (in diesem Sinne noch Ferdinand Maaß, *Der Josephinismus ...,* 4 Bde, 1951–1957). Dass der Josephinismus ein so effizientes Seelsorge- und Schulsystem geschaffen hatte, wie es das päpstliche Rom nie zustande gebracht hat, wurde wenig gewürdigt.

Um Joseph II. von seinen Reformen abzubringen, hatte Papst Pius VI. 1782 eine für seine Zeit ganz ungewöhnliche Reise nach Wien unternommen, wo er jedoch recht kühl aufgenommen wurde. Heribert Raab, *Das Zeitalter der Revolution. Pius VI. und Pius VII.*, in: Greschat, *Papsttum* II, 158–170; Eduard Winter, *Der Josephinismus und seine Geschichte* ..., Brünn u. a. 1943; Max Braubach, *Max Franz von Österreich* ..., Wien 1961; Peter Hersche, *Der Spätjansenismus in Österreich*, Wien 1977; Elisabeth Kovacs (Hrsg.), *Kath. Aufklärung und Josephinismus*, Wien 1979; Victor L. Tapié, *Maria Theresia* ..., Graz 1980; Lorenz Mikoletzky, *Kaiser Joseph II.*, Wien 1979, ²1990; Adam Wandruszka, *Leopold II.* ..., 2 Bde, Wien 1963, 1965; Helga Peham, *Leopold II.*, Graz u. a. 1987; Markus Ries, *Vom freien Denken herausgefordert. Katholische Theologie zwischen Aufklärung und Romantik*, in: Manfred Weitlauff (Hrsg.), *Kirche im 19. Jahrhundert*, 1998, 54–75.

[61] Georg Schwaiger: *LPP*, 31 ff.

[62] Von den geistigen Strömungen ihrer Zeit haben die Päpste des späten 18. Jh.s nur den mehr bewahrenden als erneuernden Klassizismus rezipiert. Rom wurde erneut ein Zentrum der Antiken-Studien, nun auch bereits mit öffentlichen Museen, wie sie damals erst aufgekommen sind. Carl Justi, *Winckelmann und seine Zeitgenossen*, Leipzig 1898, ⁵1956; (Helbig) *Führer durch die öffentl. Sammlungen klassischer Altertümer in Rom*, 4. völlig neu bearbeitete Auflage, hrsg. von Hermine Speier, 4 Bde, 1963–1972; Max Kunze (Hrsg.), *Römische Antikensammlungen im 18. Jahrhundert*, Ausstellungskatalog, 1998.

[63] Heribert Raab, *Die Concordata nationis Germanicae in der kanonistischen Diskussion des 17.–19. Jahrhunderts*, 1956; Ders., *Clemens Wenzeslaus von Sachsen und seine Zeit* I, 1962. Vgl. die Literatur zum Josephinismus.

[64] Ebenso dachten und wirkten Erthals jüngerer Bruder Franz Ludwig als Fürstbischof von Würzburg und Bamberg und Franz Josef Graf von Auersperg als Fürstbischof von Passau (1789 auf Wunsch Josephs II. Kardinal).

[65] Nur am Rande sei vermerkt, dass dessen Konflikt mit dem 1772–1777 und 1778 in seinen Diensten tätigen W. A. Mozart keineswegs nur auf das zweifellos herrische Auftreten des Erzbischofs, sondern mehr auf dessen Reformismus zurückging: Colloredo bestand in seiner Residenz auf Reduzierung der weltlichen Musik und auf Unterordnung der geistlichen Musik unter die Liturgie (darum z. B. kurze Messen etc.). Karl Gustav Fellerer, *Mozarts Kirchenmusik*, Salzburg u. a. 1955.

[66] Vgl. die Beiträge von Karl Lehmann, Walter G. Rödel, Andreas Roth und Rudolf Lill, in: Walter G. Rödel/Regina E. Schwerdtfeger (Hrsg.), *Zerfall und Wiederbeginn. Vom Erzbistum zum Bistum*

Mainz (1792/97-1830), 2002. S. zusammenfassend Manfred Weitlauff, *Der Staat greift nach der Kirche ...*, in: Ders., *Kirche im 19. Jahrhundert*, 15–53; Harm Klüting (Hrsg.), *200 Jahre Reichsdeputationshauptschluss ...*, 2005; Rolf Decot (Hrsg.), *Kontinuität und Innovation um 1803. Säkularisation als Transformationsprozess ...*

[67] Pastor, *Geschichte der Päpste* 16 (1933), 441–491, bes. 475–482; Heribert Raab, *Das Zeitalter der Revolution* (Anm. 60); Rudolf Lill, *Geschichte Italiens in der Neuzeit* [4]1988, 68–88; Jean Leflon, *La crise revolutionnaire 1789-1846* (Fliche-Martin, *Histoire de l'Eglise*, 20), Paris 1951; Gérard Cholny, *La réligion en France de la fin du XVIIe c. à nos jours*, Paris 1991, Kap. 1; André Latreille, *Napoléon et le St. Siège*, Paris 1936. – Über Pius VI.: Josef Gelmi: *LPP*, 320 ff.

[68] S. außer den von Decot und Klüting 2005 herausgegebenen Bänden (Anm. 66) Franz Schnabel, *Deutsche Geschichte im 19. Jh.*, 4. Bd., [3]1955, 5–43; Arngard v. Reden-Dohna (Hrsg.), *Deutschland und Italien im Zeitalter Napoleons*, 1979, bei 91–122.

[69] S. zum Vergleich: Friedrich Wilhelm Graf, *Der Protestantismus. Geschichte und Gegenwart*, 2006.

[70] Der wohl bei Gallikanern und Febronianern aufgekommene Begriff meint die streng papsttreue, „ultra montes", d. h. nach Rom blickende Richtung im Katholizismus. Das Wort wurde im 19. Jh. von Liberalen und Nationalliberalen, in Deutschland auch wieder von den Nationalsozialisten als Kampfbegriff verwendet, um die Katholiken insgesamt als „undeutsch" zu diffamieren. Heribert Raab, *Zur Geschichte und Bedeutung des Schlagwortes „ultramontan" im 18. und frühen 19. Jahrhundert: Hist.Jb.*81 (1962), 159–173.

[71] Rudolf Lill, *Das Zeitalter der Restauration. Von Leo XII. bis Gregor XVI.*, in: Martin Greschat (Hrsg.), *Das Papsttum* II, 1985, 171–183; Ders., *Der Ultramontanismus*, in: Weitlauff, *Kirche im 19. Jahrhundert*, 76–94; Ders., in: Raymund Kottje/Bernd Möller (Hrsg.), *Ökumenische Kirchengeschichte*, Bd. 3, [4]1989, 143–209; Gelmi, *Die Päpste*, 135f.

[72] Nach einem Jahrhundert katholischer Apologetik hat Roger Aubert die erste und gründlichste kritische Würdigung verfasst: *Le Pontificat de Pie IX 1846-1878* (Fliche-Martin, *Histoire de l'Eglise* 21), Paris 1952. Erweiterte Ausgabe, zusammen mit Giacomo Martina SJ: *Il Pontificato di Pio IX* (*Storia della Chiesa* 21), 2 Bde, Torino 1969. – Martina, der außerdem eine dreibändige Biografie Pius' IX. (Roma 1969–1990) geschrieben hat, hat dessen Seligsprechung (2000 durch Johannes Paul II.) widerraten. Klaus Schatz SJ, in: Greschat, *Papsttum* II, 184–202. – Zur ersten Information über die Pius-Päpste von 1800 bis 1914 (P. VII.–X.) s. die biografischen Artikel von Roger Aubert in: *LThK*[2] 8 (1963), 533–540, und in: *LThK*[3] 8 (1999), 327–335; *LPP* 322–338. Über Pius IX. außerdem

Victor Conzemius, in: *Staatslexikon* 7.A. 4 (1988), 396 ff.; Giacomo Martina, in: *Dictionnaire historique*, 1343–1349; Gelmi, *Die Päpste*, 136–139.

[73] Erste deutsche Ausgabe: 1833, ²1848.

[74] Consalvi (1757–1824) ist der weitsichtigste Politiker im päpstlichen Rom des 19. Jh.s gewesen. Seit 1800 Kardinaldiakon, hat er jedoch, wie viele der vorwiegend für den Kirchenstaat tätigen Prälaten, nie die Priesterweihe empfangen. An allen Papstwahlen bis ca. 1900 haben Kardinäle teilgenommen, die nicht einmal Priester waren! Über Pius VII: Roger Aubert: *LPP* 322–326. L. v. Ranke, *Cardinal Consalvi und seine Staatsverwaltung*, in: L. v. R., *Sämtliche Werke* 40/41 (1878), 1–161; Richard Wichterich, *Sein Schicksal war Napoleon. Leben und Zeit des Kardinalstaatssekretärs E. C.*, 1951; Alessandro Roveri, in: *DBI* 28 (1983), 33–43.

[75] Klassische Darstellung dieser Kreise und ihrer „Auseinandersetzung mit dem Zeitgeist": Franz Schnabel, *Deutsche Geschichte im 19. Jahrhundert IV: Die religiösen Kräfte*, 1936 u. ö.

[76] Daher sind die Postulate einer von Rom errichteten und auf Rom zentrierten Kirchenordnung und deren landeskirchlicher Unterteilung in den folgenden Verhandlungen kombiniert worden. Abgesehen von Österreich, wo es in der Säkularisierungszeit keine tieferen Einschnitte in die Kirchenstruktur gegeben hatte, hat der Heilige Stuhl solche Verhandlungen (meist in Rom!) mit allen Regierungen deutscher Staaten mit erheblichem katholischem Bevölkerungsanteil geführt. Für Bayern wurde 1817 ein Konkordat geschlossen. Für die protestantisch regierten Staaten, die damals noch keine Konkordate wollten und deren Souveränen der Papst die Nomination der Bischöfe nicht zugestehen konnte, ergingen päpstliche Bullen über die Zirkumskription der Bistümer und deren staatliche Mitfinanzierung: für Preußen 1821, für Hannover 1824 und für die Staaten Südwestdeutschlands 1821 und 1827. Rudolf Lill, *Konkordate*: *TRE* XIX (1990), 465–471.
Viele der damaligen Bestimmungen (die Texte bei Ernst Rudolf Huber/Wolfgang Huber (Hrsg.), *Staat und Kirche im 19. und 20. Jahrhundert. Dokumente*, Bd. 1, 1973) gelten bis heute. Veränderungen erfolgten zuletzt im Zusammenhang des applanierenden Neo-Zentralismus' Johannes Pauls II. (Gründung der Erzbistümer und Kirchenprovinzen Berlin und Hamburg 1994). Hartmann, *Wählt die Bischöfe ...*, ab 76. Für die Konkordatspolitik schufen Pius VII. und Consalvi 1814 eine neue Behörde, die Kongregation für die außerordentlichen kirchlichen Angelegenheiten.

[77] Der klassizistische, übergroße Palazzo Braschi, um 1790 im Auftrag Pius' VI. als letzter Palast einer Papstfamilie errichtet, und die gleichzeitig begonnene, erst gegen Ende des Pontifikats Pius' VII. fertig gewordene Umgestaltung der Piazza del Popolo (Giuseppe

Valadier) markieren das Ende monumentaler Urbanistik im päpstlichen Rom. Die bedeutendsten klassizistischen Bildhauer in Rom, Antonio Canova und Bertel Thorvaldsen, haben auch die Grabmäler Pius' VI., Pius' VII. und Consalvis geschaffen. Vgl. den Sammelband *Palazzo Braschi e il suo ambiente*, Roma 1967.

78 S. über ihn auch Giacomo Martina, in: *DBI* 59 (2002), 229–242, und Rudolf Lill, in: *RGG*[4] 3 (2000), 1261 f. Über das Konklave von 1831, an dem 45 von 55 Kardinälen teilnahmen: Josef Schmidlin, *Papstgeschichte der neuesten Zeit* I, 1933, 511–516. Über die Ernennung ausschließlich konservativ gesinnter, meist italienischer (19 von 24) Kardinäle durch Gregor s. das. 649–653.

79 Die „causa Hermes" wurde in exemplarischer Weise aus den römischen Akten aufgearbeitet durch: Herman H. Schwedt, *Das römische Urteil über Georg Hermes (1774–1831). Ein Beitrag zur Geschichte der Inquisition im 19. Jahrhundert* (*Römische Quartalschrift*. Supplementheft 37), 1980.

80 Gute Gesamtwürdigung des liberalen Katholizismus: H. Maier, *Revolution und Kirche*, 3. Teil; Christoph Weber (Hrsg.), *Liberaler Katholizismus* ... (Bibl. des Dt. Hist. Inst. in Rom, Bd. 57), 1983; Victor Conzemius, in: *TRE* XXI (1991), 68–73; G. Dufour (Hrsg.), *Libéralisme chrétien et catholicisme libéral* ..., Aix-en-Provence 1989; R. B. Douglass u. a. (Hrsg.), *Catholicism and Liberalism* ..., Cambridge 1994.
Vgl. auch Conzemius, *Profil eines Kirchenreformers* (Rosmini), in: V. C., *Gottes Spurensucher. Zwanzig christliche Profile der Neuzeit*, 2002, 73–82; Ders., in: *LThK*[3] 8 (1999), 1311–1314.

81 Zusammenfassend in seinem 1832 geschriebenen, aber erstmals 1848 veröffentlichten Werk *Delle cinque piaghe della Santa Chiesa* (deutsche Ausgabe: *Die fünf Wunden der Kirche*, hrsg. von Clemente Riva, 1971).

82 Dass die Methoden und die Kriterien der Nuntien im Auftrag Roms über ein Jahrhundert lang die gleichen geblieben sind, erweist die kürzlich bekannt gewordene Schlussrelation des Nuntius in Berlin, Eugenio Pacelli, vom 18. November 1929: *Eugenio Pacelli. Die Lage der Kirche in Deutschland. Der Schlussbericht des Nuntius.* ..., bearb. von Hubert Wolf und Klaus Unterburger, 2006.

83 Von den 62 Kardinälen im Jahre 1846 haben 52 am Konklave teilgenommen (wie stets im 19. Jh. bis 1870 im Quirinal). 30 Kardinäle waren an der römischen Kurie tätig, 17 im übrigen Kirchenstaat, acht waren Bischöfe anderer italienischer Städte. Nur sieben Kardinäle waren Nichtitaliener: drei Franzosen und je ein Belgier, Österreicher (Friedrich Fürst Schwarzenberg, damals Erzbischof von Salzburg), Spanier und Portugiese.

Vgl. Schmidlin, *Papstgeschichte der neuesten Zeit* II, 1934, 11–18; sowie die auch für die Sozialgeschichte der Kardinäle äußerst aufschlussreichen Biogramme in: Christoph Weber, *Kardinäle und Prälaten in den letzten Jahrzehnten des Kirchenstaates 1846–1878 (Päpste und Papsttum* 13 I und II), 1978, 421–529.

[84] Roger Aubert, in: *DBI* 3 (1961), 484–493.

[85] Von den europäischen Bischöfen hatten nicht wenige abgeraten, weil sie entweder die Lehre von der Unbefleckten Empfängnis nicht für definierbar oder die Definition nicht für opportun hielten. Dabei war diese Lehre nicht neu, sie ging auf den franziskanischen Kirchenlehrer Johannes Duns Scotus (gest. 1308) zurück und war ausgerechnet vom antipäpstlichen Baseler Konzil (Kap. II) bereits definiert worden. Aber erst der Ultramontanismus hatte seit ca. 1830 eine breite Bewegung zugunsten eines Dogmas dieser Art hervorgebracht.
Ulrich Horst, in: Weitlauff, *Kirche im 19. Jahrhundert* (Anm. 60), 95–114; Gerhard Müller, *Die Immaculata Conceptio im Urteil der mitteleuropäischen Bischöfe* ..., in: *Kerygma und Dogma* 14 (1968), 46–70.

[86] Langlois, *Le crime d'Onan* (Kap. I, ab S. 221).

[87] Darunter 1850 die Deutschen Joh. Geissel (Köln) und Melchior v. Diepenbrock (Breslau), 1866 Gustav Adolf Fürst Hohenlohe (Kurie). Aus der österreichisch-ungarischen Monarchie wurden sechs Erzbischöfe Kardinäle, darunter 1855 Joseph Othmar v. Rauscher (Wien). Schmidlin, *Papstgeschichte* II, 300–304. Weber, *Kardinäle und Prälaten*

[88] Peter Stadler, *Cavour. Italiens liberaler Reichsgründer*, 2001, s. bes. Kap. 12. Aus liberal-katholischer Sicht: Franz Xaver Kraus, *Cavour. Die Erhebung Italiens im 19. Jahrhundert*, 1902.
Der Priester, der dem wegen seiner Politik exkommunizierten Cavour die Sterbesakramente gereicht hatte, wurde deswegen vom Vatikan seiner geistlichen Funktionen enthoben. Stadler, *Cavour*, 166.

[89] Victor Conzemius, *Ignaz von Döllinger. Una Sancta Catholica auf dem Prüfstand*, in: V. C., *Gottes Spurensucher*, 83–104; außerdem die Artikel von Conzemius in: *TRE* 9 (1982), 20–26 und in: *LThK*³ 3 (1995), 306 f.

[90] Hubert Wolf, in: Weitlauff, *Kirche im 19. Jahrhundert* (Anm. 60), 115–139.

[91] Peter Stadler, *Der Kulturkampf in der Schweiz*, Frauenfeld 1984; Rudolf Lill, unter Mitarbeit von Wolfgang Altgeld, *Der Kulturkampf*, 1997; Ders./Francesco Traniello (Hrsg.), *Il „Kulturkampf" in Italia e nei paesi di lingua tedesca*, Bologna 1992 / *Der Kulturkampf in Italien und in den deutschsprachigen Ländern* (Schriften des Ital.-Dt. Hist. Instituts in Trient 5), 1993.

Rudolf Morsey, in: Weitlauff, *Kirche im 19. Jahrhundert*, 163–185. Dass von manchen Ultramontanen erneut Gregor VII. zum Leitbild erhoben wurde, hat kürzlich Matthias Pape aufgewiesen: „*Canossa*" – *eine Obsession? Mythos und Realität*, in: Ztschr. f. Geschichtswissenschaft 54 (2006), 550–572.

[92] Nach langer katholischer Apologie (zunächst durch Eugenio Cecconi, 4 Bde, Roma 1873–1879; in deutscher Sprache durch Theodor Granderath SJ, 3 Bde, 1903–1906) haben Roger Aubert und Klaus Schatz kritische Gesamtdarstellungen geschrieben: R. A., *Vatican I*, Paris 1964; dt. Ausgabe 1965. S. a. ders., in: *LThK*[2] 10 (1965), 636–642. Kl. Sch., *Vaticanum I 1869–1870*, 3 Bde, 1992–1994. S. a. ders., in: Weitlauff, *Kirche im 19. Jahrhundert*, 140–162, sowie in: *LThK*[3] 10 (2001), 556–561. Nicht frei von polemischen Überspitzungen sind die auf eine Revision des Unfehlbarkeitsdogmas zielenden, aber die konziliaren Debatten i. a. sorgfältig nachzeichnenden Bücher von August Bernhard Hasler, *Pius IX. Päpstliche Unfehlbarkeit und 1. Vatikanisches Konzil (Päpste und Papsttum 12, I und II)*, 1977; sowie: *Wie der Papst unfehlbar wurde. Macht und Ohnmacht eines Dogmas*, 1981.

[93] Diese müssen hier außer Acht bleiben. Erwähnt sei nur, dass der gern auf Döllinger hörende liberal-katholische bayerische Ministerpräsident Chlodwig Fürst Hohenlohe (Bruder des inzwischen von Pius IX. abrückenden Kurienkardinals Gustav Adolf Hohenlohe) am 9. April 1869 den europäischen Regierungen eine gemeinsame Intervention gegen die Definition der päpstlichen Unfehlbarkeit vorschlug, welche jedoch, obwohl man in den meisten Kabinetten ähnlich dachte, nicht zustande kam, weil man sich in kirchliche Angelegenheiten nicht einmischen wollte. Schatz, *Vaticanum I*, Bd. 1, 277–284. Zum Folgenden s. ebd. 52–68, 213–246. Die Monatsschrift *La Civiltà Cattolica* war 1850 unter direkter Beteiligung Pius' IX. gegründet worden, 1861 folgte die Tageszeitung *L'Osservatore Romano*. Beide erscheinen bis heute.

[94] Noch vor Beginn des Konzils am 8. Dezember (!) 1869 folgte Döllingers historisch-kritisches Hauptwerk gegen die Unfehlbarkeitsdoktrin: *Janus, Der Papst und das Concil* ([2]1890); Conzemius, *Gottes Spurensucher*, 97 f.; Werner Küppers, NDB 4 (1959), 21–25; Walter Brandmüller (Hrsg.), *Handbuch der bayerischen Kirchengeschichte* III, 1991, s. bes. die Beiträge von L. Holzfurtner, A. Kraus, F. Hartmannsgruber und L. Scheffczyk. Über einen prominenten Freund und Mitstreiter Döllingers: Roland Hill, *Lord Acton. Ein Vorkämpfer für religiöse und politische Freiheit* ..., 2002. Während des Konzils brachte Döllinger (zunächst wieder in der *Allgemei-*

nen Zeitung) die *Römischen Briefe vom Konzil* heraus. Das Material dazu stammte großenteils von seinem Schüler Johann Friedrich, der Konzilstheologe des Kardinals Hohenlohe war und später eine gründliche Geschichte des Konzils aus altkatholischer Sicht veröffentlichte (3 Bde, Nördlingen 1877–1887).

[95] Über Kettelers konsequenten Einsatz für den Ausgleich zwischen Autorität und Freiheit s. jetzt Karsten Petersen, *„Ich höre den Ruf nach Freiheit".* W. E. *von Ketteler und die Freiheitsforderungen seiner Zeit* (Komm. f. Zeitgeschichte Reihe B 105), 2005.

[96] Deren entschiedene Befürworter im damaligen deutschen Episkopat waren nur fünf Bischöfe, darunter Konrad Martin (Paderborn) und Ignaz v. Senestrey (Regensburg). Unter den österreichischen Bischöfen waren es vier, darunter Josef Feßler (St. Pölten, bald Sekretär des Konzils) und Vincenz Gasser (Brixen), während die übrigen, an der Spitze der Wiener Kardinal Josef Othmar v. Rauscher, sich Schwarzenbergs Linie anschlossen. – In der Schweiz war der Bischof von St. Gallen, Johann Greith, ein entschiedener Gegner der neuen Lehre. Rudolf Lill, *Die ersten deutschen Bischofskonferenzen*, 1964, 80–95; Ders. in: *Festgabe für Hubert Jedin* II (1965), 483–508.

[97] Am 4. Dezember hatte Pius IX. geheim die Bulle *Cum romanis* erlassen, welche für den Fall seines Todes (er war fast 78 Jahre alt) während des Konzils dieses für ipso facto aufgelöst erklärte und für die Wahl des Nachfolgers die ausschließliche Kompetenz der Kardinäle bekräftigte (Melloni, *Il conclave*, 68 f.). Man hielt also im Vatikan den Versuch einer Rückkehr zum Konziliarismus immer noch für möglich.

[98] Einladungen an nichtkatholische Kirchen waren nicht nur wegen deren anderem Kirchenverständnis abgelehnt worden, sondern auch, weil sie das eigene sehr selbstbewusst herausstellten und in wenig höflicher Form überbracht wurden. Die Reaktionen aus dem deutschen Protestantismus waren jedoch auch von dem Gegensatz zwischen Bekenntnisgläubigkeit und liberalem Kulturprotestantismus bestimmt. Schatz, a. a. O., 126–132, hier 130. Über die Konzilspräsidenten Bilio, De Angelis und De Luca informieren Artikel von Giacomo Martina und Giuseppe Monsagrati in: *DBI* 10 (1968), 461 ff.; 33 (1981), 277–281; 38 (1990), 325–330, die ihnen faire Amtsführung bescheinigen.

[99] Der Zusammenstoß zwischen dem Papst und Guidi sowie der Druck, dem danach der Kardinal wie auch während des ganzen Konzils andere Gegner der Infallibilitätsdoktrin ausgesetzt wurden, sind sorgfältig aufgezeichnet im Konzilstagebuch des römischen Tit.-Erzbischofs Vincenzo Tizzani, eines gelehrten Kirchenhistorikers und Gegners der neuen Lehre, welches über ein Jahrhundert im Vatikanischen Archiv unter Verschluss gehalten

worden ist, schließlich aber von einem der dort tätigen Archivare veröffentlicht werden konnte: Lajos Pàsztor, *Diario di Vincenzo Tizzani* (*Päpste und Papsttum* 25 I und II), 1991, 1992; vgl. wegen Guidi S. 482–490.

[100] Vgl. wegen des von Petrus hergeleiteten Primats dessen *Canones* 330–333. Sie setzen sich über die neue historische Forschung hinweg, vgl. dazu Kap. I und VIII.

[100A] Dass die Initiative eines französischen Bischofs zur Milderung des Verbots der Empfängnisverhütung auf dem Konzil ohne Resonanz blieb, überrascht in Anbetracht der dortigen Gesamtstimmung nicht. Langlois, *Le crime d'Onan*, 290 f.

[101] Detaillierte Dokumentation (mit Einschluss der Diskussionen, welche die „Römische Frage" in allen europäischen Kabinetten auslöste): Norbert Miko (Hrsg.), *Das Ende des Kirchenstaates*, 4 Bde, 1962–1970. Die neuere Forschung ist zusammengefasst in: *La fine del potere temporale e il ricongiumento di Roma all'Italia. Atti del XLV Congresso di storia del Risorgimento italiano 1970*, Roma 1972. Zeitgenössische Diskussionen um Rom und Kirchenstaat: Ferdinand Gregorovius, *Römische Tagebücher 1852–1889*, hrsg. u. kommentiert von Hanno-Walter Kruft und Markus Völkel, 1991; Kurt v. Schlözer, *Römische Briefe 1864–1869*, 1913 u. ö.

[102] S. für die seitherigen Beziehungen von Kirche und Staat in Italien v. a. Carlo Arturo Jemolo, *Chiesa e Stato in Italia negli ultimi cento anni*, Torino 1963. Ausführliche Bibliografie: *Bibliografia dell'Età del Risorgimento 1970–2001*, Vol. III, Roma 2003, 1391–1434.

[103] Zu deren Demonstration blieb es auch bei der postbarocken Aufblähung des päpstlichen Hofes: mit Bischöfen als „Päpstlichen Thron-Assistenten", mit zahlreichen Geistlichen als „Hausprälaten", „Geheimkämmerern" und „Ehrenkämmerern"; mit der Schweizergarde, die nun freilich notwendiger als vor 1870 war, aber dazu mit adeliger Nobelgarde und bürgerlicher Palatingarde, deren zahlreiche Mitgliedschaft freilich den andauernden Konsens vieler Römer zum Papst bezeugte. – Längst sinnvolle Vereinfachungen hat erst Paul VI. nach dem Zweiten Vatikanischen Konzil vorgenommen. Alle Einzelheiten enthalten die päpstlichen Jahrbücher (*La Gerarchia Cattolica* resp. *Annuario Pontificio*). Zum höfischen Auftreten Pius' IX. hatte auch gehört, dass er 1857 eine hymnenartige „Musica festiva" des österreichischen Militärkapellmeisters Viktorin Hallmayer übernahm. Zu seinem goldenen Priesterjubiläum hat dann 1869 Charles Gounod jene „Marche pontificale" komponiert, die bis heute bei zeremoniellen Auftritten gespielt wird. Pius XII. (!) ließ sie zum Hl. Jahr 1950 offiziell als Hymne einführen. Unter

Johannes Paul II. wurde sie mit einem (oberflächlich an einen mittelalterlichen Rom-Hymnus anknüpfenden) Text schwülstiger Papstverehrung unterlegt, der immerhin nicht offiziell verwendet wird.

[104] Dieses Vermögen konnte bis zum Tode Pius' IX. auf ca. 30 Millionen Lire gesteigert werden und hat bis 1929 diesen Umfang nicht überschritten. Um es (bei ca. sechs Millionen jährlicher Ausgaben) zu erhalten, waren die Spenden aus der katholischen Welt sowie geschickte Investitionen erforderlich, welche über den Banco di Roma erfolgten. Dessen Präsident Ernesto Pacelli, ein Vetter des späteren Papstes, gehörte zu denen, die den Vatikan dabei beraten haben. François Charles Uginet, *Finances pontificales*, in: *Dictionnaire historique de la Papauté*, 678–691; John F. Pollard, *Money and the rise of the modern Papacy. Financing the Vatican 1850–1950*, Cambridge 2005, Kap. 2.

[105] Gesamtdarstellung der Epoche: Schwaiger, *Papsttum und Päpste im 20. Jahrhundert*, 45–270.

[106] Christoph Weber, in: *Ökumenische Kirchengeschichte* Bd. 3 ([4]1989), 210–225; Ders., *Quellen und Studien zur Kurie und zur vatikanischen Politik unter Leo XIII.* (Bibl. des Dt. Hist. Inst.s in Rom Bd. XLV), 1973; Oskar Köhler, in: Greschat, *Das Papsttum* II, 203–223; Edoardo Soderini, *Il pontificato di Leone XIII*, 3 Bde, Milano 1932/33; Roger Aubert, in: *LThK*[2] 6 (1961), 953–956; Oskar Köhler, in: *LThK*[3] 6 (1997), 828 ff.; *LPP* 236–240; Hans Maier, in: *StL*[7]. 3. Bd. (1987), 905 ff.; Philippe Levillain, in: *Dictionnaire historique*, 1035–1038; Gelmi, *Die Päpste*, [2]2005, 139 f.

[107] Zum Konklave von 1878: Schmidlin, *Papstgeschichte der neuesten Zeit*, 2. Bd. (1934), 338–346; Melloni, *Il conclave*, 73–78. – Über Leos Kardinalsernennungen (insgesamt 135, darunter 54 Nichtitaliener) Schmidlin, 536–540. – Zu den ersten von Leo XIII. ernannten Kardinälen gehörte der bis dahin von der Amtskirche mit Misstrauen verfolgte britische Oratorianer, Philosoph und Seelsorger John Henry Newman (1801–1890), der strenge Gläubigkeit mit ökumenischer Gesinnung verband und das persönliche Gewissen für ebenso wichtig hielt wie das Lehramt. Benedikt XVI. hat Newman 2010 seliggesprochen, was zwiespältige Reaktionen hervorgerufen hat. Denn die vom Vatikan durchgesetzte Ausgrabung der Gebeine und ihre Verbringung in einen Altarschrein wirkten peinlich. Der Gegensatz zwischen dem päpstlichen Autoritarismus und Newmans Freiheitspostulaten blieb ungeklärt.
Günter Biemer, *Die Wahrheit wird stärker sein ...*, [3]2009. Gute neue Würdigungen von Fridolin Wechsler und Victor Conzemius, in: *Schweizerische Kirchenzeitung 36/2010*, 615–629.

[108] In der Enzyklika *Aeterni patris* (1879) bestimmte Leo XIII. die Werke des hl. Thomas zur Grundlage des theologischen Studiums und regte deren kritische Edition an. Das war im Verhältnis zur traditionellen römischen Schultheologie, welche die Scholastik mehr aus zweiter Hand rezipiert hatte, ein erheblicher Fortschritt, jedoch nicht unproblematisch im Hinblick auf die Geschichtlichkeit der Theologie und den darauf beruhenden Pluralismus auch des theologischen Denkens.

[109] Die Polemik gegen Sozialismus und Freimaurerei wurde in der vom Vatikan dirigierten *Civiltà Cattolica* durchgängig auf „die Juden" ausgedehnt. An Pius' IX. anknüpfend, warf man ihnen vor, dass sie den laizistischen Liberalismus und den ausbeuterischen Kapitalismus lenkten, und forderte eine Begrenzung ihrer zu groß gewordenen Macht. Entgegen den in den Holocaust-Debatten üblich gewordenen Pauschalverurteilungen ist jedoch erneut zu betonen, dass solcher Antijudaismus nichts zu tun hatte mit dem um dieselbe Zeit in völkischen (und darum auch antichristlich gestimmten) Gruppen aufkommenden Rassismus. Ihn hat der Vatikan verworfen. Aber der Antijudaismus, welcher durch den heftigen Antiklerikalismus linksliberal-freimaurerisch-jüdischer Kreise in Rom noch bestärkt wurde, ist im Umkreis der Kurie und gerade in der *Civiltà Cattolica* (darin u. a. vertreten durch deren Chefredakteur Enrico Rosa SJ 1915–1932) bis in die 1930er-Jahre recht stark geblieben. R. Lill, in: *Kirche und Synagoge* II, 361 ff. (Nachdruck 1989). Über Ernesto Nathan (Bürgermeister von Rom 1907–1913, den Führer der römischen Antiklerikalen) Bauer, *Rom im 19. und 20. Jahrhundert*, 182–186 u. ö.

[110] Peter Tischleder, *Die Staatslehre Leos XIII.*, 1925; H. Maier, *Revolution und Kirche*, 4. Teil; Winfried Becker und Rudolf Morsey, in: *Lexikon der christlichen Demokratie in Deutschland*, 2002, 10, 28, 33, 35, 313, 401, 469 u. ö.

[111] Rudolf Lill, *Die Wende im Kulturkampf . . .*, 1973.

[112] Über eine deutschfreundliche Gruppe im Vatikan, vertreten durch den Nuntius Galimberti (Wien), und deren Entmachtung durch Rampolla informiert anhand der vatikanischen Akten Luciano Trincia, *Il nucleo tedesco. Vaticano e Triplice Alleanza . . .*, Brescia 2001. Zu den ernüchternden Erkenntnissen dieses Buches gehört, dass Rampolla 1887 ff. darauf spekulierte, dass Österreich sich von Deutschland ab- und Frankreich zuwenden könne und dass darüber eine sowohl anti-deutsche wie anti-italienische (und darum pro-päpstliche) Koalition entstehen würde. Kaiser Franz Josephs Botschafter von Hübner hat daraufhin den Papst darauf hingewiesen, dass man damit zur Lösung der Römischen Frage selbst einen Krieg nicht ausschließe! S. ebd. 127, 132.

[113] Zu der nach 1870 umstrukturierten Macht der Päpste gehört nicht nur, dass seit dem Sturz der alten Dynastien Italiens dessen gesamter Episkopat ganz vom Vatikan abhängig geworden ist, sondern ebenso die dortige, in den Auseinandersetzungen um Kirchenstaat und Liberalismus entstandene Laienbewegung (seit 1874 OPERA DEI CONGRESSI). Erst Benedikt XV. hat 1919 endlich eine katholische Partei zugelassen (Partito popolare italiano). Giorgio Campanini/Francesco Traniello (Hrsg.), *Dizionario storico del movimento cattolico in Italia 1860–1980*, Torino 1982; R. Lill/Stephan Wagner, in: *Christlich-demokratische Parteien in Westeuropa* 3, 1991, 28–164; Giuseppe Alberigo, in: *LThK*[3] 5 (1996), 655–693.

[114] Karl August Fink, Das *vatikanische Archiv*, Rom [2]1951; Owen Chadwick, *Catholicism and history. The opening of the Vatican Archives*, Cambridge 1978. Mit der Leitung von Archiv und Bibliothek des Vatikans betraute Leo XIII. wissenschaftlich hochqualifizierte Kirchenhistoriker wie Joseph Hergenröther (1879 Kardinal) und Alfonso Capecelatro (1855 Kardinal). Den jungen Ludwig Pastor hat er persönlich zu seinen Studien zur Papstgeschichte ermutigt. Im Vatikan waren damals noch lange fast nur Italiener tätig. Aber wegen der methodischen Überlegenheit der Geschichtsforschung in Deutschland wurden von dort auch vor und nach Hergenröther Archivare und Bibliothekare berufen, von denen ein weiterer, Franz Ehrle SJ, 1922 Kardinal geworden ist.

[115] Zum Konklave von 1903: Schmidlin, *Papstgeschichte der neuesten Zeit* Bd. 3 (1936), 12–20; Friedrich Engel-Janosi, *Österreich und der Vatikan* II, Graz u. a. 1960, 2–47; Melloni, *Il conclave*, 78–84.

[116] Erika Weinzierl, in: Greschat, *Das Papsttum* II, 224–240; R. Lill, in: *Ökumenische Kirchengeschichte* Bd. 3 ([4]1989), 226–232; Roger Aubert, in: *LThK*[2] 8 (1963), 538 ff.; Ders., in: *LThK*[3] 8 (1999) 333 ff.; *LPP* 334–338; Victor Conzemius, in: *StL*[7] 4 (1988), 398 ff.; Maurilio Guasco, in: *Dictionnaire historique*, 1349 ff.; Gelmi, *Die Päpste*, [2]2005, 140 ff.

[117] Der Patriarch von Venedig (wie auch der von Lissabon, d. h. die beiden Bischöfe, die in Europa aus historischen Gründen diesen Titel führen, der von Lissabon wegen seiner früheren Zuständigkeit für die portugiesischen Kolonien) hat nur die Rechte eines Erzbischofs und Metropoliten. Denn mit der kontinuierlichen Steigerung der päpstlichen Primatialgewalt war die Existenz von Patriarchaten im vollen Sinne in der lateinischen Kirche nicht zu vereinbaren. Der Patriarchentitel Venedigs (seit 1451) geht auf das damals im neuen Patriarchat Venedig aufgegangene Grado zurück, welches ihn von Aquileja übernommen

hatte, dem einzigen alten Patriarchat in Europa neben Rom! Die Patriarchen von Aquileja (seit 6. Jh.) hatten außergewöhnlich große Macht gesammelt, welche aber seit dem 15. Jh. kontinuierlich beschnitten worden ist; politisch durch die Republik Venedig, kirchlich durch die Päpste. Heinrich Schmidinger, *Patriarch und Landesherr ...*, Graz/Köln 1954; De Vries, *Rom und die Patriarchate des Ostens* (Kap. I).

[118] Der eben 50-jährige, aus bäuerlicher Familie Umbriens stammende, hochqualifizierte Kirchenjurist blieb nach außen versöhnlicher als Pius X., 1914 wurde er Staatssekretär (bis 1930!). Romeo Astorri, in: *DBI* 52 (1999), 500–509.

[119] Norbert Trippen, *Theologie und Lehramt im Konflikt ...*, 1977; Otto Weiß, *Der Modernismus in Deutschland ...*, 1995; Peter Neuner, *Ein misslungener Versuch der Begegnung mit der Moderne. Die Modernismus-Kontroverse ...*, in: Weitlauff, *Kirche im 19. Jahrhundert*, 186–206; Ders., *Der Streit um den katholischen Modernismus*, 2009; Eduard Hegel, in: *Staatslexikon*[7] 3 (1987), 109 ff.; Neue Quellen: Thomas Franz (Hrsg.), *H. Schell, Die neue Zeit und der alte Glaube ...*, 2006.

[120] 1915 ist Benigni zu seinen früheren Tätigkeiten zurückgekehrt und hat zeitweise die ACTION FRANÇAISE unterstützt, welche 1926 von Pius XI. verurteilt worden ist. Pietro Scoppola, in: *DBI* 8 (1966), 506 ff.

[121] Giovanni Spadolini, *Giolitti e i Cattolici (1901–1914). La conciliazione silenziosa*, Firenze 1990. Über Luigi Sturzo: Gabriele De Rosa, in: *Dizionario storico del movimento cattolico* 2, Torino 1981, 615–624; Victor Conzemius, *Gottes Spurensucher ...*, 2002, 221–235, 317 f.

[122] Benedikt XVI., *Licht der Welt ...*, 2010, 158.

[123] Ernst Deuerlein, in: *LThK*[2] 2 (1958), 178 f.; Hubert Jedin, in: Ders./Konrad Repgen (Hrsg.), *Handbuch der Kirchengeschichte* VII, 1979, 22 ff.; Georg Schwaiger, in: Greschat, *Das Papsttum* II, 241–256; Ders., in: *LThK*[3] 2 (1994), 209 f.; *LPP* 33 ff.; R. Lill, in: *StL*[7] 1 (1985), 628 f.; Gelmi, *Die Päpste* [2]2005, 143 f.; Gabriele De Rosa, in: *DBI* 8 (1966), 408–417; François Jankowiak, in: *Dictionnaire historique*, 219–224. – Zum Konklave 1914: Schmidlin Bd. 3, 185–190; Melloni, *Il conclave*, 91–96. Kardinal Friedrich Gustav Piffl, seit 1913 Erzbischof von Wien, hat über die Konklaven von 1914 und 1922 präzise Aufzeichnungen gemacht, welche später der Forschung zugänglich gemacht worden sind. Maximilian Liebmann, *Die Rolle Kardinal Piffls in der österreichischen Kirchenpolitik ...*, Diss. Graz 1960; Ders., *Les Conclaves de Benoit XV et de Pie XI. Notes du Cardinal Piffl*, in: *La Revue Nouvelle* XXXVIII (1963), 34–52; Engel-Janosi, *Österreich und der Vatikan* II, ab 176; Giorgio Rumi (Hrsg.), *Bene-*

detto XV e la pace (1918), Brescia 1990; Ders., *Benedetto XV. Un epistolario inedito*, Roma 1991; A. Scottà (Hrsg.), *La „Conciliazione Ufficiosa"* ..., 2 Bde, Città del Vaticano 1997.

[124] Ferrata hat eine gründliche Analyse der vatikanischen Politik seit Leo XIII. hinterlassen: Ulrich Stutz, *Die päpstliche Diplomatie ..., nach den Denkwürdigkeiten des Kardinals D. Ferrata*, 1926 (Abh. der preuß. Akad. d. Wiss.); Guido Fagioli-Vercellone, in: *DBI* 46 (1996), 755–760.

[125] Francesco Margiotta Broglio, in: *DBI* 24 (1980), 2–5.

[126] Vgl. die Urteile des hochqualifizierten katholischen Politikers Georg v. Hertling (1912–1917 bayerischer Ministerpräsident, 1917/18 Reichskanzler) und des bayerischen Gesandten v. Ritter über Msgr. Pacelli, als 1914 erstmals dessen Entsendung als Nuntius nach München erörtert wurde. Georg-Franz Willing, *Die bayerische Vatikangesandtschaft 1803–1934*, 1965, 135. Über Pacellis Tätigkeit in München: Emma Fattorini, *Germania e Santa Sede. Le nunziature di Pacelli* ..., Bologna 1992; Egon Greipl und Winfried Becker, in: Brandmüller, *Handbuch der bayerischen Kirchengeschichte* III, 307, 340, 343, 348 ff. u. ö. Die Nuntiatur in München (seit 1785, resp. 1818) war bis 1920 die einzige diplomatische Vertretung des Hl. Stuhls im Deutschen Reich, weil die traditionellen preußischen Eliten keinen Nuntius in Berlin akzeptierten.

[127] Dies geschah, weil man sich nun in Berlin vom Heiligen Stuhl moralische Unterstützung gegen französische und polnische Forderungen nach Grenzverschiebungen zu Lasten Deutschlands erhoffte. Es war bekannt, dass Benedikt XV. und Kardinal Gasparri die Härte der Friedensverträge von Versailles und St. Germain (1919) für ungerecht und unklug hielten. Schmidlin, *Papstgeschichte* Bd. 3, 311–319; R. Lill, in: *Deutsche diplomatische Vertretungen beim Heiligen Stuhl*, hrsg. von der Deutschen Botschaft beim Heiligen Stuhl, Città del Vaticano ²o.J. (2004), 40 ff.

[128] Dass der Heilige Stuhl eines exterritorialen Raumes (wohl nicht unbedingt eines eigenen Staates) für seine internationale Präsenz bedurfte, hatte sich im Weltkrieg besonders deutlich gezeigt: Wegen der heftig anti-österreichischen, auch anti-deutschen Stimmungen in Teilen der italienischen Bevölkerung hatten Österreich, Bayern und Preußen 1915 auch ihre diplomatischen Vertretungen beim Heiligen Stuhl schließen müssen. Sie konnten erst 1919 nach Rom zurückkehren. Alois Hudal, *Die österreichische Vatikanbotschaft 1806–1918*, 1952, 298 ff.; Francesco Margiotta Broglio, *Italia e S. Sede dalla grande guerra alla conciliazione* ..., Bari 1966.

[129] In den deutschen Staaten außerhalb Bayerns und in Österreich für Salzburg gelang es den Regierungen und den Domkapiteln,

wenigstens ein begrenztes Wahlrecht der Kapitel auf der Grundlage eines vatikanischen Dreiervorschlags zu erhalten. Hartmann, *Wählt die Bischöfe*, Abschnitt B. Nur in den drei Schweizer Bistümern Basel, St. Gallen und Chur blieb die Bischofswahl ohne vatikanische Mitwirkung erhalten. Für Chur setzte der Hl. Stuhl 1943 einen Dreiervorschlag durch. Hartmann, *Wählt die Bischöfe*, 2010, 41–60, 112–126.

[130] Georg Schwaiger, in: *LThK*² 8 (1963), 540 ff.; Hubert Jedin, in: *HKG* VII (1979), 24–30; Erwin Iserloh, in: Greschat, *Das Papsttum* II (1985), 257–277; Gelmi, *Die Päpste* … ²2008, 144–148; *LPP* 338–342; Max Bierbaum, *Das Papsttum. Leben und Werk Pius' XI.*, 1937; Marc Agostino, in: *Dictionnaire historique*, 1351–1362. – Zum Konklave von 1922: Schmidlin, Bd. 4 (1939), 18–24; Melloni, *Il conclave*, 98 ff.

[131] Seine damals geknüpften Beziehungen zu deutschen, auch protestantischen Historikern hat Ratti auch als Papst weiter gepflegt und 1931 zusammen mit dem deutsch-römischen Mediävisten Paul F. Kehr die „Pius-Stiftung für Papsturkunden und für mittelalterliche Geschichtsforschung" errichtet. Paul F. Kehr, *Zugänge und Beiträge* …, Deutsches Historisches Institut in Rom, 1997, s. bes. S. 23.

[132] *Patti Lateranensi, Convenzioni e accordi successivi* …, Città del Vaticano 1972; Jemolo, *Chiesa e Stato in Italia*; Ders., *Lettere (1921–1941)* …, Introduzione di Francesco Margiotta Broglio, Roma 1997.
S. aus der neueren Literatur v. a. Renzo de Felice, *Mussolini il fascista* II, *L'organizzazione dello stato fascista 1925–1929*, Torino 1968; Giovanni Spadolini (Hrsg.), *Il cardinale Gasparri e la questione romana*, Firenze ²1973; Alexander Hollerbach, *Die Lateranverträge* …, in: *Römische Quartalschrift* … 75 (1980); Altgeld/Lill, *Kleine italienische Geschichte*, 2004, 392–395.

[133] Diesen Artikel hat der rechtskatholische Zentrumsrenegat Franz v. Papen 1933 benutzt, um Hitler zum Angebot des Reichskonkordats zu bewegen, weil sich darüber (RK Art. 32) die geistlichen Führer der katholischen Parteien aus der Politik ausschalten ließen. Der Heilige Stuhl konnte Hitlers Angebot kaum ausschlagen, weil er seit 1919 kirchenpolitisch ganz auf Konkordate gesetzt hatte, weil er ein Reichskonkordat mehrmals gefordert hatte und weil im deutschen Umbruch des Frühjahrs 1933 nur noch ein solches Garantien für die freie (d. h. nur vom Papst gelenkte) kirchliche Tätigkeit zu bieten schien. Ludwig Volk, *Das Reichskonkordat* …, 1972; Rudolf Morsey, in: *StL*⁷ 4 (1988), 787 ff.; Konrad Repgen, *Zur vatikanischen Strategie beim Reichskonkordat*, in: Ders., *Von der Reformation zur Gegenwart* …, 1988, 138–166.

S. a. K. Repgen, *Die Außenpolitik der Päpste 1914–1945*, in: *HKG* VII, 1979, 51–73.

[134] Die Verwaltung des neuen Vermögens wurde der Nogara unterstellten Amministrazione speciale per la Santa Sede übertragen. Pius XII., der schon 1939 eine Kontrollkommission unter Kardinal Nicola Canali einsetzte, ließ 1942 resp. 1944 (unter Ausnutzung kriegsbedingter Probleme im internationalen Kapitalverkehr der katholischen Orden mit Sitz in Rom) diese Amministrazione zur Vatikanbank ausgestalten, welche aber als „Istituto per le opere di Religone" (IOR) bezeichnet wurde. Damit entstand eine gut ausgestattete und international agierende Bank, welche nur dem Papst unterstand (bis 2010). Hartmut Benz, *Finanzen und Finanzpolitik des Heiligen Stuhls*, 1993, 15–26; Pollard, *Money und the rise of the modern Papacy*, Kap. 6–8. Neueste Darstellung der Entwicklung des vatikanischen Vermögens seit 1929: *L'Europeo* (CORRIERE DELLA SERA) Nr. 10, 2009 (Sonderheft, 144 S.).

[135] 1929 ff. hatte nur eine liberale Minderheit gegen die Lateranverträge protestiert, was immerhin im faschistischen Italien noch möglich war. Aber das Scheidungsverbot hat neue Spaltungen erzeugt und in der Italienischen Republik (seit 1946) der neuen christdemokratischen Partei (DC) unnötige politische Kämpfe aufgebürdet. 1974 ist es infolge eines Referendums (aufgrund Art. 75 der Verfassung von 1948) gefallen. Bis dahin hatten Italiener nur bei einem der obersten päpstlichen Gerichte, der Sacra Romana Rota, eine Annullierung ihrer Ehe erreichen können; viele von ihnen hatten schnell gelernt, mit welchen Tricks man dabei vorgehen konnte; und die darin versierten (vom Vatikan ausgesuchten) Anwälte hatten gut verdient. Erst aufgrund der ekklesiologischen Neubesinnung des Zweiten Vatikanischen Konzils kam 1984 ein neuer Vertrag zustande, in dem alle inzwischen strittig gewordenen Bestimmungen des Laterankonkordats einvernehmlich revidiert wurden und in dem die Kirche auf die ihr 1929 zugestandenen gesellschaftlichen Prinzipien verzichtet hat. Altgeld/Lill, *Kleine italienische Geschichte*, 394 f., 459, 469.

[136] *Casti connubii* 30.12.1930. Text *AAS* 22 (1930), 539–592.

[137] Langlois, *Le crime d'Onan*, Kap. 11.

[138] Benedikt XVI., *Licht der Welt ...*, 2010, 174 ff.

[139] Beste neue Gesamtdarstellung, aufgrund der vatikanischen Quellen und mit historischem Sinn: Emma Fattorini, *Pio XI, Hitler e Mussolini. La solitudine di un papa*, Torino 2007. Der Untertitel verweist darauf, dass Pius XI. mit seiner Unbeugsamkeit gegenüber Hitler, dann auch Mussolini, auf Dauer im Vatikan allein stand, gerade sein erster diplomatischer Mitarbeiter

Pacelli distanzierte sich seit 1938. Auf Deutschland konzentriert und nicht frei von Vereinfachungen: Hubert Wolf, *Papst und Teufel. Die Archive des Vatikans und das Dritte Reich,* 2008.

[140] S. darüber zuletzt Hubert Wolf, „*Pro perfidis Judais"* ...: *Historische Zeitschrift* 279 (2004), 611–658; doch sind seine Ergebnisse bezüglich Pius' XI. nicht so neu, wie der Verfasser vorgibt. Vgl. meine kurze Darstellung in: *Kirche und Synagoge* II (zuerst 1970), 364–367, 369. Zu Wolfs neuen, jedoch nicht überraschenden Erkenntnissen gehört, dass der 1930 gestorbene Kardinal Merry del Val bis zuletzt zu scharfer Abgrenzung von den Juden geraten hatte. Zu den vatikanischen Reaktionen auf die italienischen Judendekrete: Renzo De Felice, *Storia degli ebrei italiani sotto il fascismo,* Torino ⁴1993, 295 ff., 303, 324 f., 425; Fattorini, *Pio XI, Hitler e Mussolini,* Kap. VI und VII. Achille Ratti resp. Pius XI. (aufgrund einiger Feststellungen in Berichten aus Warschau) antisemitisches Denken zu unterstellen, wie das David I. Kertzer getan hat, ist absurd. Kertzer, *Die Päpste gegen die Juden. Der Vatikan und die Entstehung des modernen Antisemitismus.* Aus dem Amerik. v. K.-D. Schmidt, 2001. Zur Korrektur: Konrad Repgen, *Judenpogrom, Rassenideologie und katholische Kirche 1938* (*Kirche und Gesellschaft* 152/153), 1988; Brechenmacher, *Der Vatikan und die Juden,* Kap. 7.

[141] Georges Passelecq/Bernard Suchecky, *Die unterschlagene Enzyklika. Der Vatikan und die Judenverfolgung.* Aus dem Französischen von Markus Sedlaczek, 1997. Der französische Originaltitel enthält die deutsche Übertreibung nicht: *L'encyclique cachée de Pie XI. Une occasion manquée de l'Eglise face à l'antisémitisme,* Paris 1995. Gründliche Analyse und Dokumentation: *Wider den Rassismus. Entwurf einer nicht erschienenen Enzyklika (1938). Texte aus dem Nachlass von Gustav Gundlach SJ,* hrsg. von Anton Rauscher, 2001; Brechenmacher, a. a. O.

[142] Robert Leiber SJ, in: *Stimmen der Zeit* 163 (1959), 81–100; Ders., in: *LThK*² 8, 542 ff.; Giulio Andreotti, Roma 1965; Burkhart Schneider, 1968; Georg Schwaiger, in: Greschat, *Das Papsttum* II, 278–296; Ders., in: *StL*⁷ 4, 401 ff.; Ders., *Papsttum und Päpste,* 271–309; Andrea Riccardi, in: *Dictionnaire historique,* 1362–1372; Gelmi, *Die Päpste,* 148–151; *LPP* 342–346. S. a. Fattorini, *Pio XI, Hitler e Mussolini.* Zum Konklave, dessen Beginn mit Rücksicht auf die dann doch nicht gekommenen amerikanischen Kardinäle um eine Woche verzögert worden war, s. Melloni, *Il conclave,* 100 ff.
Im zweiten Wahlgang hatte Pacelli 42 von 63 Stimmen erhalten. Melloni berichtet von dem Gerücht, dass er daraufhin auf einem dritten Skrutinium bestanden hätte, damit Gegner nicht

sagen konnten, dass er mit seiner eigenen Stimme seine Wahl entschieden hätte. Die 1945 von Pius XII. verfügte Erhöhung des Quorums auf zwei Drittel plus eins könnte eine Folge solcher Einwände gewesen sein.

Beste, aber in Deutschland wenig rezipierte Analyse: Andrea Riccardi, *Il potere del Papa da Pio XII a Paolo VI*, Roma/Bari 1988, Kap. I–IV.

[143] Über die damaligen kulturellen Gegensätze in Rom: Franz J. Bauer, *Rom im 19. und 20. Jahrhundert* ..., 2009, bes. Kap. II.

[144] In den geistlichen Kollegien Roms bildeten und bilden sich jene unseren Korporationen durchaus vergleichbaren Freundschaftsbündnisse, aus denen, d.h. aus sehr engen Zirkeln, viele vatikanische Karrieren entstanden sind. Pacellis Gönner Gasparri z.B. war ebenfalls aus dem Apollinare gekommen. Für die Zeit Pius' XII. hat Roger Peyrefitte (*Chévaliers de Malte*, Paris 1956, ital. Ausgabe Firenze 1957) präzise und ironisch über vatikanische Interessengruppen und deren sehr weltliche Methoden berichtet; für die neuere Zeit versucht dies das insgesamt schwächere, anscheinend von einer Gruppe unzufriedener, weil nicht hoch beförderter Monsignori geschriebene Buch *Via col vento in Vaticano (Vom Winde verweht im Vatikan)*, Milano 1999.

[145] Beste Darstellung aufgrund vieler Quellen: Fattorini, *Germania e Santa Sede*. S.a. Hubert Wolf, *Papst und Teufel*, 2009, Kap. 1.

[146] Vgl. die darob verbitterten Erinnerungen des Reichskanzlers Heinrich Brüning: *Memoiren 1918–1934*, 1970, 358 ff. – Pacellis Berliner Schlussrelation von 1929 (Anm. 82) erweist darüber hinaus Härte und Hochmut gegenüber Geistlichen, die dem vatikanischen Zentralismus widersprachen, sowie den Willen zur Unterwerfung der theologischen Lehre unter die vatikanischen Direktiven.

[147] Fattorini a.a.O.; Hansjakob Stehle, *Die Ostpolitik des Vatikans 1917–1975*, München/Zürich 1975, 89–94, 97, 100–114 u.ö. Vgl. aus der älteren Literatur Rudolf Morsey, in: Herbert Schambeck (Hrsg.), *Pius XII. zum Gedächtnis*, 1977, 103–139.

[148] Saul Friedländer, *Pius XII. und das Dritte Reich*, 1965. Vgl. zum Gesamtproblem den von Leonid Luks herausgegebenen Sammelband: *Das Christentum und die totalitären Herausforderungen* ..., 2002.

[149] Diese und viele weitere Aktionen des Papstes sind dokumentiert in: *Actes et Documents du St. Siège relatifs à la seconde guerre mondiale*, 11 Bde, Città del Vaticano 1965–1981. Die für vatikanische Usancen ungewöhnlich breite und schnelle Veröffentlichung der für relevant gehaltenen (insgesamt über 5000) Dokumente war die von Paul VI. (G. B. Montini) initiierte Reaktion auf die

erwähnten Vorwürfe, die mit Hochhuths *Stellvertreter* einen ersten Höhepunkt erreicht hatten. Die Bearbeiter waren zunächst drei, dann vier sehr qualifizierte Historiker aus dem Jesuitenorden: Pierre Blet, Angelo Martini, Burkhart Schneider, seit Bd. 3 auch Robert A. Graham. Um die (von vielen Papstkritikern wenig berücksichtigten) Ergebnisse dieser Edition bekannter zu machen, hat P. Blet 1997 die Einleitungen zu den elf Bänden zu einem Band zusammengefasst; deutsche Ausgabe: *Papst Pius XII. und der Zweite Weltkrieg. Aus den Akten des Vatikans*, 2000. – S. außerdem die Aufzeichnungen des britischen Vatikangesandten Osborne: Owen Chadwick, *Britain and the Vatican during the second World War*, Cambridge 1986.

[150] Vgl. die Analyse der Reaktionen Pius' XI. und Pius' XII. auf die beiden Diktatoren in den Kapiteln V–VIII des Buches von Fattorini, *Pio IX, Hitler e Mussolini*.

[151] Walter Brandmüller, *Holocaust in der Slowakei und katholische Kirche*, 2003.

[152] Pinchas E. Lapide, *Rom und die Juden*, 1967; Blet, *Papst Pius XII.*, 219–222; Brechenmacher, *Der Vatikan und die Juden*, 102 f., 213–223; R. Lill, *Notizen aus der „offenen Stadt" Rom*: FS für Winfried Becker, 2006. Ganz unvollständige neue Darstellung: Eckart Conze u. a., *Das Amt und die Vergangenheit . . .*, 2010, 269–272. Pius XII. fürchtete seit dem Herbst 1943, dass Hitler seine Entführung aus dem Vatikan plante; für diesen Fall hat er seinen Amtsverzicht erwogen. Melloni, *Il conclave*, 102 f.

[153] Hierzu am schärfsten in seiner langen Rede vor den katholischen Hebammen Italiens am 29. Oktober 1951 (AAS 43, 835–854, hier 843), in der er unter Berufung auf *Casti Connubii* jeglichen empfängnisverhütenden Eingriff in den ehelichen Akt als in sich unsittlich verwarf. Auf diese unberechtigten Lehraussagen Pius' XI. und Pius' XII. haben sich jene Theologen wie Ottaviani gestützt, welche nach dem Zweiten Vatikanischen Konzil die von Johannes XXIII. und Paul VI. erwogene Neubewertung der Antikonzeption verhindert haben. Langlois, *Le crime d'Onan*, ab S. 379.

[154] Kurze positive Würdigung der Enzyklika durch einen ihrer Mitverfasser: Sebastian Tromp, in: LThK[2] 5 (1960), 524 f. Kritische Auseinandersetzung: Pesch, *Das Zweite Vatikanische Konzil*, 40, 45, 277 f. u. ö.

Der Niederländer Sebastian Tromp (1889–1975, seit 1907 SJ) war 1929–1965 Prof. der Fundamentaltheologie an der Gregoriana, wohl schon Verfasser der Enzyklika *Mystici corporis*. Er hat als Sekretär der vorbereitenden wie der theologischen Kommission des Zweiten Vatikanischen Konzils an der Seite des Kardinals

Ottaviani vergeblich versucht, dieses auf die Positionen der Zeit Pius' XII. festzulegen.

[155] Zur Begründung wurde auf das Lukasevangelium 10,16 („Wer euch hört, hört mich") verwiesen, dessen Text also in doppelter Hinsicht (Singular oder Plural, biblische Gegenwart oder kirchliche Zukunft) verfälschend interpretiert.

[156] Dieser Problematik ging Kardinal Ratzinger aus dem Wege, als er, um die Originalität des Konzilsplans Johannes' XXIII. zu relativieren, darauf hinwies, dass schon sein Vorgänger Ottaviani ein Konzil geplant hätte. Joseph Kardinal Ratzinger, *Zur Lage des Glaubens*, 1985. Ein Vasall Ratzingers ging 2008 noch weiter, indem er (unter Berufung auf Johannes Paul II.!) Pius XII. „die Wegbereitung für das Zweite Vatikanische Konzil" zuschreibt und *Humani generis* als richtige Bestimmung des Verhältnisses von Glauben und Vernunft rühmt. Joachim Kardinal Meisner, *Pius XII. als vorbildlicher Lehrer des Glaubens* ..., Abschnitt 1 und 2.

[157] Auch die Auswahl weiblicher Heiliger ist signifikant für das Frauenbild, welches im Vatikan vorherrschte. Pius XII. hat 14 Frauen heiliggesprochen, von denen zwölf ausdrücklich als Jungfrauen und Ordensschwestern resp. Gründerinnen religiöser Genossenschaften gerühmt wurden. Nur Königin Jeanne von Frankreich (gest. 1505) und Jeanne de Lestonac (eine Nichte des humanistischen Philosophen Montaigne, gest. 1640) wurden auch als Mütter gewürdigt, ihre Heiligkeit wird aber mehr aus nachehelichen Stiftungen hergeleitet. Vgl. die Predigten des Papstes aus Anlass der Kanonisationen in: *Acta Apostolicae Sedis*; außerdem Helmut Fried, *Frauen des Mittelalters* ..., 2000, 3. Kardinal Meisner meint jedoch in seiner Schrift über Pius XII. (2008, Abschnitt 6), dass Pius XII. die „Berufung der Frau" mit der Zentrierung auf deren „mütterliche Begabung" vorbildlich dargelegt habe.
Die Heiligsprechung Pius X. (1954) war die erste eines Papstes seit 1712, als der 1572 gestorbene Pius V. (s. Kap. II) kanonisiert worden war. Pius XII. hat 1956 noch Innozenz XI. (1676–1689, Verteidiger der päpstlich-kirchlichen Rechte resp. Ansprüche gegen König Ludwig XIV. und Schöpfer der großen antitürkischen Allianz von 1683) seliggesprochen.

[158] Riccardi, *Il potere del papa* ..., 1988, Kap. II; Alfredo Canavero, *Alcide De Gasperi. Cristiano, Democratico, Europeo*, Soveria M. 2003, s. bes. 60f., 102–106; Altgeld/Lill, *Kleine italienische Geschichte*, 431–447.

[159] Alfredo Ottaviani (1890–1979), Römer wie der Papst, jedoch aus einfacher kinderreicher Familie, 1916 Priester, gelehrter Kanonist, 1929 Substitut des Staatssekretariats, 1935 Assessor, 1953

Sekretär des Hl. Offiziums (bis 1968), Kardinal und 1959 Präsident der theol. Vorbereitungskommission, 1962 dann der analogen Konzilskommission. Ottaviani verkörperte die pianische Lehrtradition und widersprach jeder Abweichung davon, so auch und erfolgreich in der Frage der Empfängnisverhütung, jedoch ohne Erfolg in der Ostpolitik Pauls VI. Josef Gelmi, in: *LThK*³ 7 (1998).

160 In seiner Gesamtdarstellung des Papsttums im 20. Jahrhundert (1999, s. Anm. 105) hat Schwaiger Pius XII. differenzierter, aber erneut als „streng römisch" beurteilt und für seine letzten Jahre „eine hieratische Erstarrung der Kirchenleitung" konstatiert (S. 301, 306). Insgesamt positiver urteilte kürzlich Victor Conzemius (*Stimmen der Zeit*, H. 10, 2008).

161 Theodor Klauser, *Die römische Petrustradition im Lichte der neuen Ausgrabungen unter der Peterskirche*, 1956; Engelbert Kirchbaum SJ (einer der Ausgräber), *Die Gräber der Apostelfürsten*, 1957.

162 Der Begleitband *Opus Justitiae Pax* (Leitmotiv Pius' XII.), hrsg. von Philippe Chenaux u. a. (Ausgaben in italienischer und erweiterter deutscher Fassung) bringt wenig Neues. Insgesamt geht es ein weiteres Mal um Pacellis Verteidigung gegen die auf Hochhuth zurückgehenden Vorwürfe, die kirchengeschichtliche Problematik wird nicht diskutiert. Das Päpstliche Komitee für Geschichtswissenschaften wurde bis 2009 von dem für seine apologetische Einstellung bekannten Kirchenhistoriker Walter Brandmüller (geb. 1929, im Vatikan seit 1999) geleitet, den Benedikt XVI. 2010 zum Kardinal ernannt hat.

163 Gute biografische Skizzen: Georg Schwaiger, in: *StL*⁷ 3 (1987), 216ff.; Victor Conzemius, in: *Theol. Realenzyklopädie* XVII (1988), 113-118; Giuseppe Alberigo, in: *Dictionnaire historique*, 949-953; Ders., in: *LThK*³ 5 (1996), 952-955; *LPP* 203-208; Gelmi, *Die Päpste*, 151-155. Ausführlichere Würdigungen: Andreas Lindt, in: Greschat, *Papsttum* II, 297-311; Victor Conzemius, *Gottes Spurensucher*, 236-246; Giuseppe Alberigo (Hrsg.), *Papa Giovanni*, Roma/Bari 1987; Riccardi, *Potere del Papa*, Kap. V, VI; Otto Hermann Pesch, *Das zweite vatikanische Konzil*, Kap. 1-3; Peter Hebblethwaite, *John XXIII pope of the Council*, London 1984 (auch französisch); Giuseppe Alberigo/Klaus Wittstadt (Hrsg.), *Ein Blick zurück – nach vorn: Johannes XXIII. ...*, 1992. Das Buch von Alexandra v. Teuffenbach, *Papst Johannes XXIII. begegnen*, 2005, wird der reformerischen Größe des Papstes nicht gerecht. Die gründlichste neuere biografische Studie: Alberto Melloni, *Papa Giovanni. Un cristiano e il suo concilio*, Torino 2009.

164 Georg Schwaiger, in: *StL*⁷ 4 (1988), 327f.; Victor Conzemius, in: *LThK*³ 8 (1998), 1524ff.; *LPP* 283-288; Gelmi, *Die Päpste*, 155-

159; Georg Schwaiger, in: Greschat, *Papsttum* II, 312–326; Roger Aubert, *Paul VI, un „pontificat de transition"*, in: *Revue nouvelle* 48 (1978), 613–628; Jean Guitton, *Paul VI secret*, Paris 1979, deutsch: *Dialog mit Paul VI.*, 1979; Riccardi, *Potere del Papa*, ab Kap. VII; Pesch, *Das Zweite Vatikanische Konzil*, ab Kap. 3; Peter Hebblethwaite, *Paul VI., the first modern pope*, London 1993.

[165] *Pater amabilis. Agende del Pontefice 1958–1963* (Edizione dei Diari di Angelo Giuseppe Roncalli/Giovanni XXIII, vol. 7) ..., Bologna 2008, 567 S. – 2004 resp. 2006 waren unter dem Titel *Anni di Francia* die beiden Bände mit Roncallis Notizen aus den Pariser Jahren vorausgegangen (Edizione dei Diari ..., 5,1 und 5,2).

[166] Die beste Darstellung der Vorgeschichte und der Geschichte des Zweiten Vatikanischen Konzils in deutscher Sprache ist die bereits zitierte von Otto Hermann Pesch. S. außerdem: Giuseppe Alberigo, *Transizione epocale. Studi sul Concilio Vaticano II*, Bologna 2000. G. A., der insgesamt bedeutendste Erforscher der Geschichte des Zweiten Vaticanum (*Storia del Concilio Vaticano II*, 5 Bde 1995–2000; dt.e Ausgabe mit Kl. Wittstadt), hat in deutscher Sprache eine kurze Darstellung veröffentlicht: *LThK*³ 10 (2001), Sp. 561–566.

[167] Johannes XXIII. hatte seine Intentionen wegen des Konzils nicht nur in seinen erst 2008 veröffentlichten Tagebüchern, sondern in etlichen Predigten und Reden der Jahre 1960–1963 ausgesprochen. Deshalb ist traditionalistische Abwertung des Zweiten Vatikanum, wonach dieses „sich bewusst in einem niedrigeren Rang als reines Pastoralkonzil ausgedrückt" habe (so Kardinal Ratzinger in seiner programmatischen Rede vom 13. Juli 1988; vgl. auch seine Schrift *Zur Lage des Glaubens* ..., 1985), falsch.

[168] S. dazu die präzisen Urteile von Georg Denzler, *Das Papsttum* ..., ³2009, S. 109–114.

[169] Der letzte Papst mit Namen Johannes (auch er J. XXIII.) war auf dem Konstanzer Konzil 1415 abgesetzt worden (s. Kap. II) und wird in der offiziellen Papstliste nicht mitgezählt. Sein außergewöhnlich schönes Grabdenkmal (u. a. von Donatello) ist im Baptisterium in Florenz. – Über das Konklave im Oktober 1958, auch anhand von Notizen Roncallis: Melloni, *Il conclave*, 110–114.

[170] Nach der Reform des römischen Generalvikariats durch Paul VI. wurde 1977 der Lateranpalast gemäß dem Wunsch Johannes' XXIII. zu dessen Sitz bestimmt, die bis dahin dort befindlichen Sammlungen frühchristlicher Kunst kamen in den Vatikan. Johannes wollte auch im Lateran (und nicht, wie die meisten Päpste der Neuzeit, in St. Peter) begraben werden, doch dieser Wunsch wurde ihm, weil er angeblich nicht konkret genug formuliert war, nicht erfüllt.

[171] Menschenfreundliche Verhaltensweisen, die uns selbstverständlich erscheinen, wurden erst Ende 1958 im Vatikan wieder eingeführt. Der neue Papst aß mit Mitarbeitern und Verwandten, unterhielt sich auch mit Arbeitern im Vatikan und erhöhte ihre Gehälter, er zelebrierte Sonntagsmessen mit schlichter Predigt u.v.a. Über zeremonielle Abmahnungen setzte er sich scherzhaft hinweg ("Sind Sie sicher, dass der hl. Petrus stets allein gegessen hat?"). Vgl. zu den damaligen Veränderungen in Rom die anschaulichen Berichte von Josef Schmitz van Vorst, *Kirche gestern – Kirche morgen. Aufzeichnungen 1962–1966*, 1966.

[172] Nach Tardinis Tod (1961) wurde Staatssekretär der fast 78-jährige, ebenfalls erst 1958 zum Kardinal ernannte Amleto Giovanni Cicognani (1889–1973), ein gelehrter Kanonist, der 1933–1958 Delegat in den USA gewesen und darum mit der internationalen Politik vertraut war. Luciano Osbat, *DBI* 25 (1981); Josef Gelmi, *LThK*³ 2 (1994). – Cicognanis älterer Bruder Gaetano war schon seit 1953 Kurienkardinal, gest. 1962.

[173] wörtlich: An-den-Tag-Bringung, Aktualisierung. Sehr breit erörtert diesen Begriff und dessen Rezeption Michael Bredeck, *Das Zweite Vatikanum als Konzil des Aggiornamento* (Paderborner theol. Studien Bd. 48), 2007.

[174] Erich Meuthen, *Ein "deutscher" Freundeskreis an der römischen Kurie: Archivium Historiae Conciliorum* 27/28 (1995/96), 487–582. Zu Pius II. Piccolomini: Andreas Tönnesmann, *Pienza. Städtebau und Humanismus*, 1990; Johannes Helmrath, in: *LThK*³ 8 (1999).

[175] Pesch, *Das Zweite Vatikanische Konzil*, 29, 159, 359f., 364, 368 u.ö. Vgl. hier Kap. I und VIII. Text des neuen CJC: *AAS* 75 (1983), Sonderband.

[176] "Andererseits löste die Konzilsidee ... einen Dammbruch angestauter Reformerwartungen aus, die von der Liturgiereform bis zur Neuverhandlung über dogmatische Aussagen, von der Kurienreform bis zu weitgehender Dezentralisierung, ja Demokratisierung der Kirche reichten." Pesch, a.a.O., 56.
Solche Erwartungen sind 1959–1962 auch in Deutschland in vielen Beiträgen zu Zeitschriften und Sammelbänden formuliert worden. Großes, weit über die katholische Kirche hinausreichendes Interesse fanden die Bücher von Lorenz Jäger (Erzbischof von Paderborn), *Das ökumenische Konzil. Die Kirche und die Christenheit*, 1960, und von Hans Küng (damals 32-jähriger Theologieprofessor in Tübingen), *Konzil und Wiedervereinigung. Erneuerung als Ruf in die Einheit*, 1960. Vgl. über Küngs Weg zu einem über das Konzil weit hinausgehenden freieren Verständnis von Kirche und Religion dessen Erinnerungen: *Erkämpfte Freiheit*, 2002; *Umstrittene Wahrheit*, 2007. Aus der Fülle zeitgenössischer Zeugnisse: Josef Kardinal Frings, *Für die Menschen be-*

stellt. Erinnerungen, 1960, 247 f. (s. dazu Norbert Trippen, *Josef Kardinal Frings II* ..., 2005, Kap. IV). Joseph Kardinal Ratzinger, *Aus meinem Leben. Erinnerungen (1927–1977),* 1998, 100f. S. von Joseph Ratzinger auch seine, teils aus Vorträgen hervorgegangenen Rückblicke auf das Konzil, 1963, 1964 , 1965, 1966.

[177] Loris Francesco Capovilla (geb. 1915), 1940 Priester, seit 1953 Sekretär Roncallis in Venedig, dann im Vatikan. Da sein Reformismus Paul VI. zu weit ging, wurde er 1967 mit dem mittelgroßen Erzbistum Chieti in den Abruzzen abgefunden, später Prälat von Loreto.
C., inzwischen einer der ältesten katholischen Bischöfe, lebt seit 1988 in Sotto il Monte, wo er das Vaterhaus Johannes' XXIII. zu einer Erinnerungsstätte umgestaltet hat; er war und ist unermüdlicher Sammler und Interpret von Quellen zur Geschichte Johannes' XXIII.

[178] Augustin Bea (1881–1968, s. hier Kap. V), seit 1902 Jesuit, seit 1924 Prof. der biblischen Exegese, 1930–1949 Rektor des Bibelinstituts, 1959 Kardinal, wurde einer der bedeutendsten Theologen des Zweiten Vatikanischen Konzils, wegweisend für den Dialog mit den anderen christlichen Kirchen wie mit den Juden.
Stefan Schmidt, *Augustin Bea. Der Kardinal der Einheit,* Graz/ Wien/Köln 1989; Hans R. Seeliger, in: *LThK*[3] 2 (1994), 105 f.

[179] *Pater amabilis,* S. 127 mit Anm. 167.

[180] Dies bezeugen u. a. die Erinnerungen des Kölner Erzbischofs und Kardinals Josef Frings, welche von Norbert Trippen nachgezeichnet worden sind, wobei auch die recht umfangreiche Mitwirkung Joseph Ratzingers dokumentiert wird. R. war 1959 Prof. der Fundamentaltheologie in Bonn geworden und wurde als solcher theologischer Konzilsberater des Kardinals Frings. Trippen, *Kardinal Frings* II. – In den Fragen der Geschäftsordnung und der Zusammensetzung der Kommissionen des Konzils ließ Kard. Frings sich von dem Bonner Kirchenhistoriker Hubert Jedin beraten. Vgl. dessen Lebensbericht, hrsg. von Konrad Repgen, [2]1985, Kap. 14.

[181] Melloni, *Il conclave,* 124–127.

[182] Agostino Casaroli (1914–1998), seit 1940 im diplomatischen Dienst des Vatikans, dort lange unter Domenico Tardini, 1961 Untersekretär, 1967 Sekretär der Kongregation für die außerordentl. Angelegenheiten und engster Mitarbeiter Pauls VI. bei dessen „Ostpolitik"; 1979 Kardinal, 1979–1990 Staatssekretär. Erwin Gatz, in: *LThK*[3] 11 (2001), 42 f.
Giovanni Benelli (1921–1982), 1947 Sekretär Montinis im Staatssekretariat, seit 1950 in verschiedenen Nuntiaturen, 1963 ff. Leiter der vatik. Delegation für Beziehungen zu den UN und Beob-

achter bei der UNESCO, 1967 Substitut des Staatssekretariats und engster Mitarbeiter Pauls VI. bei der Kurienreform, 1977 Kardinal, Erzbischof von Florenz. Josef Gelmi, in: *LThK*³ 2 (1996), 226.

[183] Antoine Wenger, *Le Cardinal Jean Villot (1905–1979).* Préface de René Rémond, Paris 1989. Über Guitton vgl. dessen in Anm. 164 zitierte Erinnerungen, französisch und deutsch 1979, italienisch 1981.

[184] Julius Döpfner (1913–1976), schon 1948 Bischof von Würzburg, 1957 von Berlin, 1958 Kardinal, 1961 Erzbischof von München-Freising, wurde seit 1963 neben Kardinal Bea und nach Kardinal Frings, der sich wegen Alter und Erblindung mehr und mehr zurückziehen musste, die zweite deutsche Führungsfigur beim Zweiten Vatikanischen Konzil. Im römischen Germanicum ausgebildet (wie auch Hans Küng!), ist er trotzdem entschiedener Reformer geworden und geblieben, gerade auch im Zusammenhang der Enzyklika *Humanae Vitae*. 1971–1975 war er Präsident der Würzburger Synode der deutschen Bistümer. Karl Forster, in: *Zeitgeschichte in Lebensbildern* 3 (1979), 260–279, 295; Klaus Wittstadt, in: *Würzburger Diözesangeschichtsblätter* 53 (1991), 291–304; Karl Hillenbrand, *Priester aus Passion ...*, o.J. (2001).

[185] Pesch, *Das Zweite Vatikanische Konzil* 98. S. dort 97–102 knapp zusammenfassend über die Versuche der traditionalistischen Konzilspartei, den Papst auf ihre Seite zu ziehen und darüber eine komplette Umgestaltung der Kirche im konziliaren Sinne zu verhindern. Trippen, *Kardinal Frings* Bd. II, 383–388. Danach hatte Frings bei seiner Rede einen Entwurf Prof. Ratzingers benutzt, der aber die scharfe Kritik am Hl. Offizium noch nicht enthielt.

[186] Die Konzilstexte samt ausführlicher Kommentare: *LThK*². Das Zweite Vatikanische Konzil. Teile I–III, 1966, 1967, 1968. Zur Würdigung: Pesch (wie Anm. 163) passim, bes. Kap. 11; Alberigo/Wittstadt (Anm. 166).

[187] Für den Papst und seine Umgebung sind solche von ihnen wesentlich gesteuerten Synoden viel bequemer. Auf die Frage nach einem Dritten Vatikanischen Konzil antwortete Benedikt XVI. kürzlich: „Ich glaube, dass im Moment das richtige Instrument die Bischofssynoden sind, auf denen der ganze Episkopat vertreten und sozusagen auf Suchbewegung ist, die ganze Kirche beieinander hält und so zugleich vorwärts führt." Benedikt XVI., *Licht der Welt*, 2010, 86.

[188] Vgl. dessen ebenso informative wie bewegende Erinnerungen: *Meine Erfahrung mit der Kirche ...*, 1989.

[189] Text: *AAS* 60 (1968) 481–603, deutsche Übersetzung: *Herder-Korrespondenz* 22 (1968), 418–424.

Zusammenfassende Analyse der päpstlichen Lehrentscheidungen zur Sexualität von *Casti connubii* bis *Humanae Vitae*: Langlois, *Le crime d'Onan / V: Paroles romaines, parole pontificale*, 275–465. Kurze kritische Würdigung, mit Aufweis der kontroversen Beurteilung: Pesch, 362, 415 Anm. 19–21; H. Fries, *Leiden an der Kirche*, 12 ff.

Hans Küng hat die Kritik an der Enzyklika zur Kritik an der päpstlichen Amtsauffassung gesteigert: *Unfehlbar? Eine Anfrage*, Zürich 1970. Damit begann der Konflikt, den der Hl. Stuhl 1979 durch den Entzug der kirchlichen Lehrbefugnis auf seine Weise zu beenden suchte. Zu denen, die Johannes Paul II. im Willen zu diesem Machtanspruch bestärkten, gehörte in Deutschland Kardinal Joseph Höffner (Köln). Die Restauration (s. Kap. VIII) vorkonziliarer Verhältnisse begann damals keineswegs nur in Rom! Küng, *Umstrittene Wahrheit*, bes. Kap. XI.

[190] Text: *AAS* 59 (1967), 657–697. Vgl. Pesch a. a. O. und aus der umfangreichen Literatur v. a. Georg Denzler, *Das Papsttum und der Amtszölibat (Päpste und Papsttum* Bd. 5 I und II), 1973, 1975; Ders., *Die Geschichte des Zölibats*, 1993.

[191] Eine vorsichtige Interpretation in diesem Sinne fand sogar Einlass in die schon zitierte große Konzilsdokumentation: *LThK²*, Teil III, 607 ff. (von Leonhard M. Weber). Vgl. in diesem Sinne auch Gerfried W. Hunold, in: *LThK³* 5 (1998), 316 ff.

[192] Joseph Kardinal Ratzinger, *Aus meinem Leben. Erinnerungen (1927–1977)*, 1998, 138 f., 150 ff.

[193] Titular-Erzbischöfe waren und sind auch die Sekretäre der Kongregationen und etlicher anderer Behörden sowie die Präsidenten der neuen Präfekturen. Trotz der Anregung aus dem Konzil, nur für eigentlich bischöfliche Aufgaben Bischöfe einzusetzen, werden also im Vatikan weiterhin Bischofsamt und Bischofsweihe als Ausstattung für Behördenchefs benutzt. Nach *Annuario Pontificio* 2000 waren im Vatikan neben ca. 30 Kardinälen ca. 50 weitere Titular-(Erz)Bischöfe tätig; auch Nuntien und Delegaten sind Erzbischöfe.

[194] Vgl. jetzt die präzisen Angaben in *Annuario Pontificio*, Città del Vaticano 2010, 2351 S., darin: *Curia Romana* 1155–1344, und *Notizie Storiche* (Geschichte der einzelnen Institutionen) 1817–1925.

[195] Angelus A. Häussling, Art. Missale: *LThK³* 7 (1998); Ders. In: *Liturgisches Jahrbuch 23* (1973), 143–158. S. a. Text und Kommentierung der Liturgiekonstitution des Konzils: *LThK²*, *Das Zweite Vatikanische Konzil* T. 1 (1966), 9–109.

[196] Benz, *Finanzen und Finanzpolitik des Heiligen Stuhls*, 80. Vgl. zum Folgenden das. 52–169, über den IOR ab S. 149; Nino Lo Bello, *Vatikan im Zwielicht*, 1992. Über die insgesamt kontinuierliche

Steigerung des vatikanischen Vermögens s. jetzt: *Il premier Rat-zinger ... L'Europeo* (CORRIERE DELLA SERA), Milano 2009, Nr. 10, 140 S. Erst 2010 wurde infolge einer illegalen Aktion bekannt, dass die Kongregation für die Evangelisierung (früher Propaganda) ein Sondervermögen von ca. 9 Milliarden Euro besitzt.

[197] Hansjakob Stehle, *Die Ostpolitik des Vatikans 1917–1975*, 1975, ²1983; weiter ergänzt u.d.T.: *Geheimdiplomatie im Vatikan. Die Päpste und die Kommunisten*, Zürich 1993; Hanno Helbling, *Politik der Päpste*. *Der Vatikan im Weltgeschehen 1958–1978*, 1981; Karl-Joseph Hummel (Hrsg.), *Vatikanische Ostpolitik ... 1958–1978*, 1999; Gabriel Adriányi, *Die Ostpolitik des Vatikans 1958–1978 gegenüber Ungarn. Der Fall Mindszenty*, 2003.

[198] Jószef Kardinal Mindszenty, *Erinnerungen*, 1974; Adriányi, *Die Ostpolitik*, ab S. 64; *Montini e l'Europa* (Sammelband, Brescia 2000).

[199] Zum Essener Katholikentag: Hugo Goertz, *Brückenschläge. Wirken und Wirkungen der Katholikentage*, 2006 (Topos plus TB 602), 83–87. – Zu synodalen Prozessen infolge des Konzils: Sabine Demel u. a., „Löscht den Geist nicht aus" ..., 2005. Kritik von „Rechts": Reinhard Raffalt, *Wohin steuert der Vatikan? Papst zwischen Religion und Politik*, 1973. Würdigung der damaligen Auseinandersetzungen: Jedin, *Lebensbericht*, Kap. 15; Pesch, *Das Zweite Vatikanische Konzil*, ab 361.
Joseph Ratzinger (*Aus meinem Leben*, 1998, 159, 172 ff.), der um 1970 bereits Kräfte theologischen Widerstands gegen für zu radikal gehaltene Konsequenzen aus dem Konzil sammelte, polemisierte heftig gegen das Missale Pauls VI. Es habe zwar „in vielem eine wirkliche Verbesserung und Bereicherung (gebracht), aber dass man es als Neubau gegen die gewachsene Geschichte stellte, diese verbot ..., das hat uns außerordentlich geschadet". Die partielle Übereinstimmung mit den Pius-Brüdern ist offensichtlich.

[200] Yves Congar, *Der Fall Lefèbvre. Schisma in der Kirche?*, 1977; Alois Schifferle, *Das Ärgernis Lefèbvre*, Fribourg 1989; Ders., *Die Pius-Bruderschaft ...*, 2009.

[201] Über die beiden Konklaven: Melloni, *Il conclave*, 128–145; Yves-Marie Hilaire, in: *Dictionnaire historique*, 955 f.; Philippe Levillain, das. 961 f.; Peter Hebblethwaite, *The year of three Popes*, London 1978.

[202] Hilaire (wie Anm. 201); Josef Gelmi, in: *LThK*³ 5 (1996), 975 f.; Ders., *Die Päpste*, ²2005, 159 ff. Beste Würdigung in deutscher Sprache: Schwaiger, *Papsttum und Päpste*, 373–396 („Das Geschenk eines Lächelns"), 523–527 (Lit.).

[203] S. dazu u. a. die Beiträge von Giorgio Cracco und Alberto Melloni in: Giovanni Vian (Hrsg.), *Albino Luciani. Dal Veneto al mondo*, Roma 2010.

[204] Wie sehr er sich täuschte, hat König wohl spätestens 1986 eingesehen, als Johannes Paul II. seiner inzwischen ganz konziliar geprägten Erzdiözese den reaktionären, dazu schon damals von Missbrauchsgerüchten betroffenen Benediktinerpater Hans Hermann Groer als Nachfolger aufzwang. Hartmann, *Wählt die Bischöfe ...*, 91–94.

[205] Über die Anfänge des Pontifikats s. (außer Levillain) bes. Schwaiger, *Papsttum und Päpste*, 409–413.
Am ausführlichsten informieren die ersten Kapitel des schon im Titel die defensive Gesamttendenz herausstellenden Buches von Giovanni Miccoli: *In difesa della fede. La Chiesa di Giovanni Paolo II e Benedetto XVI*, Milano 2007; außerdem Gelmi, *Die Päpste*, 161–171. – Sehr kritisch (besonders wegen der politischen Motive und der pekuniären Verwicklungen: Giacomo Galeazzi/Ferruccio Pinotti, *Wojtila segreto* (Der geheime Wojtila). *La prima controrichiesta su G. P. II.*, Milano 2011.

[206] Steigleder, *Das Opus Dei ...*, 1991; Peter Hertel, *Geheimnisse des Opus Dei*, 1995; Ders. u. a., *Opus Dei* (hrsg. von der Paulus-Akademie), Zürich 1992. S. a. Kap. IX; Ferruccio Pinotti, *Opus Dei Segreta*, Milano 2006.

[207] Massimo Faggioli, in: *Cristianesimo nella storia* 24 (2004), 677–704.
Dass Ballestrero und Martini 1979 resp. 1983 Kardinäle geworden waren, zeigt allerdings die anfängliche Ambivalenz des Pontifikats.

[208] Aufgrund zahlreicher Vorwürfe eröffnete die vatikanische Glaubenskongregation 1998 ein Verfahren gegen Maciel, welches 2006 zu dessen Suspension (gest. 2008) und 2009/10 zu einer päpstlichen Visitation der Kongregation führte. Diese forderte eine umfangreiche Neuordnung und warf Maciel ein „skrupelloses Leben ohne echten religiösen Sinn" vor. – Im Vorfeld der Seligsprechung Johannes Pauls II. hat Kardinal William J. Levada, Ratzingers Nachfolger an der Spitze der Glaubenskongregation, behauptet, dass der verstorbene Papst am Verfahren gegen Maciel nicht beteiligt gewesen sei. *KNA ID* Nr. 18, 55. Jg., 2010. Corriere della Sera 3. Mai 2010, S. 9.

[209] Miccoli, *In difesa della fede*, Kap. 4.

[210] Die erste, noch ganz ungewohnte Reise nach Deutschland (November 1980: Köln, Bonn, Osnabrück, Mainz, Fulda, Altötting, München) fand breite, meist positive Resonanz, auch seitens der anderen Konfessionen und der Politik.

Aus der sehr breiten Dokumentation in: *Verlautbarungen des Apost. Stuhls* 25 (1980, 214 S.) ist allerdings nicht zu entnehmen, dass der Papst bei seiner Begegnung mit der kath. Jugend in München die Antwort auf kritische Fragen wegen Ehe, Sexualität und Zölibat etc. brüsk verweigerte.

[211] Agathe Bienfait, *„Zeichen und Wunder"*. *Über die Funktion der Selig- und Heiligsprechungen in der katholischen Kirche*, in: *Kölner Zeitschrift für Soziologie und Sozialpsychologie* 58, 2006, mit der Betonung der dadurch bewirkten plebiszitären Erweiterung des päpstlichen Amtscharismas und dessen „Repersonalisierung".

[212] Über die 1986 beginnende Aufdrängung von Bischöfen, die sich eigentlich nur durch Papsttreue auszeichneten, in Österreich (Groer u. a.), Deutschland (Meisner) und der Schweiz (W. Haas): Hartmann, *Wählt die Bischöfe*, 91–132.

[213] Hartmann, 132–135.

[214] Gleichzeitig begann man auch, eine „vollständige Dokumentation" der „Ansprachen, Predigten und Botschaften des Papstes" und der „Erklärungen der Kongregationen" in verschiedenen Sprachen zu verbreiten. Sie kostete gewiss viel Geld (der auch deshalb nicht befragten Spender!), fand aber anscheinend nicht viele Leser: *Der Apostolische Stuhl*, Hrsg. Sekretariat der deutschen Bischofkonferenz in Zusammenarbeit mit der Redaktion des deutschsprachigen *Osservatore Romano*, Köln seit 1984 (für 1982, 1536 S.), bisher jährlich bis 1999 (2008, 1474 S.). Vorausgegangen war seit 1975 eine Auswahlpublikation mit dem die anwachsenden restaurativen Tendenzen gut bezeichnenden Titel *Wort und Weisung*. Vom *Osservatore Romano* erschienen schon früher wöchentliche Ausgaben in Französisch (seit 1949), Englisch (seit 1968), Spanisch (seit 1969), Portugiesisch (seit 1970), Deutsch (seit 1971). Unter Johannes Paul II. kam 1980 eine polnische Ausgabe hinzu. *Annuario Pontificio* 2010, 1291, 1881. Über Radio und Fernsehen s. das. 1295–1299.

[215] Vgl. sein Werk *Il martirio della pazienza. La S. Sede e i paesi communisti 1963–1989*, a cura di C. F. Casula e G. M. Vian, Torino 2000; *Il filo sottile. L'Ostpolitik vaticana di Agostino Casaroli*, a cura di Alberto Melloni, Bologna 2006. – Zum italienischen Konkordat: Lill, *Kleine italienische Geschichte*, 2004, 469, 473.

[216] Als Nachfolger des nach Vollendung des 75. Lebensjahres zurückgetretenen und wenig später gestorbenen Kardinals Seper. Ihm bescheinigte Johannes Paul II., dass er „in einem äußerst schwierigen Zeitabschnitt", d. h. seit 1968, „in entscheidenden Fragen des Glaubens und der Sitte intervenieren musste". Die Aufgabe der Glaubenskongregation war damit deutlich gekenn-

zeichnet. Georg Gänswein (Kanonist an der römischen Universität des OPUS DEI, seit 2005 persönlicher Sekretär Benedikts XVI.), in: *LThK*³ 9 (2000), 472 f.

[217] Neueste Darstellung der Aktionen Johannes Pauls II. und Kardinal Ratzingers in Bezug auf Lateinamerika: Galeazzi/Pinotti, *Wojtyla segreto* 8–10, 195–265.

[218] Zum Gesamtproblem: Pesch, *Das Zweite Vatikanische Konzil*, 11. Kap; s. darin bes. die Abschnitte *Restauration* (361–374) und *Nur „Restauration"?* (374–377). S. aus der umfangreichen neueren Lit. auch: Franz Xaver Kaufmann/Arnold Zingerle (Hrsg.), *Vatikanum II und Modernisierung*, 1996; Peter Hünermann (Hrsg.), *Das II. Vatikanum – christlicher Glaube im Horizont globaler Modernisierung* ..., 1998; Hubert Wolf/Claus Arnold (Hrsg.), *Die deutschsprachigen Länder und das II. Vatikanum*, Paderborn u. a. 2000; Giovanni Miccoli, *In difesa della fede. La chiesa di Giovanni Paolo II e Benedetto XVI*, Milano 2007; Galeazzi/Pinotti, *Wojtyla segreto*, 2011.

[219] Text: *AAS* 75 II (1983). Autorisierte lateinisch-deutsche Ausgabe Kevelaer ⁵2001, 1005 S. – In seinem Geleitwort macht sich Kardinal Lehmann die Behauptung Johannes Pauls II. zu eigen, dass der Codex als „Vollendung der kanonischen Ordnung der gesamten Kirche im Lichte des 2. Vatikanischen Konzils" zu sehen sei. Kritische Würdigung: Norbert Lüdecke, *Der Codex juris canonici von 1983. „Krönung" des II. Vatikanischen Konzils?*, in: *Die deutschsprachigen Länder* ... Wegen der Bischofsernennung s. Hartmann, *Wählt die Bischöfe*, 2010, 83 ff.

[220] Als sechste päpstliche Universität (nach Gregoriana 1566, Lateranense 1959, Urbaniana 1962, di S. Tommaso d'Aquino 1963, Salesiana 1973): Pontificia Università della S. Croce, welcher auch das 1986 für Religionswissenschaften neu gegründete Istituto all'Apollinare eingegliedert wurde.
Eine im Sommer 2011 in die öffentliche Diskussion geratene Dissertation aus der Universität vom Hl. Kreuz (von Rainer Woelki, 2000, s. Kap. IX) vermittelt den Eindruck, dass das dortige wissenschaftliche Niveau nicht hoch ist. Angaben über Lehrkörper und Lehrprogramme sind schwer zu erhalten. Peter Hertel, in: *Kirche in* ... (Wien), 25. Jg., H. 8 (2011), 23.

[221] *Der Apostolische Stuhl* 1992 (1997), 864 f., 1450 (Reg.). Der Hl. Stuhl präsentiert auch den Katechismus als ein Ergebnis des Konzils, und diese inhaltlich unzutreffende Interpretation findet sich auch im *LThK*³ 5 (1996), 1315, Art. von B. Stubenrauch.

[222] Text: *AAS* 9 II (1917). S. hier Kap. IV 2 und 3.

[223] Zur historischen Unhaltbarkeit dieser Behauptung s. Kap. I.

[224] Luigi Accatolli, *Quando il Papa chiede perdono ...*, Milano 1997; dt.e Übers.: *Wenn der Papst um Verzeihung bittet ...*, Innsbruck/ Wien 1999.

[225] Aufgrund der unerhörten Feststellung des Can. 1273, dass der Papst „aufgrund seines Regierungsprimats oberster Verwalter und Verteiler aller Kirchengüter" ist, verordnet Can. 1274 sogar die Zweckentfremdung bestehender Stiftungen, allerdings zu einem vernünftigen Zweck: Sie wurden in Fonds zum Unterhalt der Priester des betreffenden Bistums überführt.

[226] Vgl. zuletzt L'EUROPEO (CORRIERE DELLA SERA), Oktober 2009 *(Il premier Ratzinger)*, Milano, 140 S.

[227] Über die insgesamt wenigen Bischofswahlrechte, die in Deutschland (außer Bayern), in Österreich (Salzburg) und in der Schweiz erhalten geblieben sind, sowie über die den Hl. Stuhl nicht bindenden Vorschlagslisten von Bischöfen, Bischofskonferenzen und Domkapiteln: Hartmann, *Wählt die Bischöfe*, S. 43–78.

[228] AAS 90 (1998), 641–658. *Der Apostolische Stuhl* 1998 (2001), 534–549.

[229] *Pastor bonus* wurde als Anhang an die lateinisch-deutsche Ausgabe des *CJC* auch in deutscher Übersetzung mitgeteilt, S. 771–833!

[230] AAS 96 (2004), 825–924.

[231] Nach freundlicher Mitteilung von Herrn Professor Alberto Melloni, welcher die die Akten des Zweiten Vatikanischen Konzils sammelnde und bearbeitende FONDAZIONE PER LE SCIENZE RELIGIOSE in Bologna leitet.

[232] Entstehung, Struktur und Kompromisse der Kirchenkonstitutionen: Pesch, *Das zweite Vatikanische Konzil*, 209–237, bes. 219–233.

[233] LThK³, Bd. 6, 1997, Sp. 1118.

[234] Vgl. die Kritik von Hanno Helbling, in: NEUE ZÜRCHER ZEITUNG, 11.7.2007.

[235] Text: *AAS* 59 (1967), 1058.

[236] Paul Wirth, in: LThK³ 3 (1995), 525. Kritik an der „Art und Weise, wie versucht wird, diesen Treueid ... unter der Hand" einzuführen, hat sogleich auch der Kanonist Heribert Schmitz im *Archiv für katholisches Kirchenrecht* 157 (1989), 429, geübt.

[237] AAS 81 I (1989), 104 ff. Der Text war zuvor schon unauffällig im *Osservatore Romano* mitgeteilt worden, in dem am 18. April P. Tarcisio Bertone SDB (Salesianer) einen positiven Kommentar veröffentlichte. Bertone war damals Mitarbeiter der Glaubenskongregation, 1995 wurde er deren Sekretär und damit oberster Mitarbeiter Kardinal Ratzingers. Ende 2002 wurde er Erzbischof von Genua, 2003 Kardinal und im September 2006 Staatssekretär, d. h. Lenker der vatikanischen Politik.

[238] Can. 833 enthält die Verpflichtung zur Ablegung des Glaubensbekenntnisses „nach der vom Apostolischen Stuhl gebilligten Form" vor der Diakonatsweihe und vor dem Antritt aller wichtigen Kirchenämter inkl. der Professuren der Theologie und der Philosophie an Seminaren.

[239] *AAS* 81 II (1989), 1169.

[240] *AAS* 82 II (1990), 1550–1570. Diese Instruktion ist in: *Der Apostolische Stuhl 1990* (1427–1441) in deutscher Übersetzung veröffentlicht worden. Dagegen enthielt der ebenso ausführliche Band über das Jahr 1989 keinen Hinweis auf den neuen Eid etc.!

[241] Joseph Kardinal Ratzinger, in: Ders. (Hrsg.), *Schriftauslegung im Widerstreit*, 1989, 15–44. Kritische Würdigung: Pesch a. a. O., 365 ff. mit Anm. 34–39. S. zum neuen Eid auch Dominique Le Tourneau, in: *Dictionnaire historique*, 1393 ff.

[242] 1998 ließ die Glaubenskongregation den Eid und seine Anlagen, nun noch mit einer offiziellen Erläuterung versehen, erneut veröffentlichen: *AAS* 90 I (1998), 542–551. *Der Apostolische Stuhl* 1998, 1203–1213. Kritik: Peter Hünermann, *Schutz des Glaubens?*, in: *Herder-Korrespondenz* 52 (1998), 455–460.

[243] *AAS* 59 (1967), 657–697. – Immerhin folgt der Enzyklika (a. a. O., 697–704) das Motuproprio über die Ordnung des infolge des Konzils wieder eingeführten ständigen Diakonats, zu dem auch verheiratete Männer, aber nur reiferen Alters, zugelassen werden.

[244] Gerd Tellenbach, *Die westliche Kirche vom 10. bis zum frühen 12. Jahrhundert*, in: *Die Kirche in ihrer Geschichte ... Bd. II, 1988.

[245] Pesch a. a. O., 362 ff. mit Anm. 23–25.

[246] Dass das geistliche Amt selbst in der katholischen Kirche auch ohne diese „Gabe Gottes" gut ausgeübt werden kann, zeigt die Praxis der mit Rom unierten östlichen Kirchen. Diese wird in deren, aufgrund konziliarer Anregungen erstmals eigenständig kodifiziertem Recht: *Codex Canonum Ecclesiarum Orientalium* (*AAS* 82 II 1990, 1045–1363) ausdrücklich und immerhin als in der frühen Kirche üblich anerkannt, freilich verbunden mit der Hervorhebung des Zölibats (Can. 373).

[247] Vgl. vor allem das Apostolische Schreiben *Ordinatio sacerdotalis viris tantum reservanda*: *AAS* 86 II (1994), 545–548; deutsche Übersetzung: *Der Apostolische Stuhl* 1994, 621 ff.

[248] Auch deren Argumente für die Weihe von Frauen werden in den vatikanischen Dokumenten nicht gewürdigt. Vgl. aber: *Bild Christi und Geschlecht* (Aufsatzfolge aufgrund Orthodox-Altkatholischer Konsultationen ...), in: *Internationale Kirchliche Zeitschrift* 88 (1998), 67–343.

Von innerkatholischen Initiativen in diese Richtung ist für den deutschen Sprachraum das „Kirchenvolksbegehren" in Österreich (seit 1995) zu erwähnen. Es entstand aufgrund der bald bewiesenen Vorwürfe gegen Kardinal Groer, war aber begründet in nachkonziliaren Initiativen der 1970er-Jahre, auch schon im Protest gegen *Humanae Vitae*. Man forderte darin u. a. die Lösung von Priesteramt und Pflichtzölibat, die Gleichberechtigung von Frauen und Männern und die Wahl der Amtsträger. Maximilian Liebmann und Peter Hünermann, in: *LThK*³ 11 (2001), 152 f.

[249] Pesch a. a. O., 372 f.

[250] Vgl. Konzil von Nikaia (325) Can. XIX, von Chalkedon (451) Can. XV. *Conciliorum Oecumenicorum Decreta* 14,70.

[251] Text: *AAS* 80 II (1988), 1653–1729; deutsche Übersetzung (mit einigen Ungenauigkeiten): *Der Apostolische Stuhl* 1988, 1215–1264.

[252] Auch Benedikt XVI. hat in einem Fernsehinterview am 13. August 2006 auf die Frage nach der Rolle der Frauen in der Kirche von deren spezifischer Spiritualität gesprochen und an Heilige wie Hildegard von Bingen und Katharina von Siena erinnert. Zudem erwähnte er, dass inzwischen in den vatikanischen Kongregationen Frauen mitarbeiten. Tatsächlich sind in den neun Kongregationen und im Staatssekretariat zusammen ca. 70 Frauen tätig, davon ca. 30 Ordensschwestern, jedoch mit zwei Ausnahmen in unteren mittleren oder in unteren Positionen. Selbst in den päpstlichen Räten für die Laien und für die Familie haben nach wie vor Kardinäle resp. Prälaten alle Leitungsfunktionen inne. Von den 42 Mitgliedern des Laienrates sind immerhin 24 Laien, darunter zehn Frauen, zum Familienrat gehören 28 Kardinäle und Bischöfe sowie 19 Ehepaare. Wie die Laien dazu ausgewählt werden, wird nicht mitgeteilt. *Annuario Pontificio* 2006.

[253] Nachdem ein vom Papst getrennter Bischof am 29. Juni 2002 einigen Frauen die von ihnen seit Langem gewünschte Priesterweihe erteilt hatte, hat Kardinal Ratzinger für die Glaubenskongregation schon am 10. Juli 2002 in einem Monitum mitgeteilt, dass dies die Vortäuschung eines Sakraments gewesen sei; daher ungültig und nichtig; ein schweres Vergehen gegen die göttliche Verfassung der Kirche; die beteiligten Frauen hätten sich dadurch die dem Hl. Stuhl vorbehaltene Exkommunikation zugezogen. Am 5. August wurde die Exkommunikation offiziell bekannt gegeben (in unhöflichster Form, nämlich von „Donne" und nicht von „Signore" sprechend). *AAS* 94 (2002), 584 f. War solcher Aufwand gerechtfertigt? Ida Raming (Theologin, publizistisch führend unter den exkommunizierten „donne"), *Priesteramt der Frau* ..., 2002, *Gleichrangig in Christus* ..., 2006.

[254] Langlois, *Le crime d'Onan, quattrième partie*, ab S. 375.

[255] Luigi Accattoli, *La beatificazione rapida per seguire la scia di Karol*: CORRIERE DELLA SERA, 3. Mai 2011.

[256] *AAS* 80 II (1988), 1495–1498; deutsche Übersetzung: *Der Apostolische Stuhl* 1988, 1195–1198; Alois Schifferle, *Die Pius-Bruderschaft*, 2009, 149–155.

[257] Text (deutsche Übersetzung aus dem Spanischen): *Der Fels*, 19. Jg. 1988 (H. 12), S. 242. Ich beschränke mich auf die Aussagen über die Liturgiereform und über das Zweite Vatikanum als solches. (Im Schlussabschnitt über die „Einzigartigkeit der Wahrheit" hat der Kardinal immerhin die Angriffe Mons. Lefèbvres auf das Konzilsdekret über die Religionsfreiheit zurückgewiesen, jedoch heftig kritisiert, dass in der postkonziliaren Kirche „die Frage der Wahrheit oft vergessen, ja unterdrückt" wurde.) Vgl. Erhard Bertel/Rudolf Lill, in: *imprimatur* 2 und 3 (2009).

[258] Vgl. seine zusammen mit dem kurz zuvor zum Konservatismus konvertierten Publizisten Vittorio Messori verfasste Schrift *Zur Lage des Glaubens* von 1984: *Vittorio Messori a colloquio con il cardinale Joseph Ratzinger, Rapporto sulla fede*, Cinisello Balsamo (Milano) 1986. Deutsche Ausgabe: Joseph Kardinal Ratzinger, *Zur Lage des Glaubens. Ein Gespräch mit Vittorio Messori*, München 1986. S. wegen der Konsequenzen des Zweiten Vatikanum („fortschreitender Prozess des Verfalls" u. dgl.) besonders den Abschnitt *Das Konzil neu entdecken*, S. 25–43. S. auch Ratzinger, *Aus meinem Leben*, 134–139, 150ff.

[259] In dem von Alberigo herausgegebenen Sammelband *Papa Giovanni*, Bari 1987; wieder abgedruckt in dem postumen Sammelband: G. A., *Transizione epocale. Studi sul Concilio Vaticano II*, Bologna 2000, zu dem Kardinal Karl Lehmann das Vorwort geschrieben hat. Eine kurze Darstellung des Zweiten Vatikanum von Alberigo in deutscher Sprache: *LThK*^{3} 10 (2001), Sp. 561–566.

[260] Vgl. z. B. *Priesterbruderschaft St. Pius X: Mitteilungsblatt für den deutschen Sprachraum*, Juni 2009, Nr. 365. – Die St.-Petrus-Bruderschaft bekundete fast gleichzeitig (Informationsblatt 19. Jg. 2009, 7), dass sie „den größten Rückhalt in Rom ... ohne Zweifel in unserem Heiligen Vater Benedikt" hatte.

[261] Hierzu und zum Folgenden: Melloni, *Il conclave* Kap. IX und X., für viele Details außerdem die Berichterstattung im CORRIERE DELLA SERA, Mailand.

[262] Hans Maier, *Braucht Rom eine Regierung?* Zuerst in: *Stimmen der Zeit* 219 (2001), jetzt (samt einer Diskussion mit dem Kanonisten Winfried Aymans) in: Hans Maier. *Keine Demokratie? ...*, 119–141.

[263] Zum Folgenden: Alberto Melloni, *L'inizio di papa Ratzinger*, Torino 2006; Fischer, *Benedikt XVI. Ein Porträt*, 2005; 120–183 (gründlich recherchiert, aber den Rigorismus Benedikts und den Fundamentalismus mancher neuen „Bewegungen" verharmlosend); Christian Feldmann, *Papst Benedikt XVI. Eine kritische Biographie*, 2006; Häring, *Im Namen des Herrn*, 58 ff. u. ö.

[264] Dass es, wie ein brasilianischer Kardinal „enthüllt" haben soll, eine „Kampagne" des OPUS DEI zugunsten Ratzingers gegeben hat, ist jedenfalls gut vorstellbar. CORRIERE DELLA SERA 28. Dezember 2005. Jedenfalls war es unglaubwürdig, dass der persönliche Sekretär Benedikts XVI., Mons. Georg Gänswein (zuvor Mitarbeiter Ratzingers in der Glaubenskongregation und Dozent an der römischen Universität des OPUS DEI) in einem der Bozener Zeitung *Dolomiten* (29./30. Juli 2006) gegebenen Interview dessen Wahl als „große Überraschung" bezeichnete und von einem Gefühl des „Unfassbaren" sprach.

[265] Vgl. sein im Juni 2005 erschienenes Buch: *L'Europa di Benedetto nella crisi delle culture, con prefazione di Marcello Pera*. Marcello Pera, mehrmals Dialogpartner Ratzingers/Benedikts XVI., ist sowohl als Politiker in Berlusconis Forza Italia wie als Philosoph aufgetreten. Von 2001 bis zur Abwahl Berlusconis im April 2006 war er Präsident des Senats der italienischen Republik.

[266] Vgl. hierzu schon seinen Bericht über den Streit um seine Münchener Habilitation (1956), in: *Aus meinem Leben* ..., 82–89. S. zur weiteren Biografie Ratzingers: Fischer, *Benedikt XVI.* – Zum weiter gewachsenen Einfluss des OPUS DEI: Peter Hertel, *Schleichende Übernahme* ..., 2007, [2]2009.

[267] Vgl. dazu den Essay des bekannten liberalen, aber keineswegs antiklerikalen Publizisten Sergio Romano, *Il confine scomparso* (Die verschwundene Grenze), in: CORRIERE DELLA SERA 17. Juni 2006. Einige Monate zuvor (a. a. O., 12. Dez. 2005) hatte Sergio Luzzatto sogar ausführlich über den „Schatten einer zweiten Gegenreformation" geschrieben. Das war gewiss übertrieben; aber auch im Vatikan sollte man die Wirkungen eigener Aktionen und Worte rechtzeitig bedenken.

[268] Vgl. meine Glosse *Obama und Donum Vitae*, Imprimatur 5/6, 2009, 253.
Der von Benedikt XVI. in die römische Kurie berufene amerikanische Kardinal Raymond Burke bezeichnete im November 2009 seinen Bostoner Kollegen Sean O'Malley öffentlich als vom Satan beeinflusst, nachdem er Senator Edward Kennedy, welcher unter bestimmten Bedingungen Abtreibungen akzeptiert hatte, kirchlich begraben hatte. Ähnlich heftig tadelte Burke diejenigen Bischöfe, die sich gegenüber Obamas Wahl neutral verhalten hatten. LA REPUBBLICA, 11. November 2009.

2008 hat der Hl. Stuhl alle nicht-kontemplativen Frauenorden in den USA visitieren lassen, um die dortige Diskussion der Frauenordination zu unterdrücken.

[269] Zu Ostern 2007 schrieb das NEW YORK TIMES MAGAZINE, dass „der Papst den linken Flügel der Kirche (den es als solchen freilich nicht gibt) entwaffnet hätte".

[270] CORRIERE DELLA SERA 15., 16. März 2007. Vgl. zu Martini dessen Autobiographie, dt.e Ausgabe: *Mein Leben*, 2007.

[271] CORRIERE DELLA SERA, 24. November 2007.

[272] Vgl. jetzt auch Hans Küng, *Ist die Kirche noch zu retten?*, 2011, sowie die weiter ausholende Studie des Soziologen Franz-Xaver Kaufmann, *Kirchenkrise. Wie überlebt das Christentum?*, 2011.

[273] „Laien" werden also, fast 50 Jahre nach dem Beginn des Zweiten Vatikanischen Konzils, nicht mehr als zur Mitsprache berechtigte Mitglieder der Kirche angesehen.

[274] Selbst die Bundeskanzlerin Merkel bat den Papst öffentlich um Klärung, was schon formal ungebührlich war (Bundesregierung online 04.02.2009). Da sie aus einem Sektor der deutschen Gesellschaft stammt, welcher großenteils den NS-Rassismus noch mitgetragen hatte, als Pius XI. ihn eindeutig verurteilt hatte (vgl. hier Kap. IV 4), hätte sie wohl besser geschwiegen. Häring, *Im Namen des Herrn*, Kap. I; aber es ist stärker zu betonen, dass man damals Benedikt borniertes Regierungshandeln vorwerfen konnte, aber nicht Antisemitismus!

[275] Manche Reaktionen des Vatikans und mancher Bischöfe zeugten und zeugen jedoch von Hektik und Panik. So wollte man in Rom alle homosexuell veranlagten Geistlichen zum Amtsverzicht bewegen (CORRIERE DELLA SERA, 26. Juli 2010); und in einigen deutschen Diözesen werden alle Geistlichen resp. alle Angestellten zur Abgabe eines polizeilichen Führungszeugnisses gedrängt und damit unter einen menschenunwürdigen Generalverdacht gestellt. Erhard Bertel, in: IMPRIMATUR 2/3 (2011). KÖLNER STADTANZEIGER, 16. Juli 2011.

[276] CORRIERE DELLA SERA, 12. Februar, 17. März 2010.

[277] Im Januar 2010 tadelte er sogar die S. Romana Rota, weil sie zu viele Ehen für nichtig erklärt hätte. CORRIERE DELLA SERA, 30. Januar 2010.

[278] Mit dem bestens qualifizierten, allerdings dem OPUS DEI nahestehenden Bankier Ettore Gotti Tedeschi als neuem Präsidenten des IOR und dem administrativ wie juristisch bewährten Kardinal Attilio Nicora als Präsidenten der neuen Aufsichtsbehörde. CORRIERE DELLA SERA, 22. Oktober 2010, 20. Januar 2011 u. ö.

[279] Vgl. dazu auch schon seine programmatische Rede in der Kölner Synagoge am 19. August 2005: *Predigten, Ansprachen und Grußworte im Rahmen der Apostolischen Reise von Papst Benedikt*

XVI. nach Köln anlässlich des XX. Weltjugendtages (Verlautbarungen des Apostolischen Stuhls 169, 2005), 45–49. S. das. 73–77 auch seine Ansprache an Vertreter muslimischer Gemeinschaften. Aber von den Pfarrkirchen Kölns besuchte der Papst nur die, welche vom OPUS DEI geführt wird.

280 Motuproprio *Ubicumque et Semper* 12 Oktober 2010, Lineamenta (Leitlinien) 2. Februar 2011; Norbert Scholl, in: IMPRIMATUR 8 (2010) und 4 (2011).

281 KIRCHENZEITUNG Köln 27/11, S. 3. – In seiner im Wesentlichen aus offiziellen päpstlichen und kirchlichen Dokumenten der letzten 50 Jahre zusammengestellten und nur in Exzerpten veröffentlichten Dissertation *Die Pfarrei* ... (Roma 2000) betont W. deren hierarchische Begründung, weshalb sie nur von einem Priester geleitet werden könne. Vom konziliaren Gemeindeprinzip distanziert er sich.

282 Sie sind zusammenfassend dargestellt bei Hartmann, *Wählt die Bischöfe*, 13–27.

283 Schnabel, *Deutsche Geschichte im 19. Jahrhundert*, 2. Bd.: *Monarchie und Volkssouveränität*, 1933 u.ö. Erster Abschnitt; Maier, *Revolution und Kirche* ..., 1979 u.ö. Erster und zweiter Teil; Henning Ottmann, Art. *Konservatismus: Staatslexikon* 7. A., 3. Bd. (1987), Sp. 636–640.

284 In einem Brief an seinen Wiener Kollegen Kardinal Joseph Othmar von Rauscher, zitiert von Klaus Schatz, *Vaticanum I* ... Bd. 2 (1992), 239; s.a. Ders. *Kirchenbild und päpstliche Unfehlbarkeit* ... (MHP40), 1975, 115.

285 Peter Hünermann, *Zentralismus*, in: *LThK*[3] 10 (2001), 1430f.

286 Auf dem 29. Intern. Altkatholikenkongress in Freiburg i. Br. (s. *epd* und *KNA* 11. August 2006). Williams betonte auch, dass „die universale Kirche nicht durch eine Konfession zu verwirklichen" ist.

287 Melloni, *L'inizio*, 50.

288 Beim Weltjugendtag im August 2011 (in Madrid) hat Benedikt XVI. erklärt, dass man Jesus nur in der Kirche folgen könne; erneut distanzierte er sich vom Individualismus und vom Relativismus der modernen Gesellschaft. Im Mai und im September 2011 ergingen vatikanische Dokumente, welche den Pius-Brüdern die Rückkehr in die katholische Kirche erleichtern sollen. Dadurch würden in deren Liturgie und Verkündigung mehr als 500 traditionalistische Priester eingeschleust. „Semper idem!" (Das war, wie früher gesagt, das Motto des Konzilgegners Ottaviani.)

Anhang

Die Karrieren der Päpste seit 1800

Pius VII. 1800–1823
Luigi Barnaba Graf Chiaramonti, geb. 1742 in Cesena (Romagna, Kirchenstaat), seit 1756 im OSB, 1765 Priester. Professor in Parma 1766–1775, in Rom 1775–1782. 1782 Bischof von Tivoli, 1785 Bischof von Imola, Kardinal.

Leo XII. 1823–1829
Annibale Graf Della Genga, geb. 1760 auf Schloss Genga bei Spoleto (Umbrien, Kirchenstaat), Studium in Rom (päpstl. Adelsakademie), 1783 Priester, seit 1794 in der päpstlichen Diplomatie. Nuntius in Köln (wegen der französischen Besetzung des linken Rheinufers meist in Augsburg und München), 1805/06 in Regensburg (Reichstag), 1814 in Paris. 1816 Bischof von Senigallia, Kardinal; 1820 Generalvikar von Rom.

Pius VIII. 1829–1830
Francesco Saverio Graf Castiglioni, geb. 1761 in Cingoli bei Ancona (Marken, Kirchenstaat). Studium in Bologna, 1785 Priester, 1800 Bischof von Montalto, 1816 Bischof von Cesena, Kardinal; 1821 Pönitentiar, Bischof von Frascati, 1822 Präfekt der Indexkongregation.

Gregor XVI. 1831–1846
Bartolomeo Alberto Cappellari, geb. 1765 in Belluno (Veneto, Republik Venedig), aus patrizischer Familie, seit 1783 im

Kamaldulenser-Orden, einem kleineren und strengeren Zweigorden der Benediktiner (OSB Cam), 1787 Priester. 1805 Abt des römischen Klosters S. Gregorio al Celio, 1823 Generalvikar seines Ordens. 1826 Kardinal und Präfekt der Propagandakongregation.

Pius IX. 1846–1878
Giovanni Maria Graf Mastai-Ferretti, geb. 1792 in Senigallia (Marken, Kirchenstaat). Studium in Seminarien in Volterra und Rom, 1819 Priester. 1823–1825 als Uditore bei einer päpstlichen Mission nach Südamerika, 1827 Erzbischof von Spoleto, 1832 Bischof von Imola, 1840 Kardinal.

Leo XIII. 1878–1903
Vincenzo Gioacchino Graf Pecci, geb. 1810 in Carpineto (Latium, Kirchenstaat). Nach Studium am Röm. Kolleg und an der päpstl. Adelsakademie 1837 Priester und Prälat, 1838 Delegat in Benevent, 1841 in Perugia, 1843–1846 Nuntius in Brüssel, 1846 Bischof von Perugia, 1853 Kardinal.

Pius X. 1903–1914
Giuseppe Melchiore Sarto, geb. 1835 in Riese (bei Treviso, damals österreichisches Kgr. Lombardo-Venetien), aus einfacher Familie. Nach Schule und Seminar in Padua 1858 Priester, Vikar und Pfarrer, 1875 Domherr und Spiritual im Seminar zu Treviso. 1884 Bischof von Mantua, 1893 Patriarch von Venedig und Kardinal.

Benedikt XV. 1914–1922
Giacomo Marchese Della Chiesa, geb. 1854 in Genua. Juristische Studien in Genua, theologische Studien in Rom (Päpstl. Diplomatenakademie, Collegio Capranica), 1878 Priester, von Kardinal Rampolla ins Staatssekretariat berufen, 1883–1887 in der Nuntiatur in Madrid, 1901 Substitut des Staatssekretariats. 1907 Erzbischof von Bologna, 1914 Kardinal.

Pius XI. 1922–1939
Achille Ratti, geb. 1857 in Desio bei Monza (damals österreichisches Kgr. Lombardo-Venetien), aus mittelständischer Unternehmerfamilie. Theologische Studien in Mailand und Rom (Lombardisches Seminar), 1879 Priester, 1882 Dr. theol. (Gregoriana), seit 1888 an der Biblioteca Ambrosiana in Mailand, 1907 deren Präfekt, 1914 Präfekt der Vatikanischen Bibliothek. 1918 Apostolischer Visitator für Polen, 1919 (erster) Nuntius in Warschau, 1921 Kardinal, Erzbischof von Mailand.

Pius XII. 1939–1958
Eugenio Pacelli, geb. 1876 in Rom, aus einer dem Vatikan verbundenen Juristenfamilie. Theologische und kanonistische Studien in Rom (Gregoriana, Apollinare, Collegio Capranica), 1899 Priester, 1902 Lizentiat in beiden Rechten. Seitdem in der Kongregation für die a.o. Angelegenheiten. 1904 Sekretär der Komm. f. d. CIC, 1909–1914 auch Prof. an der päpstl. Diplomatenakademie, 1911 Untersekretär, 1914 Sekretär der Kongregation für die a.o. Angelegenheiten. 1917 Nuntius in München, 1920 auch in Berlin, seit 1925 nur noch dort. 1929 Kardinal, 1930 Staatssekretär.

Johannes XXIII. 1958–1963
Angelo Giuseppe Roncalli, geb. 1881 in Sotto il Monte bei Bergamo, aus einfacher Familie, nach Seminarausbildung in Bergamo Theologiestudium in Rom, 1904 Priester, Sekretär des Bischofs Radini Tedeschi von Bergamo (gest. 1914). Seit 1921 im Dienst der Propagandakongregation, 1925 Apost. Visitator, Delegat für Bulgarien, 1934 Delegat für Griechenland und die Türkei, mit Sitz in Istanbul, 1944 Nuntius in Paris, 1953 Kardinal und Patriarch von Venedig.

Paul VI. 1963-1978
Giovanni Battista Montini, geb. 1897 in Concesio bei Brescia, aus großbürgerlicher Familie. Wegen schwacher Gesundheit meist von Hauslehrern unterrichtet, 1920 Priester, dann Weiterstudium der Theologie und der Literatur in Rom (Gregoriana, Sapienza), 1923 Dr. iur. can. Seit 1924 im Staatssekretariat, 1937 dessen Substitut, 1925-1933 Seelsorger der katholischen Jungakademiker, 1952 Pro-Staatssekretär, 1954 Erzbischof von Mailand, 1958 Kardinal.

Johannes Paul I. 1978
Albino Luciani, geb. 1912 in Canale d'Agordo bei Belluno, aus Arbeiterfamilie. Nach Seminarausbildung in Feltre und Belluno Weiterstudium in Rom (Gregoriana, dort theol. Promotion). 1935 Priester, Vikar, seit 1937 Prof. am Seminar in Belluno, dort 1948 Pro-Vikar, 1954 Generalvikar, 1958 Bischof von Vittorio Veneto, 1969 Patriarch von Venedig, 1973 Kardinal.

Johannes Paul II. 1978-2005
Karol Wojtyla, geb. 1920 in Wadowice (Wojwodschaft Krakau), aus kleinbürgerlicher Familie, studierte 1938/39 in Krakau Philosophie und Literatur, seit 1942 im erzbischöfl. Geheimseminar (daneben als Arbeiter tätig), 1946-1948 in Rom (Angelicum) Theologie, dort Promotion (Phil.), 1946 Priester, Vikar, daneben Weiterstudium in Krakau, dort 1951 zweite Promotion (Theol.). Prof. am Priesterseminar, seit 1954 für Ethik an der kath. Universität Lublin. 1958 Weihbischof, 1964 Erzbischof von Krakau, 1967 Kardinal.

Benedikt XVI. seit 2005
Joseph Ratzinger, geb. 1927 in Marktl (Kreis Altötting) aus kleinbürgerlicher Familie. Nach Studium in Freising und München 1951 Priester, Vikar, 1953 theol. Promotion, 1957 Habilitation in München. 1953-1977 Prof. für Dogmatik

resp. Fundamentaltheologie in Freising, Bonn, Münster, Tübingen und Regensburg; während der Bonner Zeit Konzilsberater des Kölner Kardinals Josef Frings. 1977 Erzbischof von München-Freising, Kardinal. 1981 Präfekt der Glaubenskongregation, 2002 Dekan des Kardinalskollegiums.

Kardinalstaatssekretäre seit 1800

Ercole Marchese Consalvi (1757 – 1824) 1800 – 1806, 1814 – 1823
Giulio M. Graf Della Somaglia (1744 – 1830) 1823 – 1829
Tommaso Graf Bernetti (1779 – 1852) 1829
Giuseppe Fürst Albani (1750 – 1834) 1829 – 1830
Tommaso Graf Bernetti 1831 – 1836
Luigi Lambruschini (1776 – 1854) 1836 – 1846, 1846 – 1848
  mehrere kurzzeitige Betrauungen
Giacomo Antonelli (1806 – 1876) 1848 – 1876
Giovanni Simeoni (1816 – 1892) 1876 – 1878
Lorenzo Nina (1812 – 1885) 1878 – 1880
Lodovico Jacobini (1832 – 1892) 1880 – 1887
Mariano Rampolla del Tindaro (1843 – 1913) 1887 – 1903
Rafael Merry del Val (1865 – 1930) 1903 – 1914
Domenico Ferrata (1847 – 1914) 1914
Pietro Gasparri (1852 – 1934) 1914 – 1930
Eugenio Pacelli 1930 – 1939
Luigi Maglione (1877 – 1944) 1939 – 1944
  Domenico Tardini (1888 – 1961), Pro-Staatssekretär 1952 – 1958
  Giovanni Battista Montini, Pro-Staatssekretär 1952 – 1954
Domenico Tardini 1958 – 1961
Amleto G. Cicognani (1883 – 1973) 1961 – 1969
Jean Villot (1905 – 1979) 1969 – 1979
Agostino Casaroli (1914 – 1998) 1979 – 1990
Angelo Sodano (geb. 1927) 1990 – 2006
Tarcisio Bertone (geb. 1934) seit 2006

Sachbücher bei Butzon & Bercker

HERMAN
VAN ROMPUY

Christentum
und Moderne

Werte für die Zukunft
Europas

191 Seiten

Gebunden mit Schutzumschlag

ISBN 978-3-7666-1395-0

Herman van Rompuy, Präsident des Europäischen Rates und eine der
profiliertesten christlichen Persönlichkeiten Europas, steht als denken-
der und schreibender Politiker in der Tradition der großen Essayisten.
In diesem Buch stellt er provozierende Fragen: Was hat uns Europäern
die Moderne gebracht? Wie leben wir unsere Werte? Sind wir glücklich? Van Rompuys pointierte Analysen decken die Widersprüche unseres Weltbilds auf. Gegen die Rastlosigkeit unseres Alltags und gegen
die Ökonomisierung aller Lebensbereiche setzt er die inspirierende
Kraft des christlichen Denkens und Handelns.

BUTZON ■■ BERCKER
www.religioeses-sachbuch.de
www.bube.de

BENJAMIN IDRIZ /
STEPHAN LEIMGRUBER /
STEFAN JAKOB WIMMER (HG.)

Islam mit europäischem Gesicht

Perspektiven und
Impulse

275 Seiten

Gebunden mit Schutzumschlag

ISBN 978-3-7666-1397-4

Debatten über Kopftücher und Minarette sind an der Tagesord-
nung und zeigen, dass der Islam in Deutschland wie in Westeuropa längst angekommen ist. Dem Dauerthema „Integration"
stellen sich christliche und islamische Autoren: Sie zeigen rea-
listische Möglichkeiten für ein gelingendes Zusammenleben der
verschiedenen Religionen und Kulturen. Beispiele aus Deutschland und Österreich machen deutlich, wie es möglich ist, mehr
Kommunikation und Vielfalt zu schaffen, die der Zukunft Europas zugutekommen. Vorbildfunktion haben hier die bosnischen
Muslime, die aufgrund ihrer besonderen Geschichte schon lange
einen „Islam mit europäischem Gesicht" leben.

BUTZON ▚ BERCKER
www.religioeses-sachbuch.de
www.bube.de

ALOIS SCHIFFERLE

Die Pius-
Bruderschaft

Informationen –
Positionen – Perspektiven

399 Seiten

Gebunden mit Schutzumschlag

ISBN 978-3-7666-1281-6

Alois Schifferle führt zu den Wurzeln des Konflikts um die von Erzbischof Marcel Lefebvre gegründete Pius-Bruderschaft. Dazu zeichnet er die Entwicklung der traditionalistischen Bewegung von den Anfängen bis hin zu den jüngsten Ereignissen nach. Anhand zentraler Themen – Kirchenbild, Auffassung von Tradition und Religionsfreiheit, Verhältnis zu den anderen christlichen Kirchen und zu anderen Religionen – rekonstruiert er sorgfältig die Differenzen zur römisch-katholischen Mutterkirche und ergänzt diese Analyse mit wichtigen Originaldokumenten. Ein Buch, das Hintergrundwissen für ein fundiertes Urteil über das Phänomen Lefebvre und seine Priesterbruderschaft liefert.

BUTZON BERCKER
www.religioeses-sachbuch.de
www.bube.de